我们一起解决问题

THE MAKING of
A STOCKBROKER

［美］埃德文·拉斐尔（Edwin Lefèvre）◎著

邝玫穗　张艺博◎译

我的股市人生
一个华尔街
股票经纪人的自述

人民邮电出版社
北　京

图书在版编目（CIP）数据

我的股市人生：一个华尔街股票经纪人的自述 / （美）埃德文·拉斐尔（Edwin Lefevre）著；邝玫穗，张艺博译. -- 北京：人民邮电出版社，2020.8
ISBN 978-7-115-53888-8

Ⅰ. ①我… Ⅱ. ①埃… ②邝… ③张… Ⅲ. ①股票投资—经验—美国 Ⅳ. ①F837.125

中国版本图书馆CIP数据核字（2020）第070835号

内 容 提 要

本书真实地介绍了著名的华尔街股票经纪人约翰·肯特·温从哈佛大学毕业后白手起家，随后到华尔街打拼，最终成为著名的布朗森-巴恩斯股票经纪公司的高级合伙人，从而达到人生巅峰的故事。

在本书中，你将看到处于快速发展期的华尔街交易所的种种不为人知的交易细节和内幕规则，还有华尔街的股票经纪人是如何巧妙地把握时机，以帮助西部汽车公司、塔克太妃糖公司、詹金斯点火设备公司等众多知名企业进行资本重组、抛售股票，以及使自身和企业实现双赢的。你将明白，为何有些著名的企业经久不衰，为何布朗森-巴恩斯成了华尔街著名的经纪公司之一。当然，其中也不乏失败的教训。阅读本书后，你将全面且清晰地理解华尔街股票市场的规则和发展脉络。

本书不仅能帮助股市投资者了解股市的真实规则，对金融行业的从业者来说也具有重要的借鉴意义。

◆ 著　[美]埃德文·拉斐尔（Edwin Lefèvre）
　　译　邝玫穗　张艺博
　　责任编辑　曹延延　王飞龙
　　责任印制　彭志环

◆ 人民邮电出版社出版发行　　北京市丰台区成寿寺路 11 号
邮编 100164　电子邮件 315@ptpress.com.cn
网址 https://www.ptpress.com.cn
天津翔远印刷有限公司印刷

◆ 开本：700×1000　1/16
印张：14.25　　　　　　　　　　2020 年 8 月第 1 版
字数：300 千字　　　　　　　　2020 年 8 月天津第 1 次印刷

定　价：59.00 元

读者服务热线：（010）81055656　印装质量热线：（010）81055316
反盗版热线：（010）81055315
广告经营许可证：京东市监广登字 20170147 号

前　言

　　一位改革派的报刊媒体人把我介绍给了约翰·肯特·温（John Kent Wing）先生。听到此名时，我尚不识其人。大部分公众都听过一些重要机构的名字，却不晓得它们的首脑，这确实是商界中不合理的现象之一。来自摩根大通的约翰·皮尔庞特·摩根（John Pierpont Morgan）就无须向公众解释他的身份，因为他和他的父亲①的姓名相同。但是库恩-雷波公司的负责人就不那么走运，因为他既不姓库恩，也不姓雷波。据说这位温先生是布朗森-巴恩斯公司的资深常驻合伙人，布朗森-巴恩斯公司则是近10年来崛起的一家位于波士顿的顶尖证券经纪公司。他是一位年轻人，并且彬彬有礼、态度真诚、判断力强。他的职业和这般性格的组合吸引了我。这意味着，他必然能在当下成为一名成功的股票经纪人，而若在其他时代，我相信他也会有一番作为。对于什么样的股票经纪人才能取得成功，时代的要求总是在变化，时代的发展是被社会始终追求更新奇、更简易事物的潮流所驱动的，而其中不存在永恒的真理。

　　"我多年来一直盼着能与您见面，"温先生说，"我读了您的《股票大作手回忆录》（Livingston's Reminiscences）和您在杂志上发表的文章，我一直想问您为何不描写华尔街务实的一面。当您要证明'一个人若汲汲于某个东西，却不知因何要得到这个东西，那么他注定是要失败的'这种观点时，听众所获知的不过是放诸任何时代、任何地方皆准的道理。但伟大的美国民众更倾向于对报纸头条的观点照单全收，这就是为什么在公众心目中，华尔街就像是一个在受贿官员庇佑下的合法赌博场，而不是买卖证券或借贷资金的正经地方。商人更了解内情，您也了解很多实情，但形形色

---

① 指约翰·皮尔庞特·摩根，美国银行家，他的儿子也叫约翰·皮尔庞特·摩根（John Pierpont Morgan Sr.），为了区分，华尔街称后者为杰克·摩根（Jack Morgan）。——译者注

色的公众却都不知情。我真想请您写一写股票经纪人的故事。"

他说罢，我大笑，他也大笑，但他的笑中带有一种职业外交官的幽默感，笑得恰到好处。接着他突然严肃起来，继续说："麻烦在于，公众心中的华尔街，还是旧时的华尔街，它多年前就已经过时了。华尔街证券交易所的成长速度不输给任何伟大商业机构的变化速度。我们也绝不会采用几年前用过但现已被淘汰的实践惯例，但是却无人相信这些变化。大众会将不明智、过于贪婪或者大意的投资者和投机者所遭受的损失都怪罪到华尔街头上。骗子到处都是，但如果有骗子正好在三一教堂行骗，大家就会把他当成典型的华尔街商人。正因如此，大家对股票经纪人的流行看法还是刻板僵化的，人们总以为股票经纪人就是三四十年前的海盗，没有人去描写和反映股票经纪人的真实情况。这些公众为铁路和工业的发展运作狂喜不已，却不会为华尔街对我们国家创造世界奇迹所做的贡献记上一功。如果没有股票经纪人，铁路和工业又从何谈起？"

"证券交易所的经济功能众所皆知，"我安慰他说，"我觉得您也没必要为了这些偏见和不公过于苦恼。政治煽动者并不是只针对您这个阶层的人，他们攻击任何'富有者'，因为'富有者'总是被'贫穷者'所嫉恨。"

"的确，但还是没人要写 1924 年那个最好的股票经纪人时代，大家关注的还是杰伊·古尔德（Jay Gould）[①]的时代。现在，我把整个人生都奉献给了股票经纪行业，我为我的公司以及自己作为该公司的一个合伙人感到骄傲。比起经济上的成功，我更为公司所创造的事业感到兴奋。"

"您的生意做得很大，这我理解。"我说。

"我们只是做了自己该做的。"他承认道。

"我告诉您我会怎么做。我会写一写证券经纪公司从成立至今的故事，但讲述故事的形式需要从个人的角度出发，您愿意分享吗？"

"没问题。"

"我不想为所有股票经纪人写颂词，我只想写一个关于股票经纪人的成长，以及他的职业生涯的故事。如果您要把它当作您的自传，我可以这么写。至于这个故事对股票经纪人的整体是毁是誉，我不在乎，但它必须真

---

① 杰伊·古尔德，美国铁路开发商和投机家。——译者注

实地反映股票经纪人的内心世界，例如他是怎么赚到第一桶金的。为了达到这个目的，您必须如实地告诉我您的故事，而不需要考虑这会对公众产生什么影响。"

"我愿意听您的，"他简单地说，"虽然我讨厌谈论自己，但我很想让您真实地反映股票经纪人的情况。您想让我从到纽约的那天开始说起吗？"

"不，从您出生的那天说起，"我说，"不需要刻意挑选大事件来说，您可以边想边说。"

"很好。"他说。

那一晚，温先生在他的家中告诉我他是如何成为一名股票经纪人的。

④ 保证金管理员 / 23

波士顿流行的投资法则是，要么投资好公司的股票，要么投机矿业股，二者必择其一。

我不停地学习新的知识，职位也从存货管理员晋升到了保证金管理员。

为了成功，业务员需要比簿记员、制表员运用更多的聪明才智，也必须更激进。但业务员一旦犯错误，可能就会一败涂地，因为业务员承担了更多的责任，所以他们所获得的报酬也更高。

⑤ 升入前台 / 30

经纪公司的客户大厅是一个看透人性的绝佳地点，这里不会教你如何学会自我快速成长，而是能让你研究从人们单纯的动机中演化出来的千奇百怪的行为模式，并体会这种趣味。

投资的出发点总是相对恒定的，但人们对事物的态度却会随着时代的变迁而改变。

股票经纪行业有句老话："揩着客户的油水，逆着客户的投资方向，你就能变得富有。"这也是为什么很多欺骗主顾的股票经纪人还能在这一行干很久。

⑥ 债券推销员 / 37

我几乎读遍了所有能接触到的描述纽约股票经纪人工作方式的资料——书籍、报纸文章、杂志故事等，其中一点可以总结为，学会倾听客户的声音。

为了获得在纽约的工作，当我终于到布朗森 - 巴恩斯公司的办公室约见布朗森上校时，我手里拿着 7 封推荐信。

若你非要我运用与经纪人业务相关的理论说明其中的原理，我知道的唯一技巧是，坚持不懈并不断尝试，直到售出你必须要售出的东西为止。

在我步入纽约分公司的那一刻，我迅速清醒地体会到，时间就是金钱。因为纽约人谈论业务的时候，从来不与我讨论是该投资还是该投机，他们总是准确无误地告诉我他们想要或不想要做什么，而且语速极快。

在纽约工作的头两个月，我连一单生意都没有做成，第一步总是最艰难的，在我获得了第一位客户后，接下来事情就简单了许多。

当每一次暴跌的股市攫取了从传统投机者那里积聚的一笔笔小额保证金时，股市又会把相同数量的财富送到股票经纪人的口袋里。这也是为什么公众把股市暴跌称为"抖出效应"。

一个到华尔街做交易的人若总想着不付出任何代价就得到些什么，那么他就不能避免陷入财务困境甚至彻底破产的境遇。

在我获取业务知识的过程中，我特别重视一点，就是借鉴我的竞争者和我的前辈们的经验。

我和威廉姆森先生建立了一套商业机制，而这套商业机制比我们所能料想的用途更加广泛。

大客户比一般人更加富有，他们身上经常流露出一种引人注目的成功特质，他们通常懂得自我思考，尊重事实而非主观臆断，能够给予而非索取有用的意见。

小客户就让人烦扰得多。小客户们完全与大客户们相反，他们要的并非事实而是建议，他们希望别人告诉自己，该买什么该卖什么，然后他们便不管不问地执行这一建议。

人们总是问我，投资的原则是什么。我想说，首先要去找一个诚信的做市商。

16 **开拓债券业务** / 143

当恐慌肆虐之时，我们公司作为一个独立个体，面临的问题就是如何保持客观冷静和保持偿付能力，并试图让我们的客户也能这样做。而恐慌过后我们的问题变成了：怎样在没有生意可做的情况下做生意？

债券业务就顺理成章地成了首选。假如公众——我们的客户——没有、不愿或不会交易股票，我们将促使他们发展成债券交易客户。

债券经纪人要想成功，就必须采用比其他股票经纪人更有创意的经营方式——在获得各种不同类型的债券以便出售的方法，要和找到并说服买家以便卖出这些债券的方法一样有创意才行。

17 **经纪人与投资者的关系** / 151

沿袭老传统给客户送小费只不过适用于那些想快速致富和不劳而获的客户，并不适用于谨慎的投资者。

我们很早就意识到，我们的股票交易部门可以引进一个更好的系统。我们逐步改进了我们的市场通信邮件，把它们做得和普通公司的不大一样。在波士顿的一个合伙人提出了建立数据统计部门的想法。

我发现有两类客户——聪明型和信仰捍卫型。后者不需要任何数据或事实。他们只不过是想对自己在股市里的所作所为找个借口，而他们的人数则占了总人数的95%左右。

18 **初识汤森德** / 160

1910年，我们成为第一家对汽车制造商的融资业务感兴趣的股票经纪公司。这家公司的创始人叫乔治·鲍德温·汤森德。他是汽车行业的先驱之一。他是第一个全面而热情地理解汽车的巨大潜能的人之一。

我们公司的所有人一致认为我们应该自己寻找一个可以直接对公众销售那些能赚大钱的私人企业的股票的专业渠道。这应该是投资者和投机客——也就是说，涵盖了所有类型的客户——的共同诉求。

我们在 36 年前和第一位客户做过生意，当时公司刚成立，而现在他还在和我们做生意。

1

肯特家族的美国往事

沃尔特·白芝浩（Walter Bagehot）①曾说，改变一种长期思维习惯的尝试所带来的莫大痛苦，是任何身体上的疼痛都无法相比的。当你要求我详细剖析我自己，介绍我在职业生涯中的点点滴滴时，正是要我承受这样一种痛苦。

我之所以这么说，并非是因为我喜欢对自己的事情遮遮掩掩。我从未觉得有必要戏剧化地夸大自己的情感或努力。我喜欢人们，因为我是个健康的普通人，也因为他们也喜欢我。我的工作总是需要我和人们打交道，我对他们的喜爱以及他们对我的喜爱对我的工作大有裨益。毕竟，我必须出售我的服务，而且，因为我并不是自己的客户，所以我没有必要对自己的性格和职场之外的生活感兴趣。我并不娴于辞令，但是我的职业生涯，也就是我的生命中最有价值的那部分，赋予了我一个鲜明的理念，即我必须外向并关注我的顾客，而不是内向地只关注自我意识。

在作为经纪人的职业生涯中，我当然不得不进行自我推销。实际上，任何人都做着同样的事——用自己所拥有的东西交换自己所需要的东西。这是任何人所能做的最多同时也是最好的事情。当我说股票经纪人的工作就是卖服务时，我向你保证，这话说得既准确又全面。但这并不影响我的结果至上的做事原则，而且我只关注客观的结果，因为它能够帮助我最快速、最有效地获得答案。

我喜欢娱乐，但是，没有哪种娱乐能够像我的工作一样给我带来这般愉悦。我并不想过劳死，因为这不但不道德，而且不敬业。但我必须承认，只有在工作中我才能找到最大的快乐。我的工作就是我的最佳消遣，它就

---

① 沃尔特·白芝浩为英国最著名的经济学家、政治社会学家和公法学家之一。——译者注

如同我的宠物，或者是我的"面包"和"奶酪"一样。

生而为人，自当全力以赴。人应全力以赴去争取的东西包括赢得周围人的善意。若与你共事的人都尊重你、喜爱你，这将比你在银行里拥有一大笔存款更让人惬意。是什么促使我的公司能够获得大生意又能赚钱呢？原因无他，就是客户对我们的感觉，它是我们建立信用的基础，这种信用使我们获得的生意比仅凭我们的真实资本所能获得的生意多了许多倍。巴恩斯先生是我们的高级合伙人，他上周说会在打高尔夫球的时候谈生意，但只有和意气相投的人一起打球时，他才会玩得尽兴。我们有非常好的客户群体，只要我们令他们感到快乐，他们就会忠实地留下。

我在过去的 45 年中，有长达 25 年的时间都在华尔街工作。我几乎熟识所有的金融家和行业巨头。坦白地说，这些人从来没有哪个时刻会把赚钱的欲望当成人生的主要驱动力。他们的驱动力来自热爱自己所做的事情——取得成就——这也造就了他们自身。当然，他们也会为自己提供的服务开出一张账单，而且账单中索取的金额较大，这种情况也的确属实，即便不是每次都如此。他们以利他的精神工作，就好像伟大的艺术家那样。

我的名字叫约翰·肯特·温（John Kent Wing）。我和我的父母都是新英格兰人。第一代温家人在哈佛大学成立的那一年来到了美国。我的家族族谱中没有"五月花号"的乘客。第一代来到美国的温家人于 1636 年在剑桥买了个农场，它就位于哈佛大学大门的对面。但这个农场的用途早已改变了，它的一部分已经被改建成一神教堂的墓地，许多温家人都被葬在那里。

第一代移居美国的肯特家人，也就是我母亲的祖先，是一位在马萨诸塞州科德角的桑德维尔工作的牧师。他的妻子黛博拉为他生了两个儿子，一个叫约翰，另一个叫亨利。第一代温家人也有个儿子名叫约翰。我们的家族中实在有太多叫约翰的了。我希望你能记住，我的祖先们不仅是新英格兰人，而且都是一神论者。他们到学校去从事教育工作或当牧师，既是出于生活所需，也带着职业责任感，他们的生活非常淳朴，他们会按时送孩子们上学读书。我是温家人中到哈佛大学去上学的第七代人。

我的祖父是家族中的一个例外。他去了西点军校。我的曾祖父是一位牧师，但他和他的教众不一样，相对于向现实屈服，他选择了搬家。他去了缅因州，也正是在那里，他的儿子——我的祖父，娶了大地主的女儿。我的曾祖父成了一个皮草商人和船东，大地主家也是。请注意，这种独特的组合让我的曾祖父既能够因他的皮革厂常常待在大陆，又能同时满足他对乘风起航去冒险的需求。他从事业以及他的个人爱好方面得到了双重回报。

我的祖父去了西点军校，并于19世纪30年代末40年代初从西点军校毕业。之后他被分配到了工程兵团，须到亚拉巴马州的莫比尔港上任。那个时候还没有铁路，他没有选择从纽约或巴尔的摩乘船去的原因，我并不知晓，事实是，他从华盛顿州一路步行到了莫比尔港。每次南下，我都会想起这位老绅士和他的徒步旅行。他在墨西哥战争中服过役，然后从部队退役回到了缅因州。在那里，他进入了一个又大又体面的行业——林业。

那是很久之前的事情了，当时的木材还并没有如今这般稀缺。但他高瞻远瞩，而且热爱木材，因此他几千英亩几千英亩地购入土地，就为了那长在土地之上的红松原始林、云杉或铁杉。他以每英亩10美分或15美分的价格买入大部分土地，少部分土地的价格则高达每英亩1美元，但这对总体来说影响不大，因为大部分土地的买价都低得很。他也会买只带有一小片林地其他部分都是湖泊或山脉，甚至延伸到海岸线的土地。他知道土地很廉价，所以他会将其上的树木砍下，然后再将土地卖掉赚钱。

和许多老缅因州人一样，他锲而不舍地追随着木材。他探寻的足迹到了宾夕法尼亚州，然后到了密歇根州，都没离开过木材。他的儿子，也就是我的父亲，也如他一样追随木材而生。我父亲的足迹南至路易斯安那州海湾，西至太平洋边的加利福尼亚。这种谋生理念流淌在缅因州男人的血液里。在这里，我并不是想向你讲述林业的传奇故事，或者因非科学开采方法导致的森林被毁的悲剧，我只是想告诉你我的家族的一些历史。这个国家的林业中总是有很多发财的机会。

我的祖父于1868年逝世，然后我父亲继续从事这门生意。在1873年世界经济危机期间，我父亲回到了缅因州。他没有遭到很严重的打击，但确实生活拮据，关于经济危机何时结束，在它结束前大家究竟会如何，没有可靠的说法。有一天，正当我父亲和他的弟弟（也就是我的叔叔）亨利坐在办公室里时，一个男人走了进来。他们都没认出这个男人是谁，但这个男人居然认识他们，并且径直走到他们面前，伸出了双手。

"你们好啊，孩子们，"他说，"看到你们都过得不错，我很高兴。自我上次见到你们以来，你们的变化不大嘛。"

"您看起来也很好。"叔叔肯定地说道。我父亲也帮腔道："您的确看起来很好。"因为这位陌生人看起来非常粗壮。他们很肯定这位陌生人曾为我祖父工作过，因为这个国家几乎每个伐木工人都在某种场合与我祖父共事过，但他们这次却尴尬地叫不出他的名字。

"我原本想着先到老地方去走走，"陌生人继续说道。"我当时还下定决心，我，丹·莱恩（Dan Ryan），绝对不回波士顿。"

"您家目前在何处呢，丹？"我父亲问道。他想起来了，丹·莱恩是多年前为我祖父拖运木材的一名工人。

"我住在密歇根，"丹说。他也是靠木材吃饭的人，这是他唯一的谋生技能。"我的雪松树种得很棒。顺便问下，您已经不经营您父亲买下的那块地了，对吗？"

"是的。"

"您未来还会再经营吗？"他问。

然后我的叔叔亨利以缅因人常用的方式，对他的问题答非所问。"那么您呢，想经营吗？"我叔叔问道。

"我不介意这么做。您想怎么交易？"丹又问。

"如果您真要买的话，"我父亲说，"我们要和家人商量一下。"

丹答应要买。我父亲和叔叔便回家找我的姑妈商量。他们只知道这块地大概的面积以及我祖父当时买下它的价格，但他们从来没踏遍这块土地，也不知道上面有多少木材。他们只知道当时的经济形势很糟糕，而且每况愈下，也许未来会好转，但是他们着重考虑的只是当下。毕竟，那块位于密歇根州的地距离缅因州十分遥远，而谁又会和钱过不去呢？于是我们家决定接受丹提出的要求，而且卖价还能令我们家在我祖父的买价基础上稍有盈利。

当我的叔叔和父亲回到办公室的时候，丹正在那里等着，他正和一些不知从哪里来的老伙计聊天打发时间。

"好吧，孩子们，你们的家人怎么说？"他问。

"我们卖。"他们回答道。

丹·莱恩迅速坐下检查自己在波士顿银行的账户里有多少钱。

"丹,您对这块地有多少了解呢?"我父亲问。

"不比您了解的多。"丹回答。

"您的意思是您从没去过那儿?"

"从来没有。"

"您难道不想先看一下这块地上种了些什么吗?"

"不需要。"

"为什么不呢?"

"为什么要这么做呢?我了解您父亲,我为他工作了12年。我告诉您,您父亲在任何时候都愿意买的任何东西,我愿意在任何时候从他手上买过来。如果那些地值得他去买,那也一定值得我去买,就是这个道理。我住在密歇根州,而您却不住在那,所以我买这块地是不会给您带来任何麻烦的。"

就这样,丹买了地,并且回到了密歇根州。大约在1882年或1883年——我想大概在万国博览会期间——我和父亲去了芝加哥。当时我还是个小男孩,但我记得我们见到了丹·莱恩。我们在酒店休息室见到了他。我父亲将我介绍给了这位老伙计,他说我长得像我祖父,也就是他的老东家。

在见面之前,我的父亲已断断续续地从别人那里听到丹·莱恩的一些消息,而且知道他与许多密歇根州的男人一样,把林业生意做得风生水起,甚至如许多石油、钢铁行业的大亨那般,会给报社捐款百万元。

"丹,我听说您一切都很好。"

"还可以,孩子!还可以!"莱恩高兴地说。

"我们卖给您的地现在怎样了?"

"还可以,孩子!还可以!"

"您把它经营得很好吧?"我父亲说。

"我说了,您父亲很懂林业,"莱恩说,"他真是个极其聪明的人啊!"

我父亲大笑。然后莱恩说:"您和亨利当然也很聪明。我不是那个意思。"我父亲笑得愈发厉害了,然后他问:"丹,您就说说,在这桩生意里到底赚了多少钱?"

丹犹豫着不作答。

"您不想告诉我吗？"我父亲又问。

"不是我不想说，而是说出来会让我感到很惭愧。"

"有这么严重吗？"

"是的，我都没胆告诉您。"

"继续说！究竟是多少？"

然后莱恩说："我算了算，我大概从中赚了 2 000 万美元。"

"什么？"我父亲大叫。

"我说了，跟您说这些我很惭愧。"丹说着，露出满脸歉意，以至于我的父亲又大笑了一番。

你觉得这个故事如何？好吧，我还有另一个插曲要交代：我们在底特律的分公司就设在莱恩大厦里，这座大厦是西部最好的商业建筑之一。这位"温地主"的孙子是纽约的一位股票经纪人，他现在还要定期向当年为他祖父拖运木材、跟随木材一路闯进密歇根州的缅因老伙计的孙子"纳贡"呢。

在我停止描述这个关于木材的故事前，我要告诉你另一件事。仅仅在去年，我们公司就向客户卖出了佩诺布斯科特纸业公司的 1 500 万美元的债券，为了降低这些债券的风险级别，这些债券用了几千亩、每亩价格低至荒唐的 10 美元的林地作担保，而这些林地就是当年我祖父仅用每亩 10 美分的价格买来，后来又被他的儿子们卖出去的土地，去年它们又被他的孙子以债券的形式卖出，但价格却涨到了每亩 10 美元。我觉得这样神奇的事只可能发生在美国。

当年我父亲到加利福尼亚州去从事买卖林地的生意时，我跟随同去。我们在西海岸待了 10 年。对于那里的生活，我主要的记忆就是自己一直都极度想家。这是事实，虽然我当时不明白个中深意。当我们举家搬回东部，住进我的祖父自建的老房子里时，我感到非常满足。这就是缅因州，对它的爱可能已经融进了我的血液里。然而，当我需要到外地去工作的时候，虽然离开的还是当年那个令我魂牵梦绕的缅因州，我却不再感到思乡难耐了。

2

我的哈佛时光与职业选择

我被送到埃克塞特去上学，在那之后又去了剑桥。我之前告诉过你，我是家族里第七代上哈佛大学的。当我还在读预科的时候，我父亲希望让我成为一名律师。他自己是学法律的，虽然他没有当律师，但他始终坚信，无论成为哪一种商人，懂点法律知识总会很有帮助，而且，我们家的成员大多都学了法律。我父亲的一个堂兄是最高法官，我母亲也有一些亲戚在法律界取得了令人瞩目的成就，有两位温家人和两位肯特家人是波士顿律师协会的负责人。因此，即使我继续选择法律专业，也不过是在重走家族的老路罢了。在我于哈佛大学的大二学年结束前，我就很确定自己不会追随我父亲的脚步，我不想学习法律，林业的生意也对我毫无吸引力。

我热爱缅因州，热爱它的一切——山脉、湖泊、河流、海岸线。但我爱它如我的休憩之地，当远离它时我总感到思乡，而不是将它看作谋生之地。虽然我的家在此，但我的办公室无须在此。我也喜爱木材，尽管我的祖辈父辈尤其是密歇根的莱恩都在这门家族生意上赚取了大量财富，但我却不认为自己有侍弄树木且靠它取得成功的天赋。

要清楚，做成一笔木材的生意需要花费 3 个月的时间。你需要外出探索游历，寻找合适的木材，在检查树冠或树的其他部分这种工作上花费大量的时间。但在股票经纪行业中，我却可以迅速采取行动，在 3 分钟的时间内即可完成买卖 100 万美元股票的操作。至于法律，我对这一行没有兴趣，从未受到其任何感召。尽管法律的哲学精神打动过许多追求公平、正义的心灵，但从没打动过我。当我对我父亲说："抱歉让您失望了，但我还是不会选择法律。"的时候，并不全是因为我有先见之明，知道自己不具备学习法律的头脑，而是我知道我不可能在自己不喜爱的事情上取得成功。

我和父亲进行了一次友好的讨论。我承认，一个人在他不得不选择的职业上也可能取得成功，但我主张的是，职业没有天生的贵贱之分，一个人若有机会选择，他就应该选择自己喜爱的职业。如果一个人讨厌打篮球，他就不可能成为优秀的篮球运动员。如果他不尽力，如何能做到最好？如果他与一份职业志趣不相投，又如何能发挥最大的潜能？在精力有限的情况下，你需要克服的摩擦越小，你能够前行的距离就越远。后来我将这一道理作为行为准则贴在办公场所内。你可以看到，我们总是很强调与我们的合作伙伴保持亲密联系，因为随着我们业务规模的扩张，我们需要更多的人来承担重要的职位，我们很自然地会希望由熟悉的或者我们认可的人员来承担，以减少摩擦。

然而，一个人并非必须具备商业天赋才能在商业上取得成功，而是要学会乐在其中。一个成功的商人在商业中获得的乐趣和一个天生的高尔夫球手在高尔夫球比赛中获得的乐趣无异。我们的所有雇员无疑都是有能力的，否则他们就不可能留在这里，但并不是他们中的每一个人都想当领导者，有些也是兢兢业业的实在人，他们清晨早早来办公室开工，也不介意晚上加班。

对于我个人而言，从事商业就像玩游戏。我从来不在下班后把工作带回家，也不会因为把前一天未完成的工作推到第二天早上做而感到惭愧。即便工作没有完成，我还是一如往常、满腔热情地去打网球、游泳、踢足球、打排球。但在兴趣和热情方面，对我而言，没有哪一项运动能够和我的工作相媲美。

毕竟，这份工作对我来说是十分有趣的。想象一下，我们经营的是怎样一番事业，这可以称得上是所有交易的交易——也就是说，我们经手的东西涉及各种各样的行业。我们销售各种公司的股票，如钢铁的、煤炭的、铜矿的、医药的、食品的、口香糖的、香料的，我们还出售外国债券、铁路或工业债券、市政债券，等等。对于每一笔证券的买卖，我们都需要准确地知道相关行业的情况。我们是所有交易的专家，因此我们的交易也是每个人的交易。我之前说过，华尔街的交易是所有交易的交易、是全世界的交易。

谈到交易，就离不开人际接触。每一天，我们都在和各种有趣的人交易，他们有的刚在事业上迈出第一步，有的则带着成功人士的光环并能够讲述一个个赢家的故事。无论老幼，也无论是已从大学毕业还是在校学生，这些人身上总是具备着与众不同的卓越特质。我们公司为之提供服务的——无论我们是在既定的佣金水平下在证券交易所里为之买卖证券，还是在处理债券的整个发行过程，抑或是卖出 10 万股库存股票——这些大人物都是些颇有先见之明、能在人生的大部分时间做出正确选择的人。

现代佣金制经纪人的使命就是要让其他人能够更好地交易。上周，我们为一家钢铁公司发行债券。那些债券被卖给了我们的普通客户，也就是公众——个人或机构投资者、资本家、工薪阶层、保险公司、银行等。在这样一笔交易中，我们赚取了小额公允的佣金，同时为企业提供了扩大厂房、提高营业额、增加雇员的宝贵资金。有了这些资金，钢铁公司就能够赚更多的钱，债券的购买者能够赚取利息，这也是他们在企业增值的成果中获得的份额。

如今，即使是一位政治煽动者也必须承认，我们在交易中体现的价值不应该只是被人指责，不能因为我们向公众担保某些债券是安全、可靠的，就要侮辱我们，将我们称为"骗子"。我们之所以这么说，是因为我们相信这些债券确实如此，而且我们也为了确保这一点付出了代价。我们有专家去研究这家公司的业务、职员以及它的过去和未来，还有其他客观数据。撇开道德问题不谈，即便是以最利欲熏心和自私自利的角度出发，我们也理应向客户谨慎地推荐证券，因为只有当我们的客户能从中盈利时，我们才能盈利。如果客户因为我们的不诚信、疏忽大意或者能力平平亏了钱，他们怎么会愿意长久地做我们的客户呢？难道我们不希望客户对我们的服务表示满意吗？难道为客户盈利不是让客户满意的唯一方式吗？

一个信誉和口碑良好的证券经纪公司和其他信誉和口碑良好的公司一样，必定都是由聪明的商人开设的，而且他们都想长久地在某一行从事商业。当然，这并不意味着华尔街没有骗子，这个世界的每个国家、每个城市、每条街道都可能有骗子，他们可能是欺骗客户的股票经纪人、不择手段的律师、冒牌医生、掺假食品商或者是贪污渎职的政客，但是，公众却喜欢运用思维定式来非难华尔街。

说到底，什么是华尔街？这个地方造就了数不清的奋发向上、功成名就的人士，这个地方充满了这个伟大商业国家的最聪明的商业头脑，这个地方可以让你买卖证券和商品、为了扩大生意寻求更多的资本，这个地方可以令你的公司成长壮大、成为行业的领导者，这个地方可以帮你建设并运营铁路、成立钢铁厂、挖掘油井、精炼汽油、开采矿藏，并且能提供更多、更好、更廉价的汽车和电力。没有了华尔街——不是那个虚构的或充斥着廉价政客的华尔街，而是现实中的华尔街——这个国家的工业化不可能达到这般程度，公众的生活也不可能这样好。我坦承，在经济繁荣时期，华尔街也是豪赌之地，确实有人在此一掷千金，却输得分文不剩。但是，人有了闲钱之后，以冒险来更快地求取财富的欲望是无止境的，法律无法轻易地禁止人们进行投机，也没有哪个行业的哪种生意是不存在投机的。

我没有必要在此就证券交易所的经济功能进行一番长篇大论了，不是吗？一个国家的投资额可以衡量这个国家的繁荣程度，而我们生活的舒适度则取决于国家的繁荣程度。在现代的公司制体系下，如果你要做投资，华尔街就是你不可回避的地方。到华尔街买证券，本质上与到匹兹堡去买钢材或可乐一样，谈不上前者比后者更不道德。

更何况，你是否真的了解华尔街里都是些什么人、这些人大部分来自哪里？是什么让他们在公众心目中显得异于其他阶层或在其他地方工作的人呢？

华尔街不仅包含证券交易所、棉花等农产品交易所或者其他交易所，还包含美国的众多大银行，甚至还包含以获取或提供各种资本作为主要业务的个人和企业。

华尔街的这些人员又是哪里来的呢？他们来自于这个国家的每个州。在证券交易所的某一天，我的一个专门处理商业纠纷的朋友花费了一些时间整理各个顶尖证券交易所的合伙人名单。我们发现，名单上的人有90%都并非来自于纽约。我们公司的合伙人分别来自新罕布什尔州、马萨诸塞州、密苏里州、马里兰州、缅因州、新泽西州、宾夕法尼亚州、密歇根州、伊利诺伊州和印第安纳州，而没有一个人是来自纽约的。因此，华尔街的典型商人是个普通的美国商人，华尔街的证券交易所经营的是全美国的交易，而不只是纽约这座城市的交易。

抱歉我离题了。谈回我的事业，我只能说，在大学里我不是一个模范生，我的同学们甚至是这样评价我的：比起其他老实人，我拥有善于发现很容易就能修完的课程的聪明头脑。有时我也随大流，例如像我的 500 多个同学一样选修了闪语课程。但是，我还选修了只有 12 名学生报名的神学院历史课程。到了第二学年，这个课程吸引了 357 名学生。我的一个同学，同时也是我现在的竞争对手之一，逢人便说我善于找到交易中的优势地位。

我一直都对政治经济学感兴趣。在我那个年代，学校还未开设关于现代商业或财务的课程，如果有这些课程可供选修的话，能对我现在的事业有很大的帮助。不管怎样，我成功毕业并获得了学位，即便未取得什么学术成就，我倒也心安理得。

可以说，我在学校学习时选修的政治经济学和历史课程对我现在的股票经纪交易助益良多。日常工作中，我需要分析经济情况、人类活动以及客户性格，我个人的经验无法帮我找到解决这些情况的办法，但是人类的经验能够为我提供线索。

毕业之后，我发现自己比想象中更善于应对商业活动。在大学时期，我就不得不在课外处理大学肄业生的各种活动。当时我的 4 年大学好友教会我如何与各种各样的人保持良好关系，这种习惯一直延续至今。

一个优秀的大学生对他的校友和同学的一贯态度，会成为这个人成年之后对他的工作和他的合作伙伴的态度，无论这个人进入哪个行业。我一直试图把我当年对待哈佛大学和我的同学的态度灌输给股票经纪人，使他们也能如此对待股票经纪行业和他们的同事。我宣扬这种态度不是出于多愁善感，也不是出于自吹自擂，而是我相信你若真的这么做了，也一定会从中获益匪浅。此外，我在离开大学之际学到的宝贵经验是，如果我不清楚自己未来想要从事什么工作来谋生，那么我就必须清楚未来不想从事什么工作谋生。

我顺利拿到了学位，并回了家。当时我本该给自己放个假，休养好身体，以应对接踵而至的求职生活。但我没有这么做，而是劝说表弟加入了一次我盼望已久的旅行。我们搭乘一艘约 6 米长的独木舟，带上装备便出发了。没有向导，没有事先确定的行程，我们就这样沿着佩诺布斯科特河西部的支流漫无目的地向下游游荡，穿过尚普兰湖和鹰湖，来到圣约翰，最后到了新布朗斯维克。我们过得像印第安人一般，我干杂活，表弟负责做饭。他的确是个好厨师，而我没有做饭的天赋，所以做琐事更适合我。

这是一次精彩的远足，给我们带来了许多好处。我回到家后，发现一封邀请我到剑桥去负责足球秋季比赛的票务和财务工作的来信。这份工作的薪水是 100 美元，而且还能赢得帮助大学的美称。主持赛事和分配票券可不是简单的事情，但我恰好有过相关经验。

同年 11 月，我成功主持完成了最后一场赛事，但我没有回家，而是决定到波士顿找工作。我写信给我父亲，信中我既未征求他的许可也未询问他的建议，只是简单地告诉了他我的想法。他应早已料到我会这么说，因为我此前告诉过他，我不会待在班戈，当时他赞同我做自己认为是最好的事。他也没有给我任何建议，因为我们之间存在着一种理解和默契，他对家族的深谋远虑和勇于进取的传统总是有着不渝的信念。这些年来我一直离开家乡在外工作，我的父亲每年春天和秋天都来看我，从未失约。

3

闯入股票经纪行业

毕业那年的 11 月 13 日，我开始找工作。我走出旅馆，心中毫无目标，想着唯有擦亮双眼才能发现新的机会。

我看到了波士顿的那些商业大楼的外墙。我想说的是，你在此处工作和不在此处工作的情况下，这些外墙看起来会截然不同。当时我想，这些办公大楼也许就是我未来办公室的所在地。我饶有兴趣地数着每个门牌号，思忖着这也许将是我的办公地址。我满心期待着发生点什么。

沿着国务街往前走，我心中浮想联翩：如果机会突然来临并向我招手，我会成为什么样的人物呢？机会就这么来了——我既没有靠头脑刻意争取，也没有做什么善举以待回报，我所做的只不过是像我的前六代祖先一样去上了哈佛大学——我竟在大街上碰到了我在哈佛大学的一个同学霍华德·艾伯特（Howard Abbott）。

你也许知道，在上大学的时候，你的经验和你所有亲密朋友的经验是相似的，你的兴趣往往恰好也是他们的兴趣。这是我 4 年以来第一次没有和霍华德一同度过 10 月和 11 月。自从大学毕业各奔东西以后，我们已不像以前那样一起经历和分享生活点滴，大家显然都有了与众不同的见闻。霍华德迫不及待地想告诉我他的新经历，并听听我的新经历，我也一样。

他先开始说了起来。离开大学后，他在波士顿找到了一份办公室的工作，并在那里度过了整个夏天。然而很不幸的是，他生病了，因此不得不离开波士顿。一开始，他只是有些感冒症状，但怎么也无法痊愈。专家说，他是得了肺结核，必须到阿迪朗达克山脉去疗养。

"太倒霉了，"他说道，"那些时间都要被浪费了。"他说的是那些为了治病而不得不花费的时间。青春真是个好事物，把它花费在治疗疾病上真是太浪费了。

"的确如此"我说道。

"他们都对我很好，"他继续说，他说的"他们"指的是他的雇主们，"但是，当然啦，我也不能指望他们一直让这个职位空着，直到我痊愈回来为止。这可得等一年或……"他打住了，似乎很忌讳把"两年"说出来。他绝不希望自己病两年之久，所以沉默也许更好。

"你真的很不走运，'蜘蛛'①。"我说着，心里担心着他的病，又庆幸着自己是健康的，然后问道："是什么样的工作？"我认为这一定是一份极好的工作，否则他不会感到这么伤心。

"是一个经纪公司，"他沮丧地说。他究竟为治病放弃了什么，没人知道！

但我马上开始联想经纪人的工作内容——证券交易所、恐慌、弹指间的大额损失或盈利。当时报纸上报道的经纪人都较富裕，而且可以接触到许多商业中的趣事。这番联想令我更加为我的好友感到难过。他长得很消瘦，有一双长腿。如今，他失去了一个黄金般的职位，而我却自私地想着取代他获得这个职位。但我不能在同情他的同时让他推荐我做他的继任者，以免显得落井下石，若我这么做，他以后病愈回到波士顿，岂不是永远地失去了这份工作了吗？但我正在找工作，糟糕的是这恰好也是霍华德的工作。

命运总是待我很好。霍华德周到地免去了我费尽心思、顾虑重重地不敢说出自己的真实意图的麻烦，他问："杰克，你到这里做什么？"

"我在找工作，"我一脸忧郁地回答，"什么工作都行。"我补充道。

"我可以推荐你做我的工作。"他说，他的脸上露出慷慨的笑容，他是个热心肠的好人。我立刻大为感动，联想到了英年早逝的诗人菲利普·西德尼（Philip Sidneys）。死亡是残忍的，也是不长眼的。

"你怎么知道他们愿意要我？"我问。

"我今早才告诉他们我要辞职，他们会把这个职位给你的，为什么不呢？"他挑衅似的看了我一眼——这是个真正的朋友！

"但我对经纪人的工作一无所知。"我说道，来让自己显得不那么迫切

---

① 述者对霍华德·艾伯特的昵称。——译者注

期待。

"我跟你一样。"他说。

我没料想到找工作之事能在如此短的时间内进展神速，毫无疑问，"蜘蛛"很有头脑。

"好吧，我愿意试一试，我们什么时候去呢？"我问。

"现在来吧。"他挽着我的手臂带我到经纪公司去。他尽量挤出高兴的表情，一路上喋喋不休地说起我们在大学的快乐时光。这个 20 岁的男孩，已经开始活在过去了，可怜的"蜘蛛"！

他把我带到了德夫林·利奇菲尔德公司的办公室，它位于邮政大厦广场，正好在现在的布朗森 - 巴恩斯公司的对面。

"蜘蛛"陪护我走进办公室，仿佛我是威尔士王子一样。这不是一间严格意义上的办公室，逼仄、昏暗，因为这家公司的交易在当时还不是十分活跃。但是，它对我的重要意义不亚于新纪元的开端。

他告诉德夫林先生我是他的一个同学，并信誓旦旦地担保称，一个我能抵得过至少 3 个他，我是个高效的工作者，而且是班里最认真细致的人。当"蜘蛛"绅士般地为我作着伪证的时候，我感到自己既卑劣又幼稚。同时我又清醒地意识到，我还没有做好充足的准备，就被推到了这份事业的面前。年迈的德夫林先生只是看着霍华德频频点头，然后没有表情地看着我。最后他犹豫不决地说："你想要这份工作吗？"

"是的，先生！"我回答道。我愿意以我拥有的一切来证明。

"好吧，"他说，"新手的薪水可不高，一周只有 3 美元。"

"这已经很令人满意了，"我向他保证，"我愿意接受这份工作。"毕竟，我对这份工作本身比对薪水更感兴趣。我这么轻易地答应，绝不是过分谦虚，或者缺乏野心，而是我深知自己对这个行业一无所知，当我还在学习阶段时，即便是一周 3 美元的薪酬也要高于我的工作价值。现在要求重新衡量我的工作价值还为时过早，但我可以学我父亲，帮忙干些别的零活以挣些补贴。

"你想什么时候来上班？"德夫林先生问我。

"现在就可以。"我说。

"很好，"他点点头，像是为我以罕见的好运气得到这份工作表示祝贺一样，"现在正是开始的好时机。霍华德，你能带他到处转转并告诉他工作的内容吗？"

"我很乐意这么做，先生。""蜘蛛"说，然后顿了顿，又说："德夫林先生，我再次向您道别。"

德夫林先生站了起来，和"蜘蛛"握了手。

"再见，霍华德，祝你好运，我的好孩子。我相信换个环境一定能给你的治疗带来好处。坚持住，祝你好运，霍华德，病好了再回来看我们。"

这位老人显然对他的 3 美元周薪的前任员工很是喜爱，我并不感到意外。有哪个老板会不喜欢霍华德·艾伯特，这个 98 级哈佛学生呢？

"蜘蛛"把我带到了另一间办公室，并把我介绍给了簿记员和其他一些员工，然后开始为我罗列我的和其他员工的工作职责。后来这件事使我领悟到，当我的员工因没有充分理解工作内容而犯错时，我要懂得对他们宽容，因为他们就好比大学时代考试分数不高的人一样，事实证明，最成功的商人往往正来自这群人。员工犯错误并不可怕，其他品格，尤其是思维习惯，才最值得关注。随着时间的流逝，原先无知的员工终究会意识到自己的缺点，从而内心充满着学习知识的紧迫感，这并非因为他的学习效率自然而然地提高了，而是因为他身处的环境迫使他这样改变，毕竟，没有人喜爱无知的家伙，就好像大自然不允许真空存在一样。对于这个道理，我体验得很深刻，在习得知识的同时，我很幸运地获得了另一个宝贵财富——耐心。

我认为，一个人若想成为成功的股票经纪人，他就必须学会从底层做起。正因如此，我从来不抗拒做与股票经纪技术无关的事情。例如，我会帮老板把他的帽子送去熨烫，或者帮他到电影院取票等。在我看来，这些都合理地属于我在德夫林先生的公司里学习股票经纪的工作范畴。但是，我当然也是有野心的，如果让我一辈子安于打杂，我也没必要上大学了。在大学里，你只要完成必要的课程就能够拿到学位，但要取得人生的成功，万事不能仅求及格。

经纪人业务中最重要的一环是客户。我的第一单经纪业务源自于我的老板德夫林先生，住在乡下的他不得不在日常为家庭完成大量的购物任务。有一天，他需要把他妻子的胸衣送去修补，而由我把这些胸衣送到了裁缝那。德夫林先生是个很体贴的已婚男人，他叮嘱，这些胸衣必须马上修好，第二天就得拿回来。这个指示是他的夫人向他下达的，德夫林先生把它转达给了我，而我又把它转达给了裁缝，并得到了裁缝的积极回复。如果你见到我再三嘱咐裁缝务必马上修好这些胸衣的样子，会觉得我才是那个生怕无法带着它们回家给老婆交差的男人。

第二天，我到裁缝那里取这些胸衣。不出所料——我自打结婚之后才彻底明白——那个裁缝对时间的观念，说不定还不及他对楔形文字的了解来得深刻。我再次提醒他，他昨天答应过我将在今天把事情完成。他说他知道，但事实是，胸衣现在还没修好，所以今天无法交差，他让我最好明天再来，他会尽量把它们修好的。我已忘记当时是如何回应他的，只记得他从柜台后面跑出来，开始辱骂我。他长得比我高大，当他板着脸对我说话时，我推了他一下，他的身体重重地撞向了柜台。接着一群女人尖叫着从后面的作坊跑了出来，大喊"警察"。我便迅速离开了。

我后来向德夫林先生解释说，想到无法及时取回胸衣要令他失望，我就忍不住发了脾气。他向我仔细询问并听了事情的全过程。

他大笑着说："没关系，杰克，你明天再回去把它们取回来便可。我今晚空着手回家时，无论如何都会编个好理由给我妻子的。"那时，我才知道他的任务远比我的艰巨。

第二天，我没有去取胸衣，因为它们一早就被送到了办公室。

我们公司的初级合伙人利奇菲尔德先生把我叫到了他的私人办公室，说："年轻人，你知道吗？你令我们失去了最好的一位客户！"

我很诧异自己居然没有被这句话吓到。虽然不明白他的意思，但可以看出他并非在说笑，因此我回答道："先生，这是怎么一回事？"当时，我想应该是哪里出现了一些误会，例如我为客户买错了股票，尽管我自认为已足够认真了。

"你粗暴地袭击的那位裁缝，过去总是把他的收入拿到我们这儿来做投资，他已经这么做了好几年了，他的投资额也在平稳增长。但他今天通知我们，别指望他再来这儿投资了。"

"很抱歉，先生。"我说，然后暗自担心失去这份工作。

"我也是。"利奇菲尔德先生用他那动听的声音说。

"伙计们，你们知道我妻子说了什么吗？"德夫林先生突然插嘴说道。

"什么？"

"她说她希望我能把杰克再送到裁缝那儿，问问他们答应上周完成的套装做得怎么样了。"

"但你不该发脾气的，杰克，"利奇菲尔德先生说，"自从我进入这一行时起，我就学会了宽容，你知道为什么吗？因为当一些不讲理的客户抱怨我没有强迫他们在正确的时间做正确的选择的时候，我才能约束住自己不揍他们。拳击能教你学会自我约束，你该去参加业余中量级拳击比赛来锻炼自己，年轻人。"

说完他还冲我微笑，我也没有失去这份工作。我不知道这件事情是否教会了我如何自我约束，但我认为，随着年龄的增长，我们会渐渐掌握这种品德，对事物或言论的看法也能更加透彻。

我在德夫林·利奇菲尔德公司待了约 10 个月。那一年，公司有一阵子非常忙碌，铜矿正经历着牛市，当地著名的汤姆·劳森（Thomas Lawson）[①]先生的铜矿股经纪业务做得很大，波士顿的每个经纪公司也纷纷加入了买卖铜矿股的行列。众所周知，铜矿股是波士顿的特色产品，密歇根、蒙大拿或者其他地方的大型铜矿公司使用的资本几乎都来自波士顿，电信产业亦然。

在日常工作中，我渐渐熟识了这个行业的其他伙伴——办公室同事、送信员、其他经纪公司的职员等。有一天，一位朋友——我在哈佛大学的校友——告诉我他的公司即将开张，他需要招聘一个负责股票经纪的职员，周薪是 15 美元。

那个时候，我还要靠家里接济，因为 3 美元的周薪不足以维持生计。尽管我父亲还算富裕，可我忍饥挨饿、靠家里接济并非长久之计。15 美元的周薪相当于我当时工资的 4 倍多，对这一天文数字转身说"不"，显然很不明智。当然，我也有其他方面需要考虑，但没过多久，我便接受了这个提议。

---

① 全名为托马斯·威廉·劳森（Thomas William Lawson），波士顿备受争议的股票经纪人，以炒作铜矿股闻名。

　　我立刻去见了德夫林先生，告诉他这个提议以及我的决定。他说这是个好的转变，他看起来很高兴，不是因为他想摆脱我，而是真心认为这对我而言是进步。德夫林先生已经在这家公司待了很久，他是个有能力的领导，对下属们也很公平，不可能越级将我提拔至这些人头上。他催促我及时到里德公司去报到，后来我才了解到，他甚至好心地给里德先生致电，夸我是个好员工。

　　里德公司的办公室在一座小型老式办公楼的一层，一条横跨的走廊将办公室分成了 2 个区域，职员们都在后台办公区域，临街的前台办公区域则是合伙人的私人办公室以及客户大厅，大厅里还立着一块大黑板。公司在那个时候的业务规模还远没有现在的大，如今里德公司已拥有了整栋办公大楼，虽然里德先生已经退休，但里德公司仍是波士顿最出色的经纪公司之一。

　　里德公司对我学习股票经纪而言是个好地方。里德先生非常能干，他把公司经营得有声有色。我对那里的常客都印象深刻，其中一位明星客户叫海勒姆·W. 米勒（Hiram W. Miller），他是新英格兰地区的杰出资本家，专门投资某些特定行业，他公司的股票在波士顿证券交易所很畅销，里德先生恰好是他最喜爱的经纪人之一。还有一些客户都是耳熟能详的人，他们塑造了我对如何成为一名卓越的股票经纪人的观念。我第一次懂得，股票经纪人的名气和口碑来自于他所服务的客户。

　　里德公司在纽约的业务负责人是道林和唐纳森，他们都是纽约证券交易所的会员，唐纳森先生是会长。我们和他们的办公室设有专门的联络通道，这就好比你拥有了直接与市场知识面对面的窗口，如果有哪些股市信息不为这些纽约伙伴所知，那么这些信息一定是无意义的信息。对于我而言，这家强大的经纪公司代表了华尔街的一切动向。一旦某些街边小报攻击华尔街和它的作为，我就会把这种攻击当作对道林和唐纳森的攻击，从而感到苦恼。我常常坐在电报员旁边，看他把交易指令发送出去，再把报告接收回来。想着电线另一端可能发生的情形，我第一次意识到，波士顿既不是股票经纪业务的起点，也不是它的终点。这种意识令我对这份事业愈加感兴趣，而我在德夫林先生的办公室里从未有过这种感觉。我对股票经纪业务的不同层面的理解越深，我越是感到兴奋，就像看着来自遥远的国外的对手，尽管我不能立刻理解这些层面，却依然兴趣不减。

唐纳森先生曾常常进城拜访里德先生。我们都喜欢瞪大眼睛、张着嘴巴盯着唐纳森先生看，并期待从他身上找到某些超出常人的地方，但我们也知道，他不是徒负虚名的人，只是纽约证券交易所主席的头衔所带来的荣耀和威望，赋予了他特别的光环。事实上，他是个平易近人、礼貌、善良的绅士，他对大人物、小人物都照顾周到、不卑不亢，并在所有交易中都保持正直、诚实。在后来的岁月中，我渐渐深入地了解了他，并愈发钦佩他。但在我初识他的那些日子里，他代表着威严、知识、权力、金钱，带着大都会的神秘感。我不想造成这种印象，即让你觉得在里德公司的这些经历让我变得早熟或早衰，其实我们像大多数年轻、活泼的职员一样，有过在办公室里玩闹、趁着老板不在偷溜出去打排球的百无聊赖的日子。

我还记得有个在我们办公室里很受欢迎的客户，她是一位深谙股票投资之道的女士。她有自己的一套投资方法，并以此稳定地积累财富。她的投资方法就是持续地购买波士顿的特色股票——电信股。这位女士曾经每2到3个月就会出现在我们的办公室里，买上10份美国电话电报公司的股票。现在，这只股票的价格已经翻了3番，而且它的业务量还在稳定增长，由于这位客户一直不愿意出售该股票，所以她必定不会亏钱。她长期投资并持有着这只股票，而且始终坚信自己做了正确的选择，她买入这只股票的时间也很巧妙，总是在她刚好有足够的钱买10份股票的时候，而且买完便置之不理。

如你所知，假设每股价格为140美元，购买10份股票，佣金就是1.25美元。可笑的是，当她得知购买价值1 400美元的股票需要支付给里德公司的佣金只有1.25美元时，她感到非常吃惊。在她投资生涯的开端，她曾多次劝说公司的合伙人应收取更高佣金且向他们保证她愿意为他们的服务支付更多钱。当她发现最终还是未能说服这些坐在临街办公室的荒唐的男士们接受她的提价建议时，她便直接向下订单的小伙子支付小费，她竟给了小伙子5美元的小费。每当这位受人尊敬的客户走入办公室时，大家总是蜂拥而至，争着接待她。办公室里的小伙子为她服务的热情和礼貌，让她更加觉得公司收取的佣金太低。我很幸运地从在她那里挣过2次"良心钱"。在我的记忆中，对于服务态度良好的小伙子，这位女士给的小费从来不低于 5 美元。

公司一直在发展，如果一个人持之以恒地经营这份事业，收获成功是迟早的事情。我越来越肯定，这就是我终生将追寻的事业，但是，当时的我只是这个向前迈进的大队伍中的一员，还要操心生计，因此还没有具体的目标，就好像一个人只知道自己要往北走，却没有明确的目的地一样。于是，我便很自然地产生了一种想法：当我在这个行业学到足够多的东西，并有了明确的目标之后，转变必定也会随之到来。然而，转变很快就发生了。有一天，正当大家在办公室忙碌之际，一位同事兴奋地跑进来说，摩根先生正在客户大厅里。这时，里德公司里的全体职员迅速冲到了客户大厅，以求一睹美国金融业时下顶级人物的风采。我们确实看到了摩根先生，但他不是老一辈的摩根先生，而是老摩根的儿子，华尔街称他为"杰克·摩根"（Jack Morgan）。

尽管我们大失所望，但是金融之王的继承人的名字以及他的存在，仿佛给我施加了什么魔法一般。我的脑中突然闪现出这样一幅场景：这位金融帝国的王子从纽约宫廷而来，大人物们出入其中，以钱生钱，聪明而大胆地运作资本，来完成和创造伟大的事业。这些都发生在伟大的摩根帝国之中，只有在那里，股票经纪人才能够大放异彩。

彼时彼处，我下定决心，一旦我在里德公司掌握了更多股票经纪的原理，我就要到纽约从事股票经纪的工作。这是我的初步计划，至于之后我的梦想会怎样，也将任由我来描画和实现，但纽约将是主战场，比起美国任何其他地方，黄金桂冠将能更容易、更迅速地被摘得。那天之后，我就有了一个目标——进入纽约的一家经纪公司。

那还是 19 世纪的最后几天，我刚到里德公司上班并发现市场持续几年的低迷态势已经开始改善。1893 年，美国爆发了金融大恐慌①，接着又出现铁路公司破产倒闭潮，国家遭受了巨大的损失，在布莱恩推行白银自由化

---

① 1890 年阿根廷小麦歉收以及布宜诺斯艾利斯政变，欧洲投资者撤出阿根廷，因市场恐慌并担心危机蔓延到美国，1893 年，欧洲投资者纷纷逃离美国，并带走了大量黄金，从而引发了 1893—1897 年的金融恐慌。——译者注

运动^①之前，几乎每个美国民众都在这段时期遭受了直接或间接的损失。我们的一些客户曾和我讲述过他们经历的困难时期，以及他们在 1896 年所面临的陷入永久贫困的危机。他们中的一些精明、现实的商人告诉我，他们已经将所有财产兑换成了黄金，如果那个发表了交叉货币演说^②的独一无二的领导人被选为美国总统，他们将立刻携款奔赴英国。

在 1897 年，威廉·麦金利（William McKinley）^③当选美国总统后，事情开始好转。但是，人们总是缺乏深远的历史眼光，普通人既无法洞察经济究竟是从什么时候开始复苏的，也不了解哪个行业正在复苏，他们只知道有过一段很糟糕的时期，而现在，情况开始好转了，白银自由化的危害也消失了。美国人民迎来了庄稼的大丰收，此时的欧洲正闹农荒，这些粮食便被以几百万美元的高价出口到欧洲。神奇的大自然将地里的化学元素、太阳的光热和 1897 年夏天农民们挥洒的汗水，铸成了一堆堆黄金。

---

① 此处是指美国民主党政治家威廉·简宁斯·布莱恩（William Jennings Bryan）1896 年倡导推行的以白银作为载体的扩张性货币政策。——译者注
② 此处是指威廉·简宁斯·布莱恩在竞选美国总统期间发表的建议将白银和黄金同时列为流通货币的演说。——译者注
③ 威廉·麦金利于 1896—1897 年美国总统竞选中打败了威廉·简宁斯·布莱恩，成为美国第 25 任总统。——译者注

4

保证金管理员

随着好年景的到来，股票和债券的价格也水涨船高，但经纪公司的业务规模却仍赶不上前一轮牛市的时候。在这一时期，波士顿证券交易所是纽约证券交易所的主要竞争对手之一，业务量爆发的时候，里德公司平均每天的交易额就能达到 3 000 份股票，佣金收入有 375 美元，甚至偶尔有一天能成交 10 000 份股票，佣金收入高达 1 250 美元。这些无疑都是重大的日子，但对于里德公司的职员们也意味着繁重的工作量，因为大部分订单的单笔交易额只有 50~100 份股票。

铜矿股异常火爆。然而，铁路公司破产清算又经过多轮重组后，新成立的铁路公司发行的股票仍然不太受投资者欢迎。艾奇逊公司的股价是 10 美元；联合太平洋公司的股价也只有 15 美元；在 1930 年，通用电气的股票则根本没多少人愿意购买。

波士顿流行的投资法则是，要么投资好公司的股票，要么投机矿业股，二者必择其一。于是，在我加入里德公司的时候，市场中有一段时期盛行投资，另一段时期又像是在赌博。在"赌博时期"，汤姆·劳森（Tom Lawson）先生的生意蓬勃发展，他对通过报纸付费广告、中介或电报散发新消息给全国经纪公司的股票营销手段早已驾轻就熟，所有大小投机者都在谈论他。他还曾向公众派发大事记日历，并且在每页中都写上关于股市的格言警句，由于他对市场具有独到见解，这些格言警句中有的的确写得极好。

在里德公司里，我不停地学习新的知识，职位也从存货管理员晋升到了保证金管理员，职责是确保所有的账户余额符合标准。我需要一边看着报价机，一边看着报表，以随时查验两者是否一致。这是一份辛苦的工作，尤其是在股市恐慌的时候，因为我是里德公司唯一一个保证金管理员。要知道，如今我们的纽约分公司里可有 6 名保证金管理员。里德公司的大老板一年能获得 10 000 美元的薪酬，一般来说，他每天下午 4 点，最迟 5 点就下班了。但行情不好的时候，他也需要早上 9 点就开始工作，并且一直工作到深夜。我本以为自己的工作已经够繁重了，但与如今相比亦不过如此，现在的保证金管理员每天需要看管 25 000 个账户。

我在还是保证金管理员的最艰难的时期需要从 1901 年 5 月 9 日北太平洋铁路公司的股票买断大战①说起。那是个令人忧郁的星期四，飓风即将登陆，前一夜这个城市已被刮得摇摇欲坠，于是我早早便来到公司开始工作。这天的股市爆发了一场大恐慌，虽然纽约比波士顿更加惨烈，但对我们而言也已经是够倒霉的了。情况急剧变化，以至于报价机提供的信息比实际交易滞后了 20 分钟，你可以想象一下这对一个可怜的保证金管理员意味着什么。当我刚算出一个账户的保证金金额时，情况早已变化，我又不得不重新计算。那时我没有任何帮手，因为大家都非常忙碌，我甚至不能开口向任何人要任何东西。

我挣扎着算了几小时后，最终决定提前向每位客户发送保证金催缴电报，即使我不确定当时是否有必要这么做。我很理解当客户收到这样一份催要额外保证金的电报时的心情，因为他们觉得未到爆仓的最后时刻，我就不应该向他们要钱。但我认为，这是保护公司的唯一方法也是我的职责，也只有这样才能让我不因过度焦虑而发疯。事后，没有人认为我做错了。那一晚，大家为了算出最终的保证金水平和损失金额，都熬夜工作到第二天早上，然后一起到附近的餐馆吃早餐。

大家充满默契地都没有谈及头天的盈亏问题，因为头天虽然到处是讨价还价的声音，但大多数股票的价格都很低，因此也很少有订单被执行。

---

① 1901 年 5 月 3 日，联合太平洋铁路公司的老板爱德华·J.哈里曼（Edward J. Harriman）开始在二级市场上收购北太平洋铁路公司的股权，以图间接获得美国北部"芝加哥—伯灵顿—昆西"这条铁路线的控制权，致使该股股价连日飙升。当时这条铁路线的两大股东是北太平洋铁路公司和大北方铁路公司，两者分别由华尔街财团 J.P. 摩根和铁路大亨詹姆斯·希尔（James Hill）控制（非绝对控股）。哈里曼的收购行为导致的股价异常引起了摩根和希尔的警觉，两者随即加入了和哈里曼争夺二级市场北太平洋铁路公司股票的大战，导致北太平洋铁路公司的股票一路高歌猛进，在最疯狂的 5 月 9 日，从开盘的 170 美元涨到了 1 000 美元，恐慌迅速蔓延。由于北太平洋股票的价格不断上涨，空头们不得不大量抛售其他公司的股票来高价购买北太平洋股票以履行合约。在巨大的竞争下，其他股票的价格出现雪崩。——译者注

稍晚些时候，我听公司的前台办公室里有人说，我们的客户中没有人做空北太平洋铁路公司的股票，这真是幸运极了。当这只被追逐的股票在纽约证券交易所被炒到每股 1 000 美元的价格时，里德先生还想起他曾在几年前帮他的一位好友亨利·豪买过这只股票呢。豪先生已不在世，但他的遗孀仍和里德先生一家保持很好的交情。周四那天，尽管非常忙碌，里德先生也没忘给这位遗孀打电话。

"安妮，"他说道，"你还有那只我们帮亨利买的北太平洋公司的股票吗？还是你早就卖掉了？"

"没有卖，"她回答，"我还有这只股。"

"你确定是北太平洋公司的股票吗？"里德先生有很多办事迷糊的女客户，因此他执意要问个明白。

"是的，我前些天在办理抵押的时候留意到了这只股票。"

"它在哪儿呢？"

"现在在保险柜里。"

"好吧，"里德先生说，"如果我是你，我会马上带着它来我的办公室。"

"为什么？发生什么事了？"

"现在这只股票在纽约都炒到每股 1 000 美元了。"

"1 000 什么？"豪太太问道。

"1 000 美元，"里德先生说，"如果你想处置掉它，我希望你能尽快，安妮。"

"天啊，我得把它亲自送来，对吗？"

"我不介意你用什么方式把它送过来，但我必须把股票证书押在这里才敢下单，我不能冒任何风险。请尽快，安妮，这个价格也许维持不了很久。"

"我现在马上去保险库把它取来给你。你就要这些吗？"

"就这些，是有两三百股吗？"

"有一张证书上写着 500 股，另一张写着 100 股。"

"天啊！快来，安妮！"里德先生大叫了起来，然后有人把他从电话机旁拉开去处理一些紧急事务。

在一阵紧张忙乱之后，里德先生居然忘记了亨利·豪先生当初用

18 000 美元买来、现在由豪太太持有的那 600 股北太平洋铁路公司的股票。但过了几天，豪太太到里德先生家吃饭，里德先生又突然想起了这件事。

"安妮，顺便问一下，周四那天你怎么没到我们办公室来呢？你是不是最后发现自己没有这只股票？"

里德先生曾很想在她把股票证书送到办公室之前卖空这只股票，因为他心里很肯定，对这只股票的围捕很快就会被打破，届时高股价也难以维持。但他现在很庆幸当时没有这么做。

"为什么这么问？"豪太太说，"我仍保留着这只股。"

"天啊，为什么你不按照约定把它送到我这儿来呢？"

我敢说，豪太太因为没有这么做，至少少赚了 25 000 美元。

"你还记得吗？当时天气很糟糕，还下着毛毛雨。"她说道，好像这能成为一个充分的理由一样。

"那跟你以 1 000 美元的价格卖掉这只股票有什么关联呢？"里德先生问。

"好吧，我认为我不该出门，对于这只股票来说，1 000 美元也不算什么，所以我就待在家里了。"

"不算什么？！"里德先生大声嚷道，"为什么，你可有 600 股呢。"

"然后呢？"

"你本可以卖掉这 600 股并获得 60 万美元，现在就相当于你损失了这一大笔钱。"

"什么？"豪太太尖叫了一声。

"就是这么回事！"里德先生说。

当然，即便豪太太的股票被卖掉，她也不大可能正好以每股 1 000 美元的价格成交，但达到每股 500 美元是有可能的。无论如何，这件事情后来成了里德先生与任何人谈及女人的商业头脑时的谈资。

在人的一生中，许多看起来不可避免的事情其实不是个人意愿和努力的结果，也不是现实对行业或对个人能力的奖赏，而是前行中不得不面对的过程。我不知道自己对里德公司的工作有多满意，我只知道自己获得了几次晋升，但我还是只在后台办公室工作。

经纪公司的人员可以分为两类：一类员工是文员，负责保管账簿记录、发放或接收被交割的股票等工作；另一类员工是业务员，也就是直接获取业务的员工。这两类员工的工作不是相互独立的，他们分别像是军队的军需部门和战斗部门。拿破仑说，一支军队必须依靠军需部门才能填饱肚子，但战争的胜利则要靠战斗部门取得。在商业中，战斗的目的是夺取业务，所以，业务员的收入是没有上限的。为了成功，业务员需要比簿记员、制表员运用更多的聪明才智，也必须更激进。但业务员一旦犯错误，可能就会一败涂地，因为业务员承担了更多的责任，所以他们所获得的报酬也更高。

当我明白了这两者的区别后，我立志成为一名业务员，而且我也明白自己必须从头做起，我习得的业务知识越多，我的价值也就越大。当一个人意识到自己在不断增值时，那么勤快、努力地工作并迎接挑战就会显得毫不费力。当然，个人因素也是需要考虑的，那就是我为公司赚钱的意愿。成为一名业务员不仅能给我带来财富，还能使我因为自己做出了正确的选择、在工作过程中取得成功以及产生的成就感而感到愉悦。

但是，我仍然不能从后台晋升到合伙人、业务员工作的前台，1901 年夏天，我仍旧只是后台办公室的一名保证金管理员，耐心已经快无法支撑我继续工作下去了。到了同年 7 月和 8 月，暑假已经到来，我们轮流休假并接替休假同事的工作，这时我正兼管着一位休假的簿记员的工作。由于天气非常炎热，因此在办公室工作就如同炼狱，我不得不把袖子卷起来，以保持头脑清醒地在分类账上做记录。尽管我一直算不上是个好的抄录员或者一流的簿记员，但卷起袖子在弗莱德·贝克（Fred Beck）漂亮的分类账上写上几笔还不是什么困难的事情。

我们的高级合伙人里德先生在那个夏天的下午，像往常一样走进了后台办公区域来检查账本。他是个老派的商人，对一切都持着谨小慎微的态度。

他拿着被我弄得汗迹斑斑的账本看了一眼，然后用一种慎重而清晰的口吻对我说："温，你是我见过的最糟糕的簿记员。"

对于他把我的短处当着大家的面说出来，我并不觉得羞愧受伤，我没有理由掩饰，所以我说："里德先生，我从来没怀疑过这一点。"

他显露出了一种邪恶的眼神，并且观察我是否是故意如此粗鲁、放肆，尽管我认为自己已经尽量用毕恭毕敬的语气说出了这番话。但我猜他应该被我迷惑了，因为他接着问："你说这番话是什么意思？"

"您说我是您见过的最糟糕的簿记员，我不想否认，我知道自己不是一个办事利落的簿记员，我也不是生来就能胜任这份工作的人。如果我到这儿来就是为了永远从事这份工作，那么现在我就辞职。"

"你会辞职？"他说。我可以看出他现在十分恼怒，但如果要我说些什么，我也只能坦诚自己不想做簿记员的事实。

"我当然会，"我说，"我的野心不适合做这么一份工作，比起现在在后台做一个簿记员，我更想做一个对公司更有价值的人。"

他盯着我看了好一会儿。我很高兴自己把真实想法告诉了他，是时候让他知道我可能创造的价值了，如果他不认可，就代表我该离开这里的时候到了。

但他只是站在那里，皱着眉头看了我良久，然后一言不发地走开了。我继续做起了会计分录的工作，尽量让自己黏糊糊的前臂不要再弄脏纸张。我现在更加肯定簿记工作不适合我。

第二天早上，里德先生一到，就把我叫到了他的私人办公室。那会儿还没有开市，保证金的水平也足够，业务不太活跃，除了昨天的事情以外，我不知道他还有什么理由把我叫去。

"温，"他毫无征兆地说道，"我想把你安排到前台办公室，你可以管理我们的一些客户，就这样。"

"非常感谢您，先生。"我感激地说。

你看，虽然我从他的沉默中知道薪水没有变动，但是这种转变无疑是一次晋升，我终于有机会做自己一直以来想做的工作了。

在前台工作的时候，我获得了很多宝贵经验。里德先生是个很能干的人，他是波士顿最杰出的股票经纪人之一，是一位了不起的造富者。但他也饱受健康状况不佳的折磨，他的私人办公室里有一张大沙发，每个下午他都要在那小睡，以便补充精力做更多的工作。为此，当客户在这个时候想和他见面时，我便要说许多个谎。我会告诉客户，里德先生出去了。但有些大客户要在他的私人办公室里等他，这时说服他们就得费一番功夫。还有的客户坚持要里德先生亲自执行订单，他们不同意我做，除非是里德先生，否则谁也不行，其实他们真正想要确保的是，他们的订单买卖的是里德先生认可的特定股票。那个年代的证券经纪公司不像现在这样会雇用很多员工，合伙人经常要亲自做很多工作，例如管理订单、和客户保持联络等。那个年代也不盛行打高尔夫球或者骑摩托车，老板们都会在办公室里工作到很晚。

5

升入前台

在为客户服务的时光里，我感到非常愉快。但我对股市的思考和理解还停留在简单模仿里德先生的阶段。事实上，我对股市的判断力很差。我对投机——根据大多数人的叫法，应该叫"赌博"——不感兴趣，而相对而言长线的投资对我很有吸引力。经纪公司的客户大厅是一个看透人性的绝佳地点，这里不会教你如何学会自我快速成长，而是能让你研究从人们单纯的动机中演化出来的千奇百怪的行为模式，并体会这种趣味。人们来到这里，是为了投资好的股票，或者猜测市场的未来走向，以此赚取更多的财富。投资的出发点总是相对恒定的，但人们对事物的态度却会随着时代的变迁而改变。那个时代，波士顿正在从一个投资型市场转变为一个投机型市场。我不懂如何教人"赌博"，但我一直以来的想法是，帮助客户赚钱比任何事情都更重要，如果我要留住客户，我就必须让他们赚更多的钱，不管是以投资还是投机的方式。

尽管我们大厅里有各种各样的客户，但他们却因为对投资充满了相似的愿望和期待，而呈现出某种共性，你可以把这称为"家庭相似性"。对于那些我曾天天见到的里德公司的客户，大多我都已忘记了他们的名字，但我却清晰地记得他们的性格特征。其中有个小伙子，绰号叫"爱迪生"，他是个发明家，我总觉得，他在发明这个行当上一定颇有建树，我甚至怀疑他的发明就是与电相关的东西。我对他的私人事务不甚了解，因为他不是我直接负责的客户，但在我们公司的客户中他是个很典型的人物。他总爱喋喋不休地探讨理论，你想象一下，我们每天都要听到他大谈特谈股票投资哲学，他还声称这个领域没有他不懂的东西。我发誓，如果有人能想出什么规则是他所不知道的，我愿意当场写下并吃了它。他的一位朋友问他如果市场停滞不前怎么办，他言简意赅地回答："永远不要在停滞的市场中做空。"听起来他比詹姆斯·R.基恩（James R. Keene）[1]还聪明。如果有哪一只活跃的股票突然提高了股息率而他还处于观望阶段，他便会说："好消息总是要打折扣的。"如果有人对股票看跌，而当时正好是四月，他则会引用阿狄森·坎马克（Addison Cammack）[2]所说的话："万物复苏之际切勿卖出。"由于他对每个事物的前因后果、来龙去脉都有自己的一套理论，我觉得他一定认为自己是客户大厅里最聪明的家伙。他的确是个很特别的交易者，如果有人足够睿智，能够认识到他的聪明之处并加以正确利用，那么他的聪明才智一定有用武之地。可惜的是，他的智慧经常被用错地方。他的投资理论非常宏大，但实践却一塌糊涂，那些他自称对其涨跌了如指掌的股票，恰恰总是违背他的投资理论，他也因此而破产。

他经常破产，一年几乎要破产 3 次。在那之后，他会消失一阵子，几周之后又带着新的资金出现，他总是解释说前阵子是回家忙着搞发明创造了。

他的话不假。他是个电气专家，也是个发明家，他发明的一些设备还被美国海军沿用至今。他每次破产后，都会发明一些东西，然后将它们卖给通用电气或者西屋电气，然后回到股票经纪公司继续豪赌。他常常在早上 9 点 30 分出现，然后给大家朗读各种报纸新闻、市场谣言，据此制定他的投资策略，然后他会一直待到下午 3 点 30 分，离开之前还不忘发发牢骚，评论一下当天市场为何出现或没有出现某种走向。他是鲍勃·基翁（Bob Keown）的特别客户，鲍勃在我们公司是与难缠客户打交道的专家。鲍勃说"爱迪生"在 6 年间破产了 14 次，每次破产他都会休整几周，然后带着被刷新的理论见解和足够的保证金再度回归股市，看起来他在工作中极其高效，以至于他总是能迅速将他的发明创造变现。

这个家伙对任何其他事情都不感兴趣，除了搞发明赚钱和花钱投机之外。里德先生曾试图劝服他把钱投到好的股票上，或者买个年金，但他毫不理会，也不关心自己的衣食住行，他过得可谓放荡不羁。他把钱随心所欲地砸进自己喜爱的股票里，然后费尽周折却发现自己赌输了，如此循环

---

[1] 华尔街一流的股票经纪人。
[2] 华尔街股票商人，以看空股市的交易策略而闻名。

往复。我离开里德公司几年后，还曾向鲍勃问起"爱迪生"，鲍勃说他还是老样子，他仍在继续搞发明，做股市投机，继而破产。

我们有几位客户对犯错误极度厌恶，他们要么就谨慎得几乎从不犯错误，要么就从不承认自己犯过错误。我猜想这是虚荣心、上进心和天生顽固这些性格因素的结合使然。这样的客户在每个证券经纪公司都存在。里德公司有位客户曾经向我吹嘘，他有过多年的投资经历，但是他从来没有亏损过，他也不打算这么做。他把钱放进低风险投资中，每一步交易都力求谨慎。他也是鲍勃·基翁的客户。他从不做空，总是做多；他的盈利命中率大约为五成；如果股价走势不好导致投资失利，他就会继续持有这只股票，长达数年，在此期间他甚至会历经这只股票所在公司的清算、重组、支付能力评估的阶段。他买过好些亏损的股票，但另一方面，他也有足够的耐心和经验继续持有这些股票，直到将它们卖出并略有盈利为止。每当他意识到错误快要铸成、股票变得廉价的时候，他就会马上调整投资策略，把这些股票从投机组合中除去，转而将其变成一种低成本的长期投资。他以耐心和韧性为自己赢得投资回报的故事确实非常有趣，我真希望自己能记得住这些故事的更多细节。当然，我也无须告诉他，他本可以在这些股票开始暴跌的时候就卖出，虽然这需要承担一些损失，但好处是他可以把资本及时收回来并将其投入新的交易中。只是我的说辞毫无作用，因为承担损失不是他的强项，他无论如何也做不到。

我还记得有一个自称是"米德尔顿上尉"（Captain Middleton）的家伙，他平时沉默寡言，一开口便爱讽刺挖苦。在我来里德公司之前，他已是个成功的股票交易商。他有一个习惯，就是喜欢在特殊时期向人咨询意见。在市场进入不确定性较高、连最谨慎和老道的投资者都拿不定主意的时期，"米德尔顿上尉"便开始走访他的同伴们。他会在股票交易的客户大厅里四处游走，逢人便问其对当下市场是什么看法——就是下一步市场的钟摆会摆向何方。他仔细斟酌着每一个人的回答，如果大多数人的意见出现强烈的一致趋向，他就会逆着大家的方向进行交易。他辩称大多数人都是错的，因为大多数人总是亏钱。股票经纪行业有句老话："揩着客户的油水，逆着客户的投资方向，你就能变得富有。"这也是为什么很多欺骗主顾的股票经纪人还能在这一行干很久。事实上，通过运用这种交易方式，"米德尔顿上尉"赚的钱比亏的多，至少他在我们公司时是如此。

我认为，任何能够聚集人的地方都可供我们观察和学习人的本性，里德公司的客户大厅就教给了我许多东西。在学习如何与客户相处的过程中，如果笼统地把客户归结为某一类人是不妥当的，我们的客户虽然不像股市高峰时期我在纽约经纪公司里见到的客户那般思维跳脱、天马行空，但他们无疑仍是复杂多样的一群人。

我记得有一位年轻客户经我们的老主顾推荐来到我们公司，他十分关注芝加哥·伯灵顿·昆西铁路公司的股票，并声称他知道纽约的银行家即将争相购买该股，以获得铁路控制权。这家铁路公司的总部恰好就在波士顿，但是他的消息未获得铁路公司的确认。即便如此，这位年轻的客户还是信心满满地以每股 125 美元的价格买入了约 100 份芝加哥·伯灵顿·昆西铁路公司的股票，为此，他花光了存在银行的所有积蓄。当我把购股报告交给他的时候，他长长地舒了一口气，仿佛他曾一直担心着最后一刻突发的意外会令他买不上这只股票一样。

自从买了这只股票后，他就养成了每天中午 12 点 30 分来我们办公室的习惯，我猜这正好是他的午休时间。后来，为了保住大北方铁路公司和北太平洋铁路公司对芝加哥·伯灵顿·昆西铁路公司的控制权，詹姆斯·J.希尔（James J. Hill）[①] 果然在公开市场大肆买入这家公司的股票。

毫无悬念，这只股票的价格开始攀升，从 130 美元涨到 140 美元，再涨到 150 美元，中途几乎没有任何停歇。远在它涨到 170 美元之前，大家就恍然大悟，这不是疯狂的牛市造成的，而是重大交易造成的。这位持有 100 份股票的小股东天天风雨无阻地到我们公司的客户大厅里，盯着报价板看，那上面写着他可能获得的丰厚利润。我和其他客户经常谈起这位聪明的年轻人，但是他并不健谈，只是皱着眉头盯着报价板看。

当股价涨到 180 美元的时候，我对他说："看这形势应该还能涨 50% 以上，你认为呢？"

他点了点头，严肃地说："会比这更高。"

"你真的这么想？"

---

① 詹姆斯·J·希尔（James Jerome Hill），美国铁路大亨。——译者注

"当然！"他说。

他的语气令你觉得他仿佛正在用双手艰难地举起非常重的东西，然而，我并不想继续和这个单凭做多一只股票就赢得五成以上利润率的聪明人争辩。他很快又离开了。那天下午，我们和鲍勃·基翁聊起这位年轻人，我告诉鲍勃，客户中有好多人知道了这个买伯灵顿铁路股的年轻人，对他继续豪赌股价上涨而不是获利抽身离开都感慨不已。

"所以你们都觉得他是个聪明人，对吗？"鲍勃说。

"难道不是吗？"其中一个客户问。

"好吧，"鲍勃说，"我猜你们也许是对的，这6周以来你们一直羡慕地夸赞这个小伙子的胆量和他获得的暴利，但是，先生们，他那100份股票，早就以127.125美元每股的价格卖出了，他只持有了46.5小时。"

"不可能，他可是每天都来这儿看伯灵顿的股价呢。"一位客户反对道。

"我是个顾及体面的人，"鲍勃说，"所以我没点破他的股票早已卖出这个事实，一次也没有。想一想他每天到这儿来看股价时经历的事情，想一想他因为没有马上卖出股票而在你们这些聪明的家伙口中获得的赞誉，你们就什么都明白了。"

这是我学到的永远难忘的另一课。

我最初服务的客户中有一位是别人向我推荐的牙医。他是个非常杰出的牙医，口碑极好。从他发现我在为一家证券经纪公司工作的时候起，他便只与我谈论与股市相关的话题。他看起来不但经常阅读报纸上的财经版新闻，而且对其中的每个字深信不疑，当然，他对市场也有自己的见解。

他和我说："我所需要的，只是事实。如果你从事实出发，绝对错不了，把报纸上的那些建议、预测留给没主见的家伙吧。我就是这么在股市中赛跑的，我也算得上是个有主见的正规军，信息来自于正规渠道，因为只有官方数据才值得被相信和接受。"

他坦诚自己已有多年的股票交易经验。他说，大多数证券经纪公司都存在着能说会道、总爱给客户提意见的经纪人，但如果这些经纪人什么都懂，为什么他们不自己炒股谋利呢？如果他们的意见是正确的，他们直接买卖股票赚到的钱，显然会比为其他人买卖股票收取的每一百份股票12.5美元的佣金更高。所以说，先生，这些经纪人只是在吹牛。他告诉我，他换了两三位经纪人，因为他们不但没尊重他独立选择股票的意见，还竭力反对、蛊惑他的想法，以至于影响了他的判断力，又或者是他因为工作原因无法时时留意最新消息，而经纪人也没有履行及时通知的义务。

我无言以对，仿佛他在我嘴里塞了块橡皮塞一样。然后他问我，如果他在我这里开户，我是否能及时告诉他最新消息。他不是指整个市场的消息，而是特指他买卖的那些股票的相关消息。然而，他不经意说出的这番对经纪人的评判令我感到些许难受，所以我暗自咕哝了一会儿。

当我回过神来以后，我告诉他，如果他答应以后不会再恶意中伤我，我愿意为他提供一切他需要的服务。

后来，他顺利在我们这里开了户。他有一套理论，他认为应该把自己的炒股运作实践扩大到更多的股票上。为此，他在许许多多只股票上进行了投资，而不是重点投其中的两三只股票。我曾经常给他打电话，告诉他股市的波动情况、最新数据等，我的服务十分到位。

有一天，坏消息来临，市场变得相当疲软。我给他打电话，让他最好亲自来一趟，因为我们的几只特荐股都跌得很严重，我担心他的股票也会出现类似情况。无论是市场活跃还是疲软，都意味着我对其他客户的工作量大增，因此我告诉他，我可能无法像平时一样密切地为他提供信息，虽然我很想那么做。

"但我现在无法外出，正好有一位病人，我不能离开，这会让我前功尽弃。钢铁股现在怎么样了？"

我告诉了他，并问他是否想预先设置一些止损指令，但他大声嚷着不同意，而是要求我当钢铁股价跌到某个特定价位时就通知他，到时他会告诉我该怎么做。

市场变得越来越不景气，最后钢铁股价跌破了他告诉我的价位——40美元，所以我马上给他打了电话。

"怎么样了？"他问。他知道我明白他要问的是什么。

"现在是 39.875 美元，不，是 39.9375 美元！"我回答道，而他的买价是 42 美元。

"什么？只有 39 美元了！"他叫喊着，"我马上过来！"然后就把电话挂断了。

他的诊所距这有 6 个街区，但在我看来，他出现在我们办公室仿佛就只用了 30 秒钟。他气喘吁吁，几乎说不出话来。我指了指报价板，示意他股价跌得更低了。

"全部卖掉！"他喘着气说。

我飞奔着去下达这个交易指令，然后又忙于做别的事情，因此直到拿到交易报告后，我才回去见他。他还在研究最新的报价，面露微笑，似乎未受到亏损的影响，反而为及时止损和更便宜的股价而高兴。如果盈利是最能带给人们快乐的源泉，那么止损无疑能排第二，尤其是在别人都不那么走运的时候。

正当他在徘徊思索着市场何时才能反弹的时候，我问："你的病人怎么样了？是被留在诊所了吗？"

"被留在诊所？不可能！听到我说股价跌到 39 美元，而他又在你们楼上的韦德公司买了钢铁股，他跑得甚至比我还快呢！"

6

债券推销员

　　我成为里德公司客户经理的时候，已经学习股票经纪两年多了。在这之前，我已坚信这是个有前途的行业，而且纽约就是从事这一行业的最佳地点。我曾在后台部门工作并熟知如何记账，现在到了前台，渐渐也懂得了利润的直接产生机制。要想做成功的交易首先需要揽得业务，我常常在想，如果机会到来，我会如何去把握它。守株待兔地等机会上门是不现实的，我必须走出去，主动去寻找它，但我还是想弄明白，当我抓住机会以后，该怎么办。我几乎读遍了所有能接触到的描述纽约股票经纪人工作方式的资料——书籍、报纸文章、杂志故事等，其中一点可以总结为，学会倾听客户的声音。如你所知，从别人那里总是可以学到很多东西，老客户会述说他们过往的经验，此外，口口相传的金融历史故事比写在纸上的多得多，而你只能通过倾听才能获知。倾听不仅令我学到了市场的许多规则，而且令我更深入地了解了客户。他对某种新闻或重大事件的反应、他的观点、他选择性地从中吸收了什么和忽略了什么——所有这些对必须了解客户的股票经纪人来说，都是极具建设性的参考。我不可避免地会碰到一些少不更事的客户，而他们很容易对两件类似的事情得出不同的结论，我开始感到，无知无畏的人常满怀不着边际的希望，饱谙诸事的人易有不可终日的惶恐，无处不在的贪婪模糊了人们的视线，使他们看不到显而易见、无法规避的风险。

　　我无法在短期之内学到上述的种种知识，但自从来到股票经纪公司在前台工作的时候开始，我便能感觉到自己会学到很多。客户是我提供服务的对象，因此我的课程很简单，我的需求也不神秘。我备感幸运，我一心一意地从事这份工作，其他需求——诸如工资、个人愿望、工作所带来的最大快乐——自然而然地被排在了这个需求后面。尽管我现在说得如此轻松，但我可不像现在听起来这样有耐力，也有过走弯路、不在既定的跑道上朝着目标全力奔赴的时候。无论如何，我不再想着纽约的事业且不耐烦地想把里德公司的工作搞砸。经过了 4 年在哈佛大学的学习、3 年在德夫林公司和里德公司的工作，我在波士顿变得小有名气，这为我带来了数不清的客户。在股票经纪行业，我至少掌握了白芝浩所说的"这个领域的风格"，任一雇主都可以很快地将我分类并准确识别我对他的价值，所有这些条件让波士顿成了一个适合我继续发展职业生涯的地方，但我从来没有抛弃过到纽约从事更大事业的目标。

我仍然在缅因州的老家度过每年 2 周的年假，因为我想不到还有哪个地方会比缅因州更适合度过一个为期 2 周的假期。我去过许多地方，因此我这么说不是纯粹出于缅因州是我的家乡的偏袒。

在家的时候，我既是父亲的儿子，也是他的客人，这段欢乐的时光是一份周薪 50 美元的股票经纪文员的工作所无法企及的。需要坦陈的是，在证券经纪公司当一名任劳任怨的学徒期间，我仍然接受了来自家里的不算丰厚但足以让我少吃点苦头的补贴。我没有理由拒绝，但我坚持他们不要给予我过多。就在我挣得的薪水足以维持适当宽裕的生活并略有结余时，我开始向父亲偿还他给予我的补贴。我过得既不铺张奢侈，也不节衣缩食，就这样攒下钱来回报我父亲资助我上大学并参加工作的点滴付出。我这么做是发自心底地十分愿意的，而不是一句空话。除我父亲外，我再未欠别人任何债务，当然，我也不想亏欠我的父亲，至少在金钱上是如此。我父亲收到我用以抵债的支票后，其愉快的程度并不亚于我回馈他的心情。他以唯一可行的方式将这笔钱又归还给我，在他去世后，我继承了他的所有财产。作为他的独子，我已尽力做到最好，我成为一家公司的合伙人，在物质上能充分满足他的需求，当然，在精神上，我也准确地知道我的父亲需要什么。

在缅因州的一个夏日，我遇到了一个叫沃茨的男人，他后来成了与我的公司有密切合作关系的波士顿银行的主席。沃茨有个叫汤姆的兄弟在布朗森-巴恩斯公司工作。我对这家公司非常熟悉，它是一家著名的证券经纪公司，经营规模比里德公司更大。让我感兴趣的是，这家公司在纽约设有分公司，这说明他们经营得相当不错，多年来，他们稳定地拥有 2 个到

3 个纽约证券交易所的交易席位。沃茨说，巴恩斯先生曾经告诉他，布朗森 - 巴恩斯公司在这些交易席位中留存了大额的结余，如果这些交易席位中的任何一个遭遇失败，对该公司来说都是沉重的打击。最终，布朗森 - 巴恩斯公司决定在纽约设立分公司和自己的清算系统。布朗森上校和巴恩斯先生都不会到纽约去生活，因此他们邀请了约瑟夫·威廉姆森（Joseph Williamson）来当合伙人。他们在纽约证券交易所为这位新合伙人购买了一个交易席位，让他统管纽约分公司，并让他成为交易委员会委员。威廉姆森先生在纽约证券交易所的大厅里终日忙碌，管理来自波士顿的交易订单。

据我所知，布朗森 - 巴恩斯公司的口碑极好，但沃茨却令我产生了新疑问，因此我问道："他们在纽约的业务规模大吗？"

"你的意思是？"

"威廉姆斯先生也在纽约开展业务吗？还是说他们的纽约分公司仅仅是执行波士顿客户的交易指令、保存佣金并清算股票？"我问道。

"我不认为他们在致力于开拓纽约的业务。我这么说是因为我没有获得这方面的积极、明确的信息，但即便有，我怀疑我兄弟汤姆也不会告诉我。"

"我很想知道。"我告诉沃茨。

"为什么呢？"

"因为我很想在那个纽约分公司里找个工作。"

"你认为可以在那里开展业务吗？"他问我。

"这一年多来，我盘算着做这么一件事，"我告诉他，"如果他们派我到那里去开拓业务，我会这么做的。我能在一周、一个月甚至一年的时间里做成多少业务，我不敢肯定，但我肯定可以做成一些。您明白，比起其他东西，老客户更能带来新客户，当你做了一些业务的时候，做成更多的业务就不成问题了，但如果你在一点业务也没有的基础上拓展业务就比较困难，花费的时间也更长。但是，无论如何，我是这么理解的：纽约是你在美国能够获得充足且有价值的股票交易的好地方，所以我决定要朝着这个方向努力。"

我不知道究竟是我的话和表达方式给沃茨先生留下了印象，还是说他本来就是个乐于助人的好心人，抑或是我们一起打网球这件事让他对我产生了好感，他真诚地答应我："等我回到波士顿，我会和布朗森上校谈谈，向他特别推荐你去。"

"您人真好，沃茨先生。"我说，"我很感激您，但不想给您添麻烦。"

"我很乐意这么做，杰克，"他向我保证，我可以看出他是真心的。

于是我马上说："其实，我心里认为，如果您愿意为我给上校写封推荐信，事情会更简单。您不反对吧？"

"不，当然不介意。布朗森正在竞选他所在城市的市长，并答应了要亲自为市民提供商业管理服务。他是个言而有信的人，又无竞争对手，所以他不仅会当选，而且会把他所有的时间都花在政府办公厅用以履行承诺。他可是个做事从来不半途而废的男人！"

你看，如果丹·沃茨先生恰好也在考虑向别人推荐我，或者他遇到了合适的时机，我毫不怀疑他会十分愿意这么做，但我获得这份工作胜利在望的喜悦并没有让我忽视另外一个事实，那就是，男人们在共度悠悠夏日时建立的友谊和亲密，在重返城市工作后并不容易长时间维续，因为"挣面包"总是要花费太多时间和精力。你可以和一个各方面与自己都相当的陌生人一起去露营、钓鱼或驾驶帆船，那样的时光只是为了在一起开心快活，而不是为了解决自己的生计。在林子里或帆船上的 3 天里，你亲密地直呼这个陌生人的名字，你们彼此都友好地为对方做许多事情，你们成了好伙伴，在你们唐突但密切的友谊中，你找到了一种与历久弥坚的友谊相似的东西。经过了两周的朝夕相处，你们仿佛成了皮西厄斯（Pythias）和达蒙（Damon）①一般的生死之交。如果真的遇到你们双双陷入险境这样的事情，你们就会变得像连体双胞胎一样寸步不离对方。

但回到城市过了几周后，他们都各自回归自己的生活，我敢说，达蒙甚至都忘了皮西厄斯姓什么。所以，我不打算冒险，我必须确保能拿着推荐信去见布朗森上校。拿到信之后，我请求丹·沃茨先生把这件事也告诉他的兄弟汤姆。我对汤姆有些熟悉，因为我曾经在经纪人同行午餐会上见过他。

---

① 皮西厄斯和达蒙都是罗马神话中的人物，两人为生死之交。——译者注

假期结束回到城里后，我做的第一件事便是去找我的一个表亲，他是一家大公司的老板，而且熟识布朗森上校。对于我来说，有了这些推荐人，我去见布朗森上校会更有底气，所以，我问遍了所有我认识的人是否认识布朗森，并要求每个给予肯定答案的人帮我写推荐信。在这个过程中，我对布朗森 - 巴恩斯公司的认识更加清晰，同时，我对自己是否能获得这份纽约的工作也显得愈发焦虑。

当我终于到布朗森 - 巴恩斯公司的办公室约见布朗森上校时，我手里拿着 7 封推荐信，巴恩斯先生当时是交易委员会的委员，他不在公司而是在证券交易所大厅中忙碌地工作。

布朗森上校是一位以身作则不断激励着我前进的导师、善良而坚定的朋友、受人尊敬的资深合伙人，我无法描述第一次见到他时的印象，这是因为我现在已对他十分熟悉并充满了敬爱，以至于无法记清第一次见他并和他说话时我的心里在想什么。我只记得我既不恐惧，也不排斥，我马上就感觉得到他善良友好、精明谨慎、令人愉快且公事公办的性格。事实上，我访谈过的人们已经事先向我描绘了布朗森上校的性格，这些人中就包含丹的兄弟汤姆·沃茨，他是个聪明的年轻人，他曾在上校的公司里任职，后来也成了我们的合伙人之一。

我把推荐信递给了布朗森上校，他一字不落地从开头读到结尾，读毕，他转身抬起头看着我，表情不比在他知道我们有许多共同朋友前更友善。

"我可以为你做什么，小伙子？"他问我。

我想起了丹·沃茨先生对我到纽约为布朗森 - 巴恩斯公司工作的决定强烈赞同的样子，于是说道："有人建议我到布朗森 - 巴恩斯公司找工作。"

"一定是搞错了吧。"布朗森上校遗憾地说。

"没搞错，先生，正是贵公司。"我向他保证。

"亲爱的孩子，我们现在的人手可比业务还多呢。"他说着，大笑起来。

他的大笑比起皱眉，让我看起来更令人无助。我局促不安起来，不敢看着他，也不去听他说什么，满脑只有一个想法，就是我一定要去纽约工作，而布朗森 - 巴恩斯公司是这个世界上能够给我这样一个工作机会的一家公司。"纽约"这个词在我脑海里已打转了一年多，但布朗森 - 巴恩斯公司则是我在彼时彼地确定的新目标。

我猜想上校已经看出我并没有接纳他的说法，他为我着想只好重复了一遍："为什么呢，因为我们现在的人手确实比业务多。"

"我现在可能帮不了您什么，布朗森上校，因此我也不想要丰厚的薪水。我之所以坚持要为您工作，是因为贵公司是我梦寐以求的地方，我想接受它的培育。我了解您，但如果您也了解我，并让我按照您的要求来工作，我将会到您的纽约分公司去，为您招徕新的业务。与此同时，您不必担忧人手过多的问题，因为您不需要考虑我的成本，只要您认为合适，给多少都行，但我一定要为贵公司工作，随时都可以开始。"

我清晰地记得自己当时说的每一句话，因为这对我而言是一次重要际遇，此外，布朗森上校也与我重温了很多次这一场景。他说，我当时把大衣脱下，在他的私人办公室里四处寻找挂衣服的钩子，但我已不记得这个细节了。我说完，等候着他的回复。

"那么你什么时候能开始工作呢？"

"现在，"我说，然后本能地用手摸了摸大衣上第一个扣子的位置。但布朗森上校还是摇了摇头。

"等等，"他说，"我们确实有足够的人手了。"

"在纽约也是吗？"我问。

"是的。"

"您确定您已在纽约获得了所有应该获得的业务吗？"我坚持不愿放弃。

他犹豫了，然后……

"当然，我们总是愿意继续成长并多接纳一个帮手的。只是现在我正在肖勒姆参加市政竞选。选举结束后你来找我吧，如果我当选了，就不会长时间待在这个办公室里了，也许巴恩斯先生能为你找个职位。但我也可能落选。"

"好吧，布朗森上校，我祝愿您的竞选结果称心如意，但无论如何我都会再来这儿找工作的。祝您好运，先生。"我说着，正要离开时，他又叫住了我。

"等等，握个手。"我照办了，而且感觉自己满脸通红。他可能注意到我的窘态，哈哈大笑起来。

事实上，他毫无意外地当选了，而且几乎是全票通过的。我听说，他赢得了市里的绝大多数选票，未获得的 6 票也许来自那些在该市只待了短短数月、还未完全熟悉本地情况的民主党人士。所有选票加起来有好几千张，所以你可以想象一下塞缪尔·亚当斯·布朗森（Samuel Adams Bronson）在认识他多年的人们的心目中处于何等地位。

就在他当选市长的第二天早上，我去了他的办公室，但他不在，他留言说要到下午才回来。

当天中午 12 点 05 分，我又回到他的办公室，他回来了。若要见到证券经纪公司的老板们，这个时间可比任何其他时间都容易。

"下午好，布朗森上校。恭喜您胜选，先生。"我说，我猜想自己当时的样子就像是个例行公事般来向老板道贺，然后准备到隔壁开始工作的员工一样。

"谢谢你，让我想想，你是约翰·温先生，对吗？"

"是的，先生，谢谢您还记得我。既然您已经当选了，我随时都可以开始工作了。"

"真的吗？"

"是的，先生，对我来说，最重要的事情莫过于在这里工作。"

"你对股票经纪业务很感兴趣吗？"

"这是门好生意，所以我想到布朗森 - 巴恩斯公司来学习。"

"由你做主，好吗？"他笑眯眯的，他的幽默也许是一场前所未有的政治胜利带来的冲动。

"我对贵公司有了更多了解，是的，先生，我了解得越多，就越想到这里工作。在给您打电话的 10 天前，我就拿到了一些推荐信，原因在于我想确保这家公司与我的所见所闻一致，而它确实如此，所以我来了。先生，希望您能接纳我。"

"好吧，听你这么说真好，但恐怕这里的情形还是和以前一样——人手比业务多。"

"我很理解，"我说，"就像我对您说的，薪水不是问题，我也不是想在这里工作，而是想去纽约的分公司。"

"为什么？"

"因为纽约是商业的源泉之地，我想到那里去，获得更多的业务。"

"但你在那谁也不认识。"

"不是的，先生，这样才令这件事情更值得追求。在我看来，纽约股市发展得极快，以至于这个国家的每个人都会渐渐汇集到那里，我想抢在淘金的人流过大之前先出发。"

"你觉得那里能赚到钱，是吗？"

"我知道那里有商业，而商业所在的地方，就是钱所在的地方。"

"一定是这样吗？"他神秘地笑了笑。

"是的，先生，"我说，"如果纽约给予的机会是我们想要的机会的话。如果我能发展业务，那么公司肯定能赚钱，如果我发展的业务不是您想要的，那您也不会同意，不是吗，先生？"

我当时年龄不大，样子看起来就更加稚嫩，我的话在上校听来一定显得十分幼稚且过度自信。他静静地看着我。布朗森上校是个和蔼友善、慷慨大方的男人，但同时也很精明、敏锐和智慧。他的合伙人巴恩斯先生曾告诉我："塞缪尔·布朗森一旦承担了某份工作，就会彻底完成；但是，毫无疑问，他完成的最伟大的工作，还是对于塞缪尔·布朗森这个人的塑造。"

布朗森上校盯着我，无疑是在细细打量我。但我对纽约工作的热切渴望，他一定早已从我的脸上一览无余。

"温，"他严肃地说，"我们接受你。我们是以业务为导向的，要想获得业务，最好的方法是找到合适的伙伴来帮助我们。"

"我一直以来都是这么认为的，先生，"我说，"这也是我如此渴望到这里工作的原因。"

"你什么时候动身？"

"马上，先生。我先回去告诉里德先生，然后马上回来。这不会让里德先生有一丝为难的，先生。"

我回到里德公司并见到了里德先生，我告诉他布朗森上校已准备雇用我。他说："杰克，你现在就可以过去了，希望你能留在那里。"

这是里德先生第一次直呼我的名字。他是个好人，尽管健康状况不佳，但他从不发脾气。几年前，他退出业务一线，但我们直到今天还是好朋友。

我回到了布朗森先生那里，告诉他我已通知了里德先生，里德先生让我马上放下一切并到布朗森 - 巴恩斯公司去。布朗森上校微笑着，然后我们又进行了一次简短的谈话。我向他坦陈，如果布朗森 - 巴恩斯没有纽约分公司，我就不会到这里找工作，但是，假若我要留在波士顿工作，根据我的调查，布朗森 - 巴恩斯必定会是我的第一选择。我说话时从来不懂得拐弯抹角，不管是在孩提时代，还是成为股票经纪人之后，尽可能快捷、稳妥、直接是我推崇和奉行的做事方式，在第一次与布朗森上校敞开心扉的交流中，我也是如此。根据布朗森上校的丰富经验，他应该早已看穿了我，但他对我的具体印象如何，我不甚清楚，他只是告诉我，不要给予他拒绝我的机会。

直到第二天我才见到了巴恩斯先生，他在证券交易所忙碌了一整天，当我终于见到他的时候，马上就喜欢上了他，并十分庆幸自己选择了正确的公司和团队。我给出这样的结论，不仅仅是因为布朗森 - 巴恩斯公司在后来的 15 年中发展迅速，更多是因为两位合伙人对股票经纪事业的认真态度和绅士般的待人处事方法。

我迫不及待地希望你能了解到，从与我的雇主的第一次谈话中，我几乎可以肯定存在这样一种事实，那就是我的雇主对业务的关注程度远高于商业盈利性。业务能够带来良好盈利固然十分可喜，但更重要的是，这些业务必须是干净且可信赖的，因此，公司全体人员的责任在于能够确保业务干净、透明并保持下去。通过适当方法维持公司与客户之间愉快的私人关系，也能够长此以往地确保公司的可信性。这可不仅是简单地握握手、暖暖地打个招呼，公司并不惧怕向客户直言不讳，尤其是情势需要我们直言的时候，即使这些建议不那么悦耳动听。公司的每一名成员都被灌输了这样一种观念——公司的利益和他们自己的利益是一体的，就是要实现客户的利益，因为公司及其成员的成功终究取决于客户的满意度。尽管巴恩斯先生没有向我们一一许诺，但他总是让我们觉得自己是个能够担任将军的好士兵，就像拿破仑的普通士兵一样，个个骁勇善战。这就是我们的工作方式，当你评估布朗森 - 巴恩斯公司的成长能力时，请切记这一点。

在我第一天上班的上午，布朗森上校把我叫进了他的私人办公室。此时我刚刚见完正准备赶到交易所去的巴恩斯先生。布朗森上校告诉我，我现在可以外出销售债券。尽管他知道我在这方面毫无经验，但也未给予我任何建议。他之所以愿意将这项重大任务委托于我，是因为布朗森 - 巴恩斯公司持有大量联邦铸铁管道公司的债券，而我身负帮助公司开辟新市场的特别任务。于是，我这个渴望着为公司招徕纽约业务的缅因州傻小子，在没有得到任何销售建议，也没有任何公司后台人员支持的情况下，就这样接受了当时看来这个世界上最艰巨的任务——去向完全陌生的客户销售我自己一无所知的债券，并以此为公司赢得利润。

那个时代，证券经纪公司的债券销售部远不及如今规范。成立已久的投资公司一般设有债券营销人员，他们负责向银行家、财产托管人销售企业债券，也可以提供邮购债券的服务。但证券经纪公司没有设置专门的债券营销部门，甚至也没有这种需求，波士顿或纽约证券交易所接收的债券订单都交由大厅里的债券专员处理。债券营销是与股票营销截然不同的另一种交易，投资者购买债券后一般要等到他们积累了足够多的盈余或有闲置资金时才会再次购买。股票销售部门当然也会遇到类似的投资型或现金管理型客户，但他们的大多数客户都是投机或半投机性质的。因为客户的投资风格截然不同，所以我们所采用的营销方式也不一样。

若你非要交给我一项任务，并要求我运用与经纪人业务相关的理论说明其中的原理，我可能会无法作答。因此，在没有事先准备的情况下，我无法给新手们提供许多有实践价值的建议，尽管我愿意这么做。毫不夸张地说，我已成功卖出了成百万上千万的股票，但是却无法向你道明个中诀窍。我知道的唯一技巧是，坚持不懈并不断尝试，直到售出你必须要售出的东西为止。

现在，让我来回顾一下我在布朗森 - 巴恩斯公司的第一个任务。我不得不售出公司拥有大量库存的联邦铸铁管道公司的债券。我可以从该公司的通告中得到一些卖点和其他相关信息，然后在布朗森 - 巴恩斯公司里四处搜寻我想要获得的数据——例如，该公司的商业模式、业务量、历史表现和未来策略、利润、持有的不动产——这些都是该债券的安全保障。如果我要向自己出售这只债券，就要有充足的理由消除我的疑虑。无论如何，在彻底说服自己购买这只债券之前，我忍不住翻阅了这家公司的所有经营信息，做了这番准备后，我走出布朗森 - 巴恩斯公司的大楼，开始尝试体验我从未接触过的新事物。

我多么希望这是个能对年轻人有帮助或令读者振奋的故事，只可惜它不是。如果我的工作本质上是为了通过某个男人对我的考验，好让他听从我的意愿，把我派到他的纽约分公司去工作，那么我确实无法告诉你一个戏剧般的过程和结果。现实情况是，我茫然地站在大街上，无从获得任何提示、方向或方法，在这个我自3年前从哈佛大学毕业以来已选择的职业上，未来的成败或许就取决于这一瞬间。面临着重大机遇，我却对方向一无所知，更别提具体目的地了。

对于目的地和未来的思考，我从未感到非常迫切。在这一刻前，我的愿望仍是在布朗森-巴恩斯公司单纯地学习。如今，我有了一些必备知识，我走出的第一步是鼓起勇气迈出办公室大门，第二步却是停在大街上可笑地左右张望。除了参天的大楼和疾行的路人以外，我什么也看不到，我总不能在人行横道上拦下每一位路人向他们兜售债券吧。我想，我可以到那些大楼里去，拜访每位租户。既然如此，我很自然地选择了波士顿最大的办公楼，它离我们公司只有半个街区远，而且里面应该有最多的租户，照此推理，也应该有最多的债券购买人。那是20年前的事情了，那个时代的人们还不具备多少投资债券的知识。

波士顿最大的办公楼位于国务街。我步行到那儿，搭乘电梯到大楼顶层，开始执行拜访大楼里每个公司的计划。若是一个习惯自省、有预见性的人来做这件事，他必然会联想到诸如个人事业的岌岌可危、向布朗森上校证明自己是业务好手的困难、处理好各种突发事件的风险等，凡此种种，但我缺乏这种思维，我甚至都不记得曾沉湎于任何类似危机的想象而激动不安。我只是到此卖债券的，仅此而已。

我走入的第一家公司属于一家小型保险经纪公司，这家公司开展的业务似乎不比股票经纪业务更能赚钱。我在做介绍的时候，这家公司的员工耐心地听着，我们彼此都显得很友好，只是没有什么收获。对此我不感到难过，因为问题在于他们的资金和账户，而不在于我的销售技巧或债券本身。

随后，我又拜访了许多公司，见到了他们的主管人员。那个时代，商人们不像今天这样热衷于包装自己，这令我与他们接触时更加简单、直接。

尽管如此，还是没有任何人愿意买我的债券，其中有一两家公司甚至把我当成图书代理员冷漠、生硬地打发了，但我迅速克服了这种挫败感。这得益于我事先做了充分的准备，以及我对布朗森－巴恩斯公司的信念，我给自己打气并说服自己相信：买这些债券是好的投资选择，它们的价格也合理，而且我不比这些被推销的人差；这些人也需要像我一样向他们的客户推销东西，他们销售的东西可能还不如我的呢；我的销售行为是合法的、非强制性的。如果债券被成功售出，我的公司能赚到合适的利润，而我也能获得报酬，这些人当然也是以类似的方式生存和发展的，因此我完全没必要忧虑。于是，我一一拜访这些公司，并下定决心不错过其中的任何一个。

正当我要去见某家公司的老板时，前台的年轻女孩把我拦住了。我反复向她保证，我有非常重要的事情需要见她的老板。当然，我没有说谎，这对我而言确实比任何事情都更重要，因为我刚在隔壁听说，这家公司的老板是一位资产管理人，他会为许多客户管理财产。但我当时不知道的是，这位老板有太多重要的约会，因此要与他预约会面相当困难。他不仅是杰出的律师，同时还是证券行业的专家。

无论如何，我最后还是成功地进入了他的私人办公室，并向他介绍我的联邦铸铁管道公司的债券。刚开始没多久，他便打断了我。

"你叫什么名字？"他唐突地问，并皱起眉头，一脸困惑，好像对我能通过前台来到这里感到非常惊讶。

"约翰·肯特·温。"我回答。这样正式道出自己的完整姓名，不禁让我想起葬礼上令人心碎的礼貌演说，演说人也是这样庄严地道出逝者的全名的。

"你是从哪里来的？"他继续问，似乎这种刨根问底的方式在他心中成了表示礼貌的方法。

"缅因州，班戈。"我说，并好奇地等待他的反应。这种会面对我而言是一次全新的体验，毕竟我当时还很年轻。

"你和亨利·普伦蒂斯·温有什么关系吗？他是哈佛大学 1864 届毕业的。"

"先生，他是我叔叔，我父亲的弟弟。"我说。

"我和他是同班同学，我们很熟。"然后他伸出了他的手。

　　我以最友善的方式握住了他的手，并机智地让他与我分享他和我叔叔在哈佛大学读书期间的一些往事。于是，我这个年轻的小鬼头，就这样向他卖出了好些债券。

　　这件事让我感觉非常良好，同时我对亨利叔叔和哈佛大学 1864 届也充满了感恩。但你也许会注意到，我的第一次销售成功不是因为我拥有娴熟的销售手法。无论如何，这件事鼓舞了我，我想，当约翰·肯特·温迈出了他的亨利叔叔的校友的办公室后，也许就离优秀债券销售员更近一步了吧。

　　我一整天就在这栋富丽堂皇的大楼里推销，没有放过任何一家公司。当下楼准备离开时，我已经卖出了 54 张债券，每张面值是 1 000 美元。这个结果比我想象的要好很多。人们在现实中面临的大多数挑战都大抵如此。我意识到，在为别人提供帮助的时候，我自己也会身心愉悦。

　　工作的第一天，我给一个股票经纪公司打了电话，他们的业务规模做得不算大，但我尽力吸引他们的兴趣，几乎以成本价向他们销售债券，即便他们最后没有购买，我们还是成了朋友。一个月后，他们打电话邀请我到他们的公司，迫切地想要见到我。我应邀前往，然后我面对的竟然是与之合伙的建议。对此我表示感谢，但却婉拒了，因为我已经决定去纽约了。这件事让我觉得，作为一个债券销售商，我做得还不差。

　　我曾探访过我的老东家里德先生。他告诉我，他从未见过布朗森上校，但他与鲍勃·巴恩斯先生很熟。

　　"杰克，你离开那天，我给巴恩斯先生留了一封信，告诉他纽约才是你的终极目标。"里德先生说。

　　在我事先未向他寻求任何帮助的情况下，他竟主动贴心地为我做了这件事，我对里德先生的感激之情加深了。他想要帮助我，而且他的信的的确确帮助了我。在我工作的每个场所，我都结识了朋友，而且与人友好地相处这个习惯一直延续到现在。不仅在生意上，即便是从他们个人的意愿和利益考虑，我都尽力为他们提供我能给予的最好的帮助和建议，他们也慷慨地回报我。生活的经历告诉我，我们给予什么，就能获得什么。

　　若有人告诉你，商业与娱乐是两码事，不能结合起来，那么他们就错了。从事商业应该是一种乐趣，"在商言商"固然听起来犀利，但体面的人将以体面的方式从商，如果一个人尽力而为，就没有后悔的余地。

7

布朗森 – 巴恩斯公司的完美组合

生意人的成功不仅在很大程度上取决于他所挑选的职业，而且取决于他所选择的公司。我辛勤地工作，甚至比大多数人付出更多，但若仅凭这一点，我无法获得成功。让我感到骄傲的是我选择了这家公司。我想告诉你，我从未见过像布朗森和巴恩斯这样完美的组合。

我曾听到一位缅因州的老人说，成功的合伙企业背后并不一定拥有顶尖的商业头脑，但一定蕴含着某种纯粹的幸运——这种幸运让拥有不同特质而恰好又能变成完美搭档的人们走到了一起，成为一个非凡的组合。他的意思并非是这些人互相衡量彼此的能力特质之后，才选择走到一起，而是命运使然。成功总有逻辑可循，但合伙企业的成功却是偶然事件。为了证明这个观点，他引用了标准石油公司（埃克森美孚公司前身）的案例，并质疑道，假如没有标准石油公司，石油行业不会沿着它目前的方向发展，而如果没有偶然相遇的那 3 个人（每个人的特质和能力又恰恰完美地与另外两个伙伴的特质和能力相结合）——他们分别是洛克菲勒、弗拉格勒和安德鲁斯，那么也不会有标准石油公司。这不仅是因为他们精炼石油的技艺高超，或出售的燃料安全廉价，更是因为他们所拥有的非同常人的心智，以及对事业兢兢业业的态度。

相似的还有马金米德怀特公司，它的每一位合作伙伴都是非凡的天才建筑师，但若他们只是各自负责自己的工作，彼此间毫无关联与合作，那么他们对美国建筑行业的影响不可能如此巨大。每一位合伙人都离不开另外 2 人，3 人构成的组织书写了有关这些城市建筑的恢宏历史。我举这个例子是因为他们从事的非商业领域，若谈及商业领域的合伙成功案例，那就更加不胜枚举了。

布朗森 - 巴恩斯公司也是这样一个不同寻常的幸运组合。公司如今的业绩是布朗森和巴恩斯两人合作带来的必然结果。我不需要仔细研究这些合伙人具体都做了些什么，公司业务在统计数值上的增长就足以引起我的兴趣。更令我感到自豪的是公司的精神激励着我们，成了我们的坚强后盾。我们所赚取的一分一毫，都归功于每一位辛勤工作的员工，以及为我们招徕业务的合作伙伴。公司的 13 位合伙人均从办公室打杂和办事员开始做起并深受 2 位公司创立者的影响，他们养成了良好的商业习惯，这种习惯也成了公司从事商业的风格，这是布朗森 - 巴恩斯公司特有的风格。我说这番话，不是出于一个狂热合伙人的立场，而是出于一个理性知情人的立场。我想要向你证明，尽管煽动者们对华尔街商人不加区分地予以谴责，但是股票经纪人从事的商业活动和这个世界上的许多其他商业活动一样，是值得让人尊敬的。

布朗森 - 巴恩斯公司的原股东是巴恩斯·艾利森公司，主管人是弗雷德里克·巴恩斯（Frederick Barnes）先生，也是罗伯特·巴恩斯（Robert Barnes）先生的父亲。多年来，老巴恩斯与美国一家大型铁路公司有很深的交情，是这家铁路公司老板的得力助手。依靠我道听途说的消息和不错的记忆力，我还知道老巴恩斯先生是一位数学家和顶级会计专家。当这位巴恩斯的 20 多年的老朋友突然离世后，老巴恩斯做出了一个决定。他长期饱受眼疾困扰，于是咨询了纽约和波士顿最好的眼科专家，后来被告知 5 年内将全然丧失视力。

鉴于对股票和股票价值的熟稔，老巴恩斯迅速成立了一家证券经纪公司，公司名为"巴恩斯 - 艾利森"。艾利森先生是老巴恩斯的老朋友，也是董事会成员之一。老巴恩斯待在办公室里，既担任簿记员，又担任出纳员，同时还做着销售员的工作。事实上，他一个人充当了整个公司全部的劳动力。证券交易所关门后，艾利森先生才回到办公室给老巴恩斯帮忙。

就在老巴恩斯几乎放弃希望时，他与年轻的儿子罗伯特进行了一次谈话。他说："罗伯特，我就要看不见了。这意味着，将来我不能像过去这些年一样，靠着审计账簿或类似的工作维持生计，这些工作太损耗视力了。我现在别无他法，得出的结论就是，因为我只剩下 2 到 3 年还能看见东西，最好的选择莫过于进入股票经纪行业。我会尽力使公司步入正轨，这样即使我瞎了，这个业务也能够继续运转下去，即便如此，我的时间也不多了，我的积蓄也不足以让我一开始便大规模地铺开业务，我很怀疑自己能否做到。最令我困扰的还是目前我不得不限制自己的花销，我们会过得很艰难，罗伯特，好好想想我说的话，好儿子，我们以后再接着讨论。"

罗伯特听完，当场对他父亲说："您能做的只有一件事，就是按照您的想法去做。至于我，也有唯一一件需要做的事，就是马上去工作，这可以省下你本需要花在我身上的钱，对你的事业也会有帮助。"当时正值晚春，罗伯特在上高中的最后一年。"不行，儿子，你最好把高中念完，如果到秋天你无法考入大学，我们再考虑让你去工作。无论如何，按我们原先计划的那样去参加哈佛大学入学考试是有益无害的。"几周后，罗伯特完成了高中课程，他参加了哈佛大学的入学考试并轻松通过了。父子俩盘算着，如果老巴恩斯的生意有起色，赚到的钱足以维持生活，罗伯特就在秋天入学。带着这样的想法，他去了老巴恩斯的办公室做暑期工。

那个夏天，罗伯特·巴恩斯成了巴恩斯 - 艾利森公司的第一助理，他和老巴恩斯包揽了办公室里的一切大小事宜。秋天来了，罗伯特告诉父亲自己决定不上大学了，然而老巴恩斯却认为罗伯特可以一边上学一边打理公司的事务，两不耽误。于是，罗伯特成了办公室的得力助手。即便如此，公司的业务却停滞不前，业务量的增长速度远不及老巴恩斯想象的那样快。这点不难理解，客户之所以会向其他客户推荐一家公司，是因为他在那儿赚到了钱，而赚钱的结果需要时间去证明，尤其是在市场中的机会不多的时期。就这样，罗伯特从此留在了巴恩斯 - 艾利森公司，做着处理账簿等杂活。

巴恩斯 - 艾利森公司后来取得的成功没有引起巨大轰动，但业务量的增长却使公司不得不增添人手，在办公室新聘用了一个小伙子后，罗伯特升职了，他可以做更多的文书工作，而将日常杂事交给新来的小伙子。罗伯特渐渐获得了关于股票经纪的更多知识。他父亲的病症越来越严重，就在眼科医生所说的彻底丧失视力的期限即将到来之前，老巴恩斯去世了。这对于罗伯特和公司来说都是个巨大的打击，毕竟，老巴恩斯是一个如此能力卓越、见多识广的商人。坏事接踵而至，艾利森先生在不久后也去世了。

那时的罗伯特·巴恩斯大约只有 22 岁。没有任何资本可言的他，不得不独自面对一切，凭借两位已过世老人的人脉关系搭建起来的生意经营下去。经纪人的客户本身流动性极强，若这些客户是通过遗赠或继承关系而维系的，就更加难以被留住。他们的忠诚度取决于他们所获得服务的质量。年轻的罗伯特·巴恩斯不敢设想自己能够留住所有老客户、获得更多新客户，因为公司已有的业务模式将要自然被淘汰。他必须另谋出路，他决定依靠自己的力量做点什么。在他这个年龄段的人很自然地会寻求年长的、经验更丰富的朋友的建议，不仅包括商业上的建议，还包括生存上的建议。因为鲍伯刚刚订婚，很快将要操持两个人的生计。

他很惊讶地发现，那些朋友们都劝他独自经商，他们敦促他在波士顿证券交易所购买一个席位，并继续从事他目前唯一熟悉的商业，这也是唯一能将他所学到的知识和经验转化为一项资产的方式。他告诉我，曾经有一次或两次，公司没有像他希望的那样发展，他也想过转到其他也许能获得更多回报的行业，但他却无法找到充分的证据去证明，这些在他所想象的若干年之后能够带来高额回报的行业，是否值得让他抛下至今为止其搭建起来的业务。他最终认为，在任何事业上取得成功都需要花费时间，坚持发展现有事业才是最佳选择。

这个 22 岁的年轻人，作为一个诚实、能干的已故商人的儿子，谦虚、认真、冷静地思考着周围的人给予他的建议。在他看来，这些都是好建议，以此为生的确是不错的。他甚至对艰苦的工作很熟悉，接受过顶尖的教育和培训，个人对物质的要求不高，对股票经纪交易各个方面都了如指掌，为人诚实、勇敢且有自知之明。在进行了一番认真的自我剖析后，他决心当一名股票经纪人。

他借了足够的钱在波士顿证券交易所买了一个席位，在当时，这个售价与纽约证券交易所的会员价相当，但到现在，纽约证券交易所的席位价格上涨了 5 倍，而波士顿证券交易所的席位价格却下跌了。

他得找一个商业搭档。他的一位朋友撮合了他与塞缪尔·亚当斯·布朗森相识。布朗森先生在巴尔的摩有些房地产生意，他的妻子是波士顿人且一心想生活在故乡以陪伴父母。布朗森先生则是佛蒙特州人，不愿意待在佛蒙特州做生意时，他也可以适应任何地方的工作，佛蒙特州人生性像缅因州人那样习惯了漂泊的生活。两个年轻人冷静、无私、准确地配合着对方，建立了亲密的合作关系。他们中的任何一个都会告诉你，在公司经营问题上，他们从不需要争论。他们像亲兄弟般，并且他们很快意识到，如果在某个问题上两人的想法一致，就总是能够取得成功，因此，两人相沿成习，都只做双方共同认可的事。两人所做的决定必须一致，如果一方赞成某些交易，另一方却不十分热衷，那么这些交易就会被放弃。我曾经问巴恩斯先生，如果他认为自己是对的，为什么不坚持自己的观点，因为我知道巴恩斯先生是非常小心谨慎的人，而且有敏锐的判断力和坚定的执行力。

"这个嘛，"他回答道，"假如塞缪尔是错的，我是对的，而我一意孤行要坚持下去，就会破坏我们的合作关系。我一直认为，应该放在首位来考虑的是我们的合伙关系和对彼此的信任，如果最终证明我是对的，塞缪尔就会因为在开始时反对过我而感到不好受，那我宁愿不做这些交易，不要这些利润，也不想让塞缪尔难堪、懊悔。你要明白，商业合伙关系就好像婚姻，你的结婚对象不可能是天使，而是一个需要你与之朝夕相处的凡俗之人。 如果要和睦相处，就要懂得尽量减少摩擦，双方一致同意是少数几种能够避免争吵的方式之一。如果可以，我永远都不希望塞缪尔在任何事情上感到为难，这也是我们合作多年却从未有过争吵的原因，甚至连让对方恼怒的瞬间都没有。"

他们当初坚持着这种体贴彼此的想法，多年过去了，这种想法没有任何变化，这是多么美妙的合伙关系啊！

自公司成立 35 年以来，我们共计招聘了 13 位合伙人，每位合伙人都从办公室打杂工做起，他们如果不能为公司做出相应的贡献，就无法成为合伙人。

布朗森先生和巴恩斯先生对工作孜孜不倦、毫不懈怠、恪守着犹如军纪般的工作习惯，但这并未妨碍他们成为善良、体贴的管理者。在这种工作方式下，布朗森 - 巴恩斯公司快速发展为一个盈利且高效的组织。他们知道，要走得更远，就必须更加勤奋地工作；要获得更加丰厚的回报，就必须依靠好头脑和好性格。从事商业不仅仅要赚钱，还要保证这个过程令人轻松、愉快。赚钱只是通过提供优质的商品或服务向客户传递价值的必然结果，而这才是商业智慧的最高形式。

比起谈论自己的成就，巴恩斯先生总是对下属们的工作成果更感到骄傲。当他夸奖其他人的时候，总是会说这个小伙子或那个小伙子干得多么漂亮。公司成立以来招纳的 13 位合伙人中有 9 位从未在其他公司工作过，这导致的结果是，这些合伙人从来没有受到过其他老板的影响，以至于除了布朗森 - 巴恩斯式的商业习惯以外，他们完全不知道还有其他方式。

你的医生、律师、经纪人，分别照看着你的健康、权利和财富，你若想要安心、舒畅地生活，就必须依靠他们诚实、中肯地为你提出建议。布朗森先生和巴恩斯先生对待他们的客人，就好像医德高尚的医生对待他们的病人一样。如果你的医生治标不治本，只是介意你的感觉如何，那么你就找错医生了，你该找一个把希波克拉底的誓言和开出的每一张药方奉为圭臬的医生。我加入公司后，很快发现他们深信"为客户创造价值，才能为自己创造价值"的理念。在我被雇用前，布朗森先生告诉我，巴恩斯先生总是在反复念叨着一个蕴含他的商业理念，或者说是代理战略的说法：

"首先应该找对方向，其次才是拉近距离！"

这是多么好的建议啊！这让员工们保持着对业务的热情但又不失冷静和理性。恪守这一理念的员工都获得了优异的成果。追求卓越当然是人的天性，但如果你按照巴恩斯先生的建议去实践，不管是经营一家小商铺、编辑杂志文章、生产鞋子，还是制作电影，你都会从中受益，终有一天，你会对自己恪守的准则和取得的成就感到骄傲。巴恩斯先生的理念蕴含着服务质量的两个基本要素——生产过程和持久性。

公司开业第一个月，略有盈利，巴恩斯先生盛赞塞缪尔·布朗森是美国最严谨的男人。虽然诸多有能力的人，包括著名的专家、合伙人向布朗森上校提了许多商业建议，但布朗森上校仍坚持冷静地坐下来，仔细考究每一个建议和细节，直到通过自己的学习和消化得出自己的意见为止。布朗森上校喜欢说这样一句话，"不管别人称赞一个人做事多么仔细，一旦交易出了错误，那一定是因为他不够仔细"。他一直勤奋不辍地学习各类交易，看管账簿，会见客户，招徕业务，提供具体的服务，维护客户关系等。

巴恩斯先生因为帮父亲做生意的缘故，最终没有完成大学学业，但这没有阻止他成为一名顶级的商人。他是个安静的男人，有敏锐的洞察力，做事脚踏实地，在数理方面有较高的天赋，因此迅速成了证券交易所里最好的经纪人之一。他的确具备一名优秀的股票经纪人必须具备的第六感——一种通过观察表情、眼睛或肢体语言来猜测他人的行动偏好的本能，这种本能对于股票经纪人而言异常珍贵，我甚至认为，好的股票经纪人是天生的，而不是后天造就的。巴恩斯先生喜欢观察和猜测别人的行为，有的被猜测者费了大工夫想要误导、捉弄巴恩斯先生，但始终没能如愿。他的探求本能或读心能力能够使他迅速识别他人的真实意图。如果他发起一个股票购买订单，其他经纪人有可能认为这是一个设法套利的阴谋，即便如此，他们仍会向他出售他想要的股票，同时期待在他出售这些股票的时候，他们能把价格拉低到成本价以下，然后再次把股票购回并盈利。为了达到这样的效果，这些经纪人会虚张声势，尽量刺激他以"底线价格"购买股票。但这些经纪人时常抱怨摸不着巴恩斯先生的底线，可想而知，作为一名交易守门员，巴恩斯先生有多么成功。

当布朗森 - 巴恩斯公司刚开业的时候，仅有一名员工——帕特里克·马洛伊（Patrick Malloy），他是办公室里的总务长打杂工，也是办公室唯一的支柱。6 个月后，帕特仍然是办公室的总务长，但人手新增了 2 名，这极大地减轻了帕特的工作负担，他得以有精力来帮助布朗森上校整理账簿。他对布朗森 - 巴恩斯公司的感情，就好像当初年轻的罗伯特·巴恩斯对待巴恩斯 - 艾利森公司的感情一样，因此他在工作中任劳任怨、尽心尽力。

虽说帕特不是最勤奋、最有野心的，但他确实眼明手快。不久后，就有其他公司向他提供了更好的职位，薪水也更可观，最重要的是，他不必在周六下午工作。这是一家富有的公司，对员工很是慷慨。相比之下，帕特在布朗森 - 巴恩斯公司必须工作到很晚，他热衷于打篮球，如果他接受了那家公司的职位，意味着他有更多的时间观看他喜爱的篮球比赛。尽管如此，但他还是婉拒了那家公司的邀请，理由是他很敬仰现在的老板，而且坚信他们都是值得追随的。他思索着，自己已是办公室的总务长，一定能够得到优先被提拔的机会，而布朗森先生和巴恩斯先生必将取得非凡的成功。10 年后，当公司成为波士顿最优秀的公司之一时，年轻的马洛伊晋升为合伙人，今天的他已经成为百万富翁，在波士顿有较大的影响力。

两位合伙人带着他们的职员马洛伊，以及 2 名打杂工夜以继日地辛勤工作。布朗森上校负责管理账簿和招揽业务，巴恩斯先生则负责在证券交易所执行订单，并在闭市后帮助布朗森先生记账。巴恩斯先生告诉我，他曾经觉得相对于自己的商业能力，自己应得的回报被严重低估，虽然他非常钦佩自己的合伙人，却不得不对公司能否取得成功心存怀疑，尤其是当他看到其他公司的合伙人在闭市之后都能悠然地回家、打高尔夫、玩摩托车，或者玩帆船的时候。

"塞缪尔，"他对布朗森上校说，"我觉得，我们并不算聪明绝顶，也许转到其他与我们的能力更匹配的行业是更优选择。其他人都有很多时间玩乐，而我们却不可能在下午 4 点准时下班，问题一定在于我们的头脑不够清醒，也许我们不适合当股票经纪人。""好吧，鲍勃，"布朗森上校一脸真诚地看着他的合作伙伴说道，"10 年前，你说服我入行，现在却说出这番话，这让我们过去 10 年日复一日在公司加班的时光显得多么愚蠢啊！"

但是，10 年后，他们的生活都更好了，他们都成了百万富翁。公司享誉全美，从只有 1 名职员和 2 名打杂工的团队，发展成为拥有 600 多人、分支机构遍布各地的大企业。在过去，他们只要能达到每天 200 股的交易量，就能维持运营，而现在，他们的盈亏平衡点为每天 4 万股，随着机构变得庞大，管理成本和交易成本也大幅上升。在市场活跃时期，公司的日交易额甚至可以达到每天 15 万 ~20 万股。

8

铁路股与矿业股

巴恩斯先生向我讲述了关于是否该进入另一个更赚钱的行业的职业困惑，他说：

每一个进入新行业的人，都会有这么一段时期，对未来是否能取得成功产生深深的怀疑。这种怀疑是关于他自身的，例如他自己是否具备这种职业所需要的特质，尤其是在公司的利润表现不如预期、又找不出确切原因的时候，他们的这种自我怀疑更是变得强烈且挥之不去。即使公司走上正轨、略有盈利，我还是会想象自己是不是该转行，因为当我回顾从事一行所需要付出的资本、工作的辛劳、承担的压力的时候，我觉得获得的回报根本不能与之成正比。但我最终还是认为，抛弃我真正的资本，也就是10年来在这个行业累积的知识和经验而转行，是十分荒唐的。

塞缪尔就没有任何疑虑。他颇有远见，对未来看得更加清楚。但不管塞缪尔对我们在未来取得成功抱有多么大的信心，我还是认为我们没有找准方向，因为只要我对别人对我们抱有信心感到不自信，我就不敢肯定我们在正确的道路上取得了进步。没有方向感、进步感，继续前行就会显得很艰辛。

塞缪尔无法把他对这份事业的信心也传递给我，就像证券承销银行向它的客户传递对某只股票的信心那样。我们在生活中遇到的种种危机都与此相似。

我们的最优客户之一是威廉·史密斯（William Smith），他是东北和大西洋铁路公司的总裁，他在刚开始从事这行的时候就认识我的父亲，现在这家公司在布朗森-巴恩斯公司开设了账户，无论何时他们需要何种服务，布朗森-巴恩斯都会尽力为他们提供。

我们为史密斯老先生承担了东北和大西洋铁路公司很大一部分股票的买卖，我们还向经常合作的银行借了50万美元。有一次，史密斯先生去国外，好像是卡尔斯巴德，我们在他出发前就获得了他的交易指令，如果标的铁路股的价格下跌到某个价位，就为他买入。在这之前，史密斯先生收到了另一家铁路公司的收购要约，对方愿意以125美元的价格收购他所持有的铁路股，因为这样他们就能够获得这条铁路线51%的绝对控制权。但史密斯先生拒绝了，理由是他不愿意单独出售股票，除非其他股东们也能以这个价格同时出售。那个年代，公司股东还不及路边的擦鞋匠重要，但史密斯不想自己清盘退出，进而让他的朋友们陷入困境。然而，除了史密斯先生的那部分股票外，收购者并不想购买其他小股东的股票，于是谈判终止了。

当收购者向史密斯先生发出收购要约的时候，标的铁路的股价已经在80美元到90美元的范围内持续多年，史密斯先生控制的这条铁路线被经营得相当保守，史密斯先生也不鼓励别人大肆投机铁路股。如今，为了保障他对这条铁路线的大部分控制权，他指示我们买入更多这只股票，这样他的地位才能不被动摇。因为我们的买入行动，股价很快涨到110美元，但仍然比史密斯先生获得的要约收购价低不少。

有一天，市场出现了不是很严重的漏洞，我们接到要求我们偿还贷款的通知。塞缪尔很自然地去银行解释说我们不希望贷款受此影响。事实上，我们的保证金还很宽裕，而且强迫我们到别处去借款是不合理的。

银行的总裁是威尔逊·豪斯（Wilson Howes），他因脾气急躁在波士顿地区很有名，在新英格兰地区的商业圈，你时常能听到关于他的坏脾气的传闻，很多借款人都对他敬而远之。也许因为这个原因，我和塞缪尔都没有直接和他谈过交易，与我们对接的是一个叫米勒德的男人，他是银行的职员，穿着风格简约、庄重，说起话来轻声细语。

这个叫米勒德的男人告诉塞缪尔，他希望塞缪尔能尽快偿还贷款。塞缪尔问他为什么。米勒德称，他认为目前股价虚高，是人为炒作的结果，已远超过安全边界，而且他还听说，我们买入这些股票是我们公司内部以公谋私的小团体为了刺激进一步的投机炒作而采取的行动。我不知道他是从哪里听来这些消息的，但他对自己的看法深信不疑。

塞缪尔否认了对方的看法，并强调，目前的股价不算太高，银行利益的保障空间还很大，因为我们调整了保证金比例，股价即便下跌，也不大可能触及最低保证金界限。事实上，我们提供的担保物比一般要求高，就是希望我们的贷款不要受市场偶然波动的影响。当然，塞缪尔没有告诉米勒德，史密斯先生拿到了这个国家最富有的铁路公司之一的收购要约，收购价比目前的市场价还高15%。

塞缪尔是个很有说服力的家伙，他告诉米勒德，有人想要低价购入这些股票，因此故意捏造了关于我们和我们的客户的谎言，其意图是想让米勒德在不知情的情况下成为其帮凶。最终，米勒德不仅同意这次不强制回收贷款，还答应以后也不会这样做，除非市场出现异常的情况，即使是在那种情况下，他也会给予我们充足的时间寻找其他的银行。由此，塞缪尔略感宽慰地回到了公司。

第二天下午，就在交易所闭市前半个小时，我们收到了来自米勒德先生的一条独断的通知，要求我们立刻偿还贷款，否则他会将这笔债权出售。

这个消息在公司引起了轰动，当时我们还不是一家成熟完善的公司，资本也不雄厚。如果被一家银行拒贷，那么再向其他银行借50万美元就会很困难。通常情况下，我们只能从几家银行东拼西凑地筹集这笔钱。

这个消息让我感到烦躁不安，因为我实在无法想象在半个小时内我们该如何去筹集这笔钱。在交易所闭市前我必须待在交易大厅里，因此无法帮助塞缪尔。显然，有的股东也因遇到了类似麻烦而开始抛售这只股票，它的交易活跃度相比几周前有显著提升。然而我还是不能走开，只能按照史密斯先生的指示，大量买进股票。值得一提的是，伴随着这种新奇的焦虑，我对自己是否应该继续从事这份职业的疑虑变得更强烈了。

塞缪尔非常生气，我从来没有见过他如此生气。在获得米勒德的承诺后，塞缪尔仍发现要在最后一刻筹措这笔还款，对于他而言是难以忍受的。所以他马不停蹄、雷厉风行地到各家银行借小笔贷款。就在我们凑齐了钱，准备到米勒德的银行还款的时候，我们收到了一条要我们忽略米勒德的通知，而直接去见威尔逊·豪斯这位脾气暴躁的老总裁的提示（我不记得是谁和我们说的，也不记得是怎么收到这一消息的）。塞缪尔说，让威尔逊·豪斯、米勒德和这家银行都见鬼去吧，他再也不会和像米勒德这样出尔反尔的一群人做交易。因此，我们在许多其他银行的帮助下，把米勒德这家银行的贷款还清了。

杰克，我充分相信，比起其他任何困难，这次危机反而在最大程度上造就了我们公司的成功。一方面，它让我们相信，我们能够处理看似完全超出我们能力范围内的难题；另一方面，银行和其他证券经纪公司都见证了这件事，从而愿意相信我们在任何时候都有能力履行好自身的义务。我们建立了牢固的信用且变得前所未有地自信起来。

杰克，事情都是这样发展的，困难看似很可怕，也许会把你吓倒，但你不能被它吓退。顺便说一下，几天后，塞缪尔还撞见了老威尔逊·豪斯，就是那个雇用了令人厌恶的米勒德的机构的坏脾气总裁。

"你的贷款怎么样了？"老豪斯问塞缪尔，老豪斯的表情看起来就好像塞缪尔偷了他的东西一样。

塞缪尔还在为遭受的不公对待而难受，因此严厉而直率地批评了老豪斯，还决心再也不和他的银行做任何交易了。但奇怪的是，老豪斯并没有显现出异乎寻常的愤怒。

"你活该，布朗森，"他说道，"你为什么不来找我？你该知道，我不会同意米勒德的这种做法，绝对不会，这是个糟糕的主意。但我不能忍受的是，你居然愚蠢到不直接找我。真是糟透了！我希望你下一次吸取教训，布朗森，如果你还想继续干下去的话，懂了吗？"就在塞缪尔想要告诉他再也没有下一次之前，他就气呼呼地摇着脑袋走开了。幸亏塞缪尔没有将这句话说出口，因为不久后塞缪尔就去找了老豪斯询问关于长期贷款的事情，老豪斯对他的态度好得不得了。再后来，我们成了那家银行的大股东，塞缪尔还当上了董事。

我们还足够年轻，可以犯很多错误，我们又足够老成，能够不为自己所犯下的错误感到羞耻。我们从米勒德那里学到的教训是，和那些趾高气扬的下属员工做交易是不明智的，你必须直接和有决定权的人对话。你也许不了解，我仔细观察了我们办公室里的小伙子头抬得高不高，我当然希望他们看起来都自信、高效，但他们不能骄傲、自满、自认为拥有什么高人一等的权威。一个年轻人，哪怕有着良好的愿望，一旦骄傲、自负，就会做出很多糟糕的事情。

我的这位高级合伙人确实是一个充满智慧并且善良的人。他不仅是个交易大厅里的股票经纪人，还有着比你在听到他描述过去的挣扎时所能想象的更远瞻的视角。他对数字极有天赋，当我们在讨论大笔股票或债券的融资方案时，巴恩斯先生总是那个仔细研读财务报告的人，因为他说过，比起关于厂房的砖瓦用材、占地面积或机器设备的描述，财务报告更能令他准确地了解一家公司的状况。

办公室里有了布朗森先生这样的业务招揽能手，证券交易所大厅里有了巴恩斯先生这样聪明能干的股票经纪人，再加上每位员工对商业细节的关注，布朗森-巴恩斯公司的业务就能很自然地稳步发展。合伙人学习股票、债券、各种交易案例和市场条件，他们不仅为客户提供优质服务，还提供良好的建议。随着他们越来越有名气，客户群越来越庞大，公司收到的投资邀请也越来越多，当投资方案被审批通过之后，我们就会对其进行投资。

布朗森先生曾告诉我，一开始的时候，公司面临着他们预料之外的威胁。

他心怀疑虑地对我说：

我们很不走运，最早的两笔投资都非常成功，并不是说这些最初的成功让我们变得粗心冒进，而是我真的希望这些成功不要来得过早。我们的第三笔投资是购买一家南方的木材公司的债券，它的债券看起来很不错，拥有充足的担保物——几千亩的优质林地，过去几年的利润也完全足以支付利息。我们派了一个林业专家去当地视察并估算这些林地的产量和价值，我们的财务人员仔细审查了这家公司过去所有的财务报告，我们聘请了可靠的律师，为我们保障这笔交易具有合法性，我们还找了一家有名的当地公司为交易办理了过户手续。一切看起来令人非常满意，我们买下了债券，然后将其出售给我们的客户。就在我们刚签约后，我们发现在南方的律师在产权问题上粗心大意犯了个错误，幸好我们只损失了5万美元。我们把售出的债券紧急召回了，并自己承担了损失。这对那个时候的我们而言，是重大损失，甚至比现在损失100万美元还要严重。但这可以说是我们自己的过错，也可以说不是。这件事提醒我们，我们需要亲自检查每一笔交易的具体步骤，而不可过分依赖别人，这次经验给我们带来了沉痛的教训。我因此养成了一种习惯，凡是递交给我们的东西，我总是要对每个方案的每个细节都仔细地进行检查。

我们的第二个挫折是承诺可以日进斗金的采矿业交易。在这之前，我们从未涉足采矿业，但波士顿的矿业股交易很活跃，甚至比在纽约更受欢迎，也许是因为波士顿的大众对矿业更加熟悉，毕竟，往日卡柳梅特、赫克拉和其他波士顿资本家青睐的铜矿投资获得的暴利情况仍历历在目，因损失而产生的牢骚倒是见得不多。另外，我们的专家们提供的报告也看起来棒极了且前景光明，所以我们带着客户一起买进了这个行业。后面的事情你也知道，新英格兰地区的每一个人都或多或少地谈论过布朗森-巴恩斯公司："噢，对啊，他们不是买了巨石银矿吗？"不知不觉中，我们和我们的客户已有成千上万的资金被套牢其中，看来，唯有小心谨慎和严加管理才能避免重大损失，所以我们掌握了这家银矿公司的所有控制权。我们派遣一位合伙人班布里奇到矿场去监督，这对矿场的经营造成了很多困扰，但是为了我们自己和那些与我们一道陷入困境的客户，这确实是不得不采取的策略，即便不细数，我们也知道自己将是市场上损失最惨重的一群人。今天的巨石公司已经有盈利分红的能力，坚持到最后的股东也赚了一些钱，但这花了很多年，而且最终盈利也无法弥补早些年的失败或紧急出售股票导致的损失。这是我们学到的第二个教训，即不要涉足我们一无所知的行业，这不在我们的专业知识范围内，我们也会建议客户如何更好地投资。

第三个令人沮丧的失败是金属丝织机公司的投资。几位朋友找到我们并建议我们购买一家新组建的公司的库存股票，购买款将用于建造新的磨具工厂。机器无疑非常优良，制造出的产品能赚取可观的利润，而且新机器大大降低了劳动力成本，这简直令人难以置信，它能节约1/5的成本，这意味着分红可以提高20%。这些因素令它看来非常有希望成为第二家像马金撒勒的连诺铸排机那样的公司。

我们做了充分检查，买进了股票，然后迅速将其推销给投资者们。在工厂建造完后，我们发现它生产的商品的销售额并不像我们当初信心满满地期待中的那样大，因为客户必须先改进自己的生产框架，才能用得上这种机器，而客户并不愿意承担不菲的改进费用。虽然我们可以向客户证明，运用这种机器后生产成本能够削减10%，但至少需要在一年后他们才能看到显著效果。难以避免的事情还是发生了，我们原计划为期一到两年、能够带来丰厚回报的促销活动被迫中止，取而代之的是培训活动，这是我们始料未及的。股价和销量因此进入低迷期，我们感到失望。布朗森-巴恩斯，这个承诺为顾客创造价值的公司再一次摔得"鼻青脸肿"。

这只股票的首次发行价为95美元，在公众意识到分红水平远不及预期时，股价跌到了20美元，但我们已经被套牢了。在今天，虽然这家公司的股价与票面价值持平，分红比例为6%，但我们过去显然犯了很大的错误，并为之付出了惨重代价。从第三个教训中，我们学到了永远不要投资青涩的、未经检验的企业，我们必须基于真实的数据，即企业必须要有在过去几年中关于生产、销售、利润的财务数据。当鲍勃·巴恩斯坚持要看到过去的历史数据，而不是对未来可能产生的数据进行推测时，他是完全正确的。当我们在向客户卖股票时，我们卖的不是一张废纸，我们卖出的是自己的判断和经验，因此在此时再小心也不为过，如果客户对我们的判断能力失去信心，那么我们将什么也卖不出去。我们必须确保，当客户掏出真金白银来交换这张纸时，他获得的是信用良好的契约，这才是我们的服务宗旨。如果我们接二连三地犯错误，是不可能在这个行业立足的。所谓差之毫厘，谬以千里，说的正是这个道理。

这个故事说明，即便是十分认真的商人，也可能犯下极其严重的错误。一个医生若犯了错误，他也许可以掩盖过去。一个商人犯了错误，则可能需要几千位客户去承担。一个律师若打输了官司，还可以责备法官、陪审团或者运气，但一个股票经纪人却不能把责任转嫁给钱，因为这根本说不通，股票经纪人的客户也不该承担责任，因为当股票经纪人自身判断失误时，客户无论采取何种行动也于事无补。

就在北太平洋公司的股价跌得令人恐慌的时候，我仍是里德公司的保证金管理员。如果你记得，最后这只股票的价格飞涨到了极高的价位。在此之前，该股票的持有者因股票价格暴跌而债务高筑，市场陷入了水深火热的状态。虽然大部分股票价格暴跌的情形与以往发生的、致使大量投资者破产的股灾相似，但这次"股票大屠杀"事件多年以来仍留存在人们的记忆中。1901 年 4 月 30 日，市场的总交易量为 3 281 200 股，这在纽约证券交易所交易量排行上仍然是有记录意义的一天。它告诉每个人，公众对市场消息并不是没有准备好，而是严阵以待、过于敏感，若市场上发生意料之外的情况，谨慎的股票持有者就会恐慌，售卖行动一旦开始，就会像阿尔卑斯山雪崩一般一发不可收拾。

这次股灾的导火索始于 J. P. 摩根、J. J. 希尔阵营与 E. H. 哈里曼、库恩洛勃公司阵营之间对北太平洋铁路公司的控制权的争夺。在 5 月 8 日晚上，大家都知道北太平洋铁路公司的股票已被追击，第二天开市空头们必然需要支付很大一笔对赌赔偿金，经纪公司尽可能地做好准备应对突发情况，然而他们能做的并不多，那时开市的警报还未拉响。

果然，在 5 月 9 日的清晨，美国的每个人都想卖出股票，没人想要买入股票。巴恩斯先生站在交易所的大厅里，口袋里满是来自客户的卖出指令，其中有许多指令根本执行不了，他也无法从其他股票经纪人那里得到帮助，因为这些股票经纪人也面临着相同的困境。这些可怜的股票经纪人不得不奋力挣扎着，以免被蜂拥而上要求执行卖单的人群撕成碎片。

布朗森 - 巴恩斯公司对北太平洋铁路公司的股票没有兴趣，也没有接到对北太平洋铁路公司股票的购买指令，但是当巴恩斯先生在交易所听到北太平洋铁路公司的某个人大喊"700 美元"时，他意识到，这正是为公司和客户做点事情的好时机。他立即将手上所有未执行的卖出指令撕毁，然后跑到电话亭往办公室打电话，他通知他们说，在那种市场情况下，他坚决拒绝执行任何卖出指令，然后就把电话挂了。他辩论道，当下不会有人购买北太平洋公司的股票，哪怕它含有控制权。某些疯狂的股票经纪人为他们的空头客户以上千美元的高价回购北太平洋铁路公司的股票，当他们回过神来的时候，关于这只股票的阻击战已经结束了，其他股票的价格必然会随之回升。

当然，当巴恩斯先生决定不再执行任何卖出指令时，恐慌仍没有马上消失，这场股灾牵涉的公众股过多，而且股价崩盘至深，市场一时间无法像变魔术般地痊愈起来。卖出指令仍源源不断地涌入，一些好的股票的价格萎靡不振，特拉华·哈德森公司的股价从 165 美元跌到 105 美元，联合太平洋公司的股价从 113 美元跌到 76 美元，艾奇逊公司的股价从 78 美元跌到 43 美元，南太平洋公司的股价从 49 美元跌到 29 美元，短期拆借利率达到令人震惊的 76%。看到这样的股价，我们很难想象有哪家证券经纪公司还能保持充分的偿付能力。最终，北太平洋公司股票的争夺者们达成了休战协定，该股的空头们得到了一丝喘息机会，不用再被强制平仓了。休战协定的宣布意味着股市复苏的先兆，假设股价即将上涨，未执行的卖出指令将能顺利有序地得以执行，售卖者不再会因为卖不出股票而将其降价抛售。在经历了 170 美元的开盘价、上涨 830% 的最高价后，北太平洋铁路公司的股价最终以 190 美元收盘。

下午收市后，巴恩斯先生精疲力竭地回到办公室后发现此时的布朗森先生正在教育客户们不要在恐慌阶段抛售股票。毋庸置疑，股市萧条造成股价远低于这些客户的利润边际，但布朗森-巴恩斯愿意冒这种风险，至于布朗森先生是如何安抚这些惶恐失措的客户的，这一直是个谜。

当巴恩斯先生到达办公室时，布朗森先生一边察言观色地挖苦道："今天很忙吧，鲍勃？"一边微笑地盯着某个拒绝接受销售指令的客户。

"有一阵很忙。"巴恩斯先生说。

"你今天剩下的时间做了什么呢？"布朗森先生问。

"我在琢磨。"巴恩斯先生严肃地说，"如果银行家们没有达成休战协议，你会说些什么？公司将会一蹶不振，接下来呢？"

"这个嘛，"布朗森先生慢悠悠地说道，"我也想了好一会儿。我决定，在公司宣布破产的那天早上，我会到城里去，然后……"

他停住了。巴恩斯先生好奇地催他继续说。

"然后呢？"

"然后设立一家新公司，重新开始。除此之外我们还能做什么呢？"

你瞧，这就是布朗森-巴恩斯公司的人的做事风格！

9

奔赴华尔街

二十年前的一天早上，我正像往常一样准备离开公司去外面销售债券，布朗森上校派人来对我说他想要见我，我不知道他找我的原因，但我怀疑除了联邦铸铁管道公司的债券以外，他还想让我负责管理公司购入的新发行债券。

我走进他的私人办公室，他正坐在桌子边。我说："早上好，上校！"

他愉快地点了点头，继续读信。过了一会儿，他转过头来对我说："早上好。"他摆出微微放松的姿态，继续说："杰克，我们决定了，让你到纽约去。"

"太好了，先生。"我高兴地几乎要跳起来。

"你想什么时候出发？"他问。

"明天一早。"我回答道。

我一直在焦急和渴望中等待着这个机会，如今它终于来了，我的唯一想法便是，我越快离开布朗森先生的办公室，上校或巴恩斯先生改变心意的风险就越小。

"我要你替我给威廉姆森带个话。"布朗森上校又说，"告诉他我后天早上八点半会到他那儿。"

我说："谢谢你，上校，还有别的吗？"

"没有了，杰克。"他说。

我以为他还要说更多的话，但他并没有，我也没有。因此我迅速离开了他的办公室，并外出销售债券。之后，我回到公司与后台部门的伙计们道别。遗憾的是，我没能与上校或巴恩斯先生道别，他们那天都外出了。

第二天，我坐上了前往纽约的列车。天黑抵达后，我径直奔向了酒店，准备好好休息一番，以应付第二天的早起。我丝毫不像迪克·惠廷顿

（Dick Whittington）、本杰明·富兰克林（Benjamin Franklin）或任何其他大人物那样，会对一个年轻人到一座陌生的城市所可能发生的种种做哲理性的推测，我只是感到，自己已经成功地迈出了重要的第一步，就是离开了波士顿，离开了那个并不会令我感到新奇、兴奋的工作环境，然后来到了纽约这个我愿意长久工作和生活的地方。

透过酒店房间的窗子，我可以看到大片炽热的灯火将这座城市照得亮如白昼，还可以听到延绵不断的嘶哑的说话声，就好像有一千种杂音汇集到一起，向世人昭告着世界上最嘈杂的城市的夜生活一样。纽约，这座非凡的、拥挤的、古老的城市，就在我当年不经意间瞥见非凡的杰克·摩根先生之际，我心中便悄然种下了对这个高端金融中心工作的梦想。

和数百万生活在这个城市中的人一样，我无法拒绝纽约是个人才云集的磁场这样一个事实。这里有生财有道的人，有挥金如土的人，有买方，有卖方，没有任何其他地方能像这里一样，你能看到野心家、梦想家、商人、艺术家、经纪人、建筑师、律师、骗子，等等，这里是各个阶层进行各种交易的乐园。当人们来到这里后会惊奇地发现，这里不仅是美国最大的城市之一，还是意大利人、爱尔兰人、犹太人最大的海外聚居地，无论他们来自何方，不工作的人不受欢迎，也没有一个人是不消费的。纽约汇聚了世界上最粗鄙的礼仪，纽约也是美国城市中美国人最少的地方。

对纽约的一切，我愿意全盘接受，因为它在我心目中早已是这个样子，就好像是地域的各类统计指标或公路铁路的里程数那样客观熟悉的存在。最让我感兴趣的是，纽约有华尔街，华尔街又设有纽约证券交易所，在这里交易的许多人都将会是我约翰·温的潜在客户，这里会是一分耕耘就有一分收获的地方，我不祈求得到更多，但也不必委屈自己得不到什么。一旦开始工作，我只需要做得比周围的人更快乐一些，更勤奋一些，纽约对快乐而勤奋的工作者总是毫不吝啬的且会给予他们相应的回报。

第二天清晨，我早早起床了，这是我在纽约工作的第一天。吃过早饭后，我阅读了手边的所有报纸，尤其是关于当地的新闻，我要把这个城市当作自己的家，就必须关心这个城市发生的事情，了解最新的进展动向，我的事业也要求我必须具备这方面的知识。我到市中心搭乘了高架列车时，猛然意识到这里的环境与波士顿截然不同，我在波士顿认识了很多人，然而这里的各种面孔、各类工具都看起来新奇而陌生，甚至连空气都与波士顿不同，空气中弥漫的都市气味对我而言是全新的。多么奇怪的一个地方，多么迥异的生活和工作方式！

公司在纽约的办公室位于华尔街的一栋老式办公楼里，与百老汇相隔几个门面，入口不算奢华，墙上张贴着的维多利亚中期风格的指引标识，它提示我布朗森－巴恩斯公司位于这栋建筑物的二楼。我走进电梯，抵达二楼，欢快地下了电梯寻找办公室。

我居然没有找到！

我回到楼下，询问管理电梯的男人布朗森－巴恩斯公司在哪里。

"18号房。"他回答，"出电梯往右转，走到走廊尽头。"

按照他的指引，在黑漆漆的走道尽头，我果然找到了一扇不起眼的门，上面写着：布朗森－巴恩斯。

虽然这是个熟悉的名字，但我还是感到惊讶，就好像看见了某个庄园主正穿着工服为别人拉石磨一样。震惊之余，我心里竟涌出一丝莫名的兴奋，我意识到，他们正急需人员来改善落魄的前景和寒酸的环境。若想让这个分支机构繁荣昌盛起来，必须得有人这么做，而且越快越好。而这个有能力这么做的人，毫无疑问，就是我。

绝对不是妄想，布朗森和巴恩斯把我派到纽约来，就是为了帮助这个黑暗走廊尽头的不起眼的办公室拓展业务的，这是我的工作，尽管我很年轻，但不意味着我做不好，更何况，这不正是我满心期待的工作吗？

我推开门走进去。那一年，我们的纽约分公司还只有一个房间，被一道屏风一分为二，屏风两侧是一个个呈直角形状的金属板，它将办公室分成一个个小隔间，其中一边是出纳员、股票观察员的座位，簿记员的座位则在另一边。尽头的第三个隔间看起来像是属于一个多才多艺的角色的，因为里面摆放着电话总机、莫尔斯电报机、证券报价机以及一张小桌子。

除了威廉姆森先生外，还有另外两位陌生的员工正在工作。我知道波士顿总公司已经通知威廉姆森先生我的调遣安排，因此他肯定在等我。但我的新老板只是抬头瞥了我一眼，朝着角落里的一把椅子点点头说："请坐！"便继续读他的晨报。为了对得起他那新英格兰人的良心，他整整花了一小时十五分钟来阅读和理解报纸上的每一行字。就在那时，一名打杂工和一名职员走了进来。

威廉姆森先生终于起身，走到我身边与我握手，说他很高兴见到我，并以极快的速度告诉我工作内容，也许是因为他几分钟之后就要到交易所大厅里去了。然后，他又向我精确地指出我的办公桌所在的位置，它正好位于东面墙壁一个凹处的中央，我无法想象在这么逼仄的地方如何能够容纳一张桌子，而且那里前后左右也没有窗户。但这是威廉姆森先生告诉我的位置，我毫无怨言地接受了，毕竟，在此处我应该不用伏案从事太多文书工作，办公室中也没有其他的地方能够再放下一张桌子了。

威廉姆森先生不是热情好客的那种人，比起无法很好地招待我的歉意，他显得更迫切于充分利用时间。我能理解，假设一个人只有二十秒钟做二十件事，而若突然出现意料之外的第二十一件事情，他必定无法欣然接受。在这之后，当我渐渐了解和喜欢上他后，我得知他的这种性格是基于他本身拥有极高的责任心，他总是承担着超负荷的工作量。我当时还不知道，早在我离开波士顿前往纽约的两周前，布朗森上校就跟威廉姆森先生通了话，询问他是否需要我到纽约分公司做帮手，他很快地肯定了上校的建议，说他正需要像我这样的人，还说他自打第一次见到我时起，就对我多加留意了。

威廉姆森先生在告诉我座位后，又向办公室的其他同事介绍了我，说我是从波士顿来，为纽约分公司招揽业务的，而不仅仅承担文书工作。然后，他便到证券交易所为波士顿客户执行订单去了，来自纽约客户的订单倒是一个也没有。他总是在上午的九点五十离开办公室，然后花费九分钟的时间赶在开市前到达交易所大厅。

威廉姆森先生离开后，我和职员们聊了一会儿，负责接听电话的那个男人同时也是电报操作员和订单管理员，他叫乔治·威尔逊（George Wilson），是个多才多艺的人。就在我来纽约好些年后，他离开了公司并与另一个名叫比尔·古德温（Bill Goodwin）的职员一同创业。威尔逊-古德温公司同样也是纽约证券交易所的会员之一，它如今将业务做得如火如荼。乔治·威尔逊总是在早上八点来到公司，然后直到傍晚六点前都一直待在电话机和电报机旁。但是，我从未听到过他对工作的抱怨，也从未听其有过类似于"不得不回应来自波士顿的兴奋客户的愚蠢问题"的咒骂。除了撰写所有报告和做好所有交易准备工作之外，他还必须向客户解释为何这样那样的交易才是最佳选择，的确，他是个擅长解释的专家，而且不会在受到投诉时情绪失控。

我将要告诉你一件令人难以置信但值得称颂的真事。我曾见过乔治·威尔逊，这个小伙子在接电话时，左耳朵对着电话听筒的同时右耳朵对着莫尔斯电报机，并用手指敲击着买卖股票的订单指令。他居然同时进行着接听电话和发送指令这两件事情，而且从来没犯任何错误。这件事在我看来，充分证明了他拥有的绝妙的技能丝毫不亚于能够同时向其5位秘书口授命令的尤利乌斯·凯撒①。

业务量渐渐增加之后，我们让乔治负责管理整个通信部门，直到他离开这家公司为止，他手下已有25名通信操作员，负责连通美国各大市场的订单和指令。他是一个工作狂，对任何繁重的工作他都不曾推辞，他不仅要完成自己职责范围内的工作，还经常要求给他增添职责范围外的任务。他真是一个极好的伙计，不仅精通业务，而且为人质朴！他的合作伙伴古德温在公司还没有收到任何保证金之前，就已经是正式的保证金管理员了。他是个能干的人，直到与乔治离开公司组建新的合伙企业之前，他一直待在这里。

还有一个年轻的从事文书工作的同事，我对他甚是喜爱。他有个很专一的爱好和时常挂在嘴边的话题，就是他坚定地认为债券业务在未来将大有发展。因此，他渴望能够专注于这块业务，除此之外，他似乎对其他任何事物都不感兴趣。他把所有业余时间都花在了学习债券和债券营销方面。在我搬到新办公室几个月后，由于公司在债券方面的业务不多，他离开了布朗森-巴恩斯公司。当时我对他的离开感到伤心，如今则感到更加伤心。与他相处的时光很是愉快，他专注于债券，而我梦想做股票业务，我总是能够在与他交流的过程中获益。现在，这个充满热情的家伙主宰着美国顶尖的债券公司之一。聪明的头脑、对事业的热爱和辛勤的工作，总能扫清通往成功路上的一切障碍，我说的是真正意义上的成功，即能够为社会

---

① 盖乌斯·尤利乌斯·恺撒（拉丁文：Gaius Julius Caesar），罗马共和国末期的军事统帅、政治家。相传他才能卓绝，能够同时向5位秘书口授命令而不出差错。

带来有益效用的成功，而不仅仅指赢得个人财富。这些人的成功都不是偶然的。

我刚加入纽约分公司时，还没有什么事情可做。这里的运作系统和波士顿办公室相同，应该说，与大多数的证券经纪公司都相似，因此，当我坐在办公室中等待家具公司把桌子送来的时候，基本上没有新的东西需要学习，于是我便盘算着到纽约证券交易所去参观。

布朗森 - 巴恩斯公司位于华尔街上与百老汇相隔几个门面的地方，街对面便是纽约证券交易所的侧门，但它很不起眼，以至于我错过了这个侧门，直接绕到了位于布劳得大街的证券交易所的墙外。正当我驻足凝望，脑海中渐渐重现昔日对纽约的珍贵幻想时，我竟意外地遇到了比尔·怀南斯（Bill Winans）。他见到我，便停下脚步，更加仔细地打量了我一番，我也回望他。

"你好，比尔！"我先打了个招呼。

"你好，杰克！"我们相互握手。我在读哈佛大学期间，比尔也在，但他比我高一届。他是当时学校里最厉害的网球运动员，我非常欣赏和崇拜他。

"你在这里做什么呢？"他问我，"我还以为你在波士顿。"

"我过去在波士顿。"我说道，然后把我的故事告诉了他。他也与我分享了他自己的经历。除了是一名优秀的网球运动员、一个生活自律的人之外，比尔还很幸运地拥有一个非常聪明的大哥，比尔从大学毕业后，他的大哥弗兰克已事业有成。比尔因此轻松地进入华尔街，在他大哥的公司工作了一两年，之后便在纽约证券交易所买下席位，晋升为怀南斯兄弟公司的合伙人之一。他喜爱商业，他在大学期间所展现出的令人喜爱的特质，同样令他在纽约证券交易所里大受欢迎。

"比尔，你知道吗？我从未到过纽约证券交易所里面。"我说。

"噢，好吧，那么在你丰富的履历上再增添这么一次愉快的经历，就再好不过了。"他笑着说完，把我带到了纽约证券交易所的访客走廊。

那真是一幕精彩的场景。当时市场还不是异常活跃，但足以让整个交易大厅看起来生机勃勃。大厅内部在建筑视觉上让人印象深刻，更重要的是，它将是我的职业生涯中不可或缺的一部分。楼下扰攘的人群或正在交谈，或正从电话机旁匆忙跑回座位，或边打手势边大喊大叫，或把纸张撕成碎片丢在地上，他们都将成为我的职业舞台中的戏剧片段。他们正在为其他公司、其他城市、其他州，甚至只是华尔街上的其他人买卖股票、债券，信息和指令可能来自任何地方，也可能被发往任何地方，赌徒、投资人、莽撞者、胆小者、专业人士和新手，无论男女，都需要通过他们来进行交易，这个大厅是汇集供和求、买和卖的地方，每一份被签署的合同都意味着有价证券的交换，有的有价证券意味着个体可以利用所有者的身份分享铁路、铜矿、街道、钢铁厂、糖厂的利润，有的有价证券则意味着借此到银行交换黄金的权利。

可以说，这些经纪人经营的是被分割成一个个小单元的财产所有权。

价格会随着肉眼难以观察的态势上下波动，即便这些态势可以被观察到，人们也不总是能够正确地预见它的发展方向。如今，商业世界的心脏就在我脚下的这个大厅里跳动着，成千上万家企业能够清晰地看到它的脉动，而时间就是它的脉搏仪。

"你觉得这里怎么样？"比尔问我。

"棒极了！"我说，希望他能察觉到我对他的善意的感激。

"你说，杰克，你为何不让公司给你买一个席位呢？乔伊·威廉姆森也不年轻了，无论如何，你们最好能有两个人待在交易大厅里。"

"这不适合我！"我说。

"什么？"他不敢相信自己的耳朵。

"当我在努力辨认下面哪位才是威廉姆森先生的时候，你知道我在想什么吗？"我问他。

"不知道。"

"比尔，我想的是，下面的每位证券经纪人只像是个工具，他也许是很有用的工具，但却不能带来业务，因为开拓业务不属于他的职责，他是个通过电话机或小纸条从办公室接收指令并下单的人，订单告诉他怎么做，他就怎么做，他不具备主动精神，并且只需要根据事物的现象而不一定是事实进行报告，当客户找到他时，他才需要对市场进行评判，然后为客户提供服务。但客户本身却不是他争取来的，因此他也不可能单独把业务做得很大。"

"噢，这可不对，他可以。"比尔断言。

"我的意思不是说根本就不存在极优秀的股票经纪人，他们既具备敏锐的商业触觉，又擅长交际，这些特质让他们变得对公司十分宝贵。但交易所一楼的工作人员归根到底还是股票经纪人。什么样的人才能称得上是好的股票经纪人呢？就是拥有良好执行力，能够以尽量低的价格购入、尽量高的价格卖出的那种。股票经纪人也有可能搞砸订单，如果这种情况持续下去，就会扼杀整个业务。无论如何，交易所一楼的股票经纪人是从属于指令的，他不一定非得是公司的首脑，他好比是一个指挥官，却不一定是统帅。"

"噢，交易所一楼的经纪人有很多都是公司总裁，是公司的'商业大脑'。"

"我猜他们大多是老人，老一辈喜欢亲力亲为。"我说。

比尔思考了一会儿，点头同意了我的看法，然后说："确实，他们的年纪比较大。"

"他们不一定非得待在交易所大厅里，他们的丰富商业经验用在办公室里会更好。要获得 20 个好的股票经纪人不难，难的是找到一个好的能招徕业务的人，或者说业务代表。"

"所以你想要成为一个好的业务代表？"比尔礼貌地问道。

"是的，"我坦白承认，"我宁愿给别人下交易指令，也不想执行别人给我下的交易指令。"

"你不明白自己在说什么。"比尔友好地笑了。然后我们开始往街上走。

"不，我知道我想如何工作。"我反驳道。

在交易所的入口，我们碰到了吉伯特·格雷汉姆（Gilbert Graham）。他是我的同学，我和比尔的讨论也就此打住了。我们互相握手问候，我和吉伯特是很要好的大学同学，我相信，他对见到我的喜悦之情丝毫不亚于我。他邀请我和比尔一同吃午餐，但比尔无法参加，他答应我们当晚到哈佛俱乐部见我们，便离开了。

吉伯特在他叔叔掌管的温特维勒信托公司有个很好的职位。我告诉他，我要在某些银行开设支票账户，需要他帮忙引荐。他把我带到了银行，我们很快便完成了这件事。我往账户里存入了 1 000 美元，以备在紧急情况下使用。当时，我在布朗森 - 巴恩斯公司波士顿办公室的月薪是 100 美元，到纽约后涨到了 130 美元。

我们到俱乐部吃午餐，正当我们坐在桌边等待上餐时，凯勒·普鲁恩（Caleb Pruyn）走了过来，停下与我们握手。他也是我们的同学之一，而且是这家俱乐部的副总裁，他的父亲是这家俱乐部的创始人和第一任总裁。他与我们共进午餐，我们度过了很愉快的时光。你看，"哈佛人"又聚在一起了。

凯勒劝我加入他的俱乐部，我问他需要多少会费，他如实道来。入会费很是昂贵，而且每年还需要交一笔对拿 150 美元月薪的普通职员来说不菲的年费。但我最终还是决定加入这个俱乐部，这将是不错的买卖，虽然它只是个午餐俱乐部，但会员多为出类拔萃、事业成功、身家富有的人士。我并不为自己的势利感到惭愧，当下的境地根本容不得我随意挑选生意伙伴。

我问我的伙伴们成为这家俱乐部的会员需要多长时间，因为我曾听说，等待入会的人的名单很长，有些会员甚至为他们刚出生的儿子登记入会，以帮助他们的儿子在 30 岁时能加入俱乐部。

但凯勒漫不经心地说："你若需要，明天就可以加入。"他果然说到做到。我与吉伯特离开了俱乐部时，心里想着，纽约可真是个好地方啊。

回到公司后，我和职员们闲聊着打发时间，直到威廉姆森先生回来，届时已经是下午 3 点 30 分，我们开始了一次漫长而友好的谈话。在我与威廉姆森先生共事的这些年里，我们从未有过任何不愉快的片刻，威廉姆森先生可谓认真勤奋的新英格兰人中的典型代表，正因如此，他饱受自己性格的折磨，总是肩负着过多单调沉闷的工作，而他本可以将这些工作交给更年轻、职位更低的职员去做。

每天早上 8 点 30 分前，威廉姆森先生都会抵达办公室，完成许多他本可以交给职员的工作，然后在 9 点 50 分去纽约证券交易所，在那里一直待到下午 3 点之后。其间，他既要执行客户订单的交易指令，又要同时盯住股票报价。股票易主时，股票证书会被送到证券交易所给威廉姆森先生签字，又或者，当市场不那么活跃时，威廉姆森先生会横穿街道跑回办公室来签字。这些证书必须由公司的成员签字，而威廉姆森先生又是纽约分公司的唯一一位合伙人。

不管是执行仅有 10 份股票的订单，还是有 1 000 份股票的订单，威廉姆森先生都会小心翼翼地对待。他是个老派的人，他对自己的职责从不懈怠并始终力求做到极致。他对客户一视同仁，客户交易量是大是小，对他而言就好像头发的颜色或者是鞋子的形状一样，丝毫不影响他待人处事的态度，在他看来，一名股票经纪人的责任就是认真对待每一位客户、每一个订单。

他通常在下午 3 点 05 分吃午饭，3 点 30 分回到公司，接下来逐一回顾当天的交易。理论上，他应该搭乘下午 6 点 05 分的火车回蒙特克莱尔，但下午 5 点的时候，他就开始找各种新的事情做，一直忙到错过火车启程的时间。在我们这些年一起共事的时光里，他从来没有赶上过 6 点 05 分的火车。但他与妻子的关系极好，结婚 9 年以来，他的妻子总是做好晚饭等他。也就是说，在将近 10 年的时间里，他早出晚归，不辞辛劳地为新英格兰地区的投资者们提供投资建议。他可以称得上是极好的人，他以工作为荣。

在我结束了在纽约分公司工作的第一天正准备回家时，我总结出了一点：单凭坐在公司里守株待兔并与恰好走进来的人交流是无法获得更多业务的，我必须走出去，追随人群，并把他们变成我们的客户。这意味着，首先我要找到目标人群。

这个想法是在我于哈佛大学俱乐部与比尔·怀南斯共进晚餐时涌现的，当晚我还见到了许多老朋友，于是我立即加入了这个俱乐部，很快就与他们打成一片。当晚在离开俱乐部之前，我花了一个小时，把俱乐部通讯录上所有我认识的人的信息抄写了下来，其中有 7 位是我的校友，还有一些是我刚认识的长辈。

我说过，我发现哈佛大学毕业生的身份对自己帮助良多。当我离开俱乐部时，我的手上握着一张有 317 个名字和地址的长长的名单，我感到周围的世界发生了显著的变化，似乎那天晚上的纽约，已经完全不同于早上我所见到的纽约。对它而言，我不再是一个孤单的、不受欢迎的陌生人，至少，这个城市已经有超过 200 个友善的人与杰克·温一同生活，他们就像我的波士顿的朋友们一样熟识我。虽然拘泥于谈论大学时期的友谊并无必要，但我想强调的是，在纽约，"哈佛人"的身份对我的帮助更甚于在波士顿，因为在波士顿，你所见的每一个人几乎都毕业于哈佛大学，但在纽约则不然，哈佛大学的校友会相对较少，便显得对彼此更加热情，往日在大学期间阻隔集体融合的小团体、小党派现象在毕业后的校友聚会中杳然无踪，所有人，无论有什么样的经历，都是"哈佛人"。我发现我竟将一位在剑桥时我曾称之为"艾伦"的家伙叫成了"蒂姆"。亲切地直呼名字的习惯，以及对青葱岁月的共同记忆，让大家相处得十分轻松和愉快。

我并不是要鼓励所有年轻人都去上哈佛大学，而是要说明哈佛大学给予我的事业的恩惠。哈佛人的身份帮助我建立了一些有价值的契约关系，通过第一个同学，我获得了第一份工作，通过第二个同学，我在债券销售的业务上干得还不错，我来到纽约第一天的所得所获，都要归功于我的同学们。对于我这样的业务人员来说，应该懂得感恩所有为我提供建议的人以及哈佛俱乐部。这并不意味着我利用这些俱乐部来获取业务，我确实也没有这么做。这只能说明我能很好地融入这一团体。

第二天早上6点以后我便毫无睡意，于是我早早起了床。吃完早餐和读完报纸后，我进了城，然后第一个来到了办公室，我甚至比通常8点以前就到公司的威尔逊先生还要早到。后来，我在麦迪逊大街离中央车站不远的地方找到了一个寄宿公寓。我租下了一间临街的房子，早上送奶车和卡车的"嘎达嘎达"的噪声总是把我从睡梦中叫醒，由于继续睡下去已经没有指望，因此我总是能在8点前抵达办公室。在等待其他同事到来的过程中，我通常会学习《商业与金融编年史》（*Commercial and Financial Chronicle*）。我从不放过书中的任何细节，甚至是广告。我至今仍保持着关注行业动态的习惯。

来到纽约的第二天上午，我就开始跑业务。我怀揣着那个从哈佛大学俱乐部中抄录下来的长长的名册进到城里，当威廉姆森先生离开公司去交易所后，我走进会议室，开始给名单上的第一个人打电话，他的名字叫杰拉尔德·艾博特（Gerald Abbott）。他没接电话。然后，我继续沿着名单往下，有条不紊地给我认识的每一个纽约人打电话。每一天，我都随身带着这个小名册，心中坚定着开拓业务的念头。渐渐地，我重新认识了这些我在剑桥熟识的伙伴们。名册上有317个人，我一个也没落下，一一拨通了他们的办公电话。他们有的在城郊工作，有的在市区工作，有几个在华尔街工作的甚至与我是同行，他们要么已经成了合伙人，要么还只是普通职员，还有些在银行或信托公司工作。

当然，在大学时期，我与他们的关系有亲有疏，但就目前而言，他们都属于同一群体，都是我的潜在客户，我不该对他们有任何偏见。我思前想后，盘算着如何将过去几年为了来纽约拓展业务而累积的理论经验付诸实践。

逐一向每个人打电话这种笨拙的做法的帮助比我一开始意识到的更大。虽然起初我没有获得很多的业务，但这个过程让我成长为一名更好的业务员，我也因此不再对这个城市有疏离感和陌生感，这些感觉对初次进到完全陌生的环境中开展工作的人来说，是非常不利的。名单上的 317 个人纷纷表示他们愿意接受我的拜访和服务，我因此感到非常高兴和乐观，我对他们的回复深信不疑，因为我对拜访他们这件事也感到很愉快。我甚至告诉他们，我为何来到纽约，我来这里想达成什么目标，他们中的一些人欣然答应在有商业机会的时候立刻找我，其他人则向我保证他们会把这件事放在心上。许多人还为我向他们从事证券行业的朋友开出了介绍信。你看，哈佛大学给予了我极大的帮助，我不需要向任何人信誓旦旦地担保我提供的服务是诚信、专业、有价值的，因为这些人了解我，并对我、我的做事方式以及人品有信心，他们相信我仍如同过去在学校里那样值得依赖。因此，我不需要向他们营销自己。

当我以布朗森 - 巴恩斯业务员的身份向他们提供我的服务时，我只是简单地向他们介绍了我来纽约的目的，就好像告诉他们我要去露营或参加其他活动那样稀松平常。我清楚地认识到这样一个现实，那就是，哪怕只能得到 0.125% 的佣金，纽约证券交易所里还是会有数不清的股票经纪人愿意出售他们的服务。我还认识到，一名股票经纪人哪怕再有能力、再有名气，他所能提供的服务也不会比其他同样有能力和有名气的股票经纪人多。

既然是这样的情况，那么我不会要求自己能够提供与众不同的服务，我只是自问：什么才是我必须提供的服务，而不管别人是怎么做的？我得到的结论是，我必须提供优质的服务。我的服务水平比别人更好吗？是的，至少在我看来是这样的。因为我总是力求这样做，我不仅仅有为他人服务的意愿，而且热切渴望贡献出我所有的时间和力量，以求使服务质量达到最佳水平。我很清醒地意识到，想要获得业务，就必须创造价值，而好的服务、专业度、诚信、勤勉、高效，再加上对为他人提供帮助并以此来为公司服务的热忱，这些品质缺一不可。无论是身体不适，还是时间不足，都不能成为我无法将服务做到最好的借口。我确信自己能够做到，这是自发性的，不需要任何人监督和催促。

如果你要问我有什么诀窍，我从来没有。布朗森 - 巴恩斯公司也没有什么特殊的商业窍门，如果真要说有，那就是对这家公司所从事的事务的信任与热爱，这是我希望能够灌输给别人的，我也确实这样做了。这家公司有充足的资本，并在纽约和波士顿证券交易所都有训练有素的股票经纪人，他们总是童叟无欺地从事商业活动，这就是我所了解到的情况，而我把这种情况如实地告诉了其他人。无论如何，我的这个观点毫不动摇。

当然，我的这种说法是相对的。我不会试图把这种想法灌输给我的潜在客户，我只是让自己坚信，这样我就能够愉快地招揽业务，而不会感到疲惫不堪或有怨言。我对我的老朋友们以及他们的朋友们许诺了很多，尽管他们并没有带来实际业务，我还是乐此不疲，享受着其中的乐趣。在所有证券经纪公司提供的服务大同小异、大家都在同一起跑线上竞争的情况下，若我们能够争夺更多的客户，那么这样的结果无疑是令人兴奋的，成功的味道也必然更加香甜。

10

在华尔街的第一单生意

纽约这个地方与波士顿有很多不同，对此，我既不惊讶也不失望。对我来说，要融入纽约的办公环境不太费力，也许是因为我事先获得了一番详尽的介绍，再加上我到了公司后开门见山地表明了来意。我并非一个出色的演说家，因此也无从得知雄辩的才能是否能够真正说服那些讲求实效的商人来公司买卖股票，至少，我从来没有这样尝试过。我总是实事求是地向商人们展示他们到布朗森 - 巴恩斯公司来交易的理由，如果这些理由对他们没有吸引力，那么我也就不能也不会指望他们到公司开户。

在波士顿的时候，一般来说，当我外出会见某位客户时，他会请我面对面坐下，然后我们会讨论各种投资方案并比较哪一种对其最有利，其中不仅涉及我主营的债券，还会涉及电信股等其他流行的投资标的。谈话接近尾声时，我们都变得对彼此的合作充满期待，但无论最后交易是否能达成，离开时双方无疑已经建立了令人愉快的友谊。

在我步入纽约分公司的那一刻，我迅速清醒地体会到，时间就是金钱。因为纽约人谈论业务的时候，从来不与我讨论是该投资还是该投机，他们总是准确无误地告诉我他们想要或不想要做什么，而且语速极快。再加上，在这个城市你不再能够轻易跑到别人的办公场所去拜访，也很难体会到在波士顿那种随时与他人处于同一阵营的亲切感，即便大家都生活在同一座城市，也不能让纽约变得像美国的其他城市那样，让陌生人之间像睦邻一般友好。

在纽约，我的另一种感受是人们比较不拘礼仪，脾气好的人总是有的，但非常礼貌的人则不是随处可见的。从另一方面说，这可能不是件坏事，因为你也许能够比其他地方的人更快地完成更多事情。一切都不是一成不变的，在这里，金钱便意味着光明，它的流动性极强，它时刻快速而客观地循环流通着，有效率地推动着经济的发展。毫不夸张地说，一个人到达纽约的那一刻，消费就开始了，金钱游走在人们每一次呼吸的瞬息之间，当然了，纽约人也期待着呼吸的瞬间财富能够进账，毕竟这样才能达到公平与平衡。每一天，有20万人从各地涌进纽约，或为了从事商业，或为了休闲娱乐，这意味着，他们需要购物或玩耍，也意味着需要花钱，这些花费将带动纽约的供给。这样的纽约不可能停滞，人员和物资总是在流入流出，而主要的还是流入。

我来到纽约的第一个月，一笔买卖也没做成，第二个月很快也过去了，而我仍然没有获得任何一位客户，经过9个星期的忙乱之后，我的成交记录仍然是零。但我没有感到挫败，我不认为纽约就此打败了我，别的经纪公司或多或少地都有生意可做，我只是还没有把那些生意带到布朗森 - 巴恩斯公司罢了。我不是在为自己这段时间的一事无成找借口，当布朗森上校每隔2到3周巡视纽约分公司时，我如实地告知他目前的境况。我告诉他我做了什么，我怎样去获取那些我仍然未得到的业务，他边听边愉快地点头，似乎在肯定我发现了问题的要害，并鼓励我继续努力。

我没有放弃，每一天我都锲而不舍地外出跑业务，回来的时候也总是两手空空。我自认为，自己不算特别腼腆，当然，我也不是那种站在舞台上夸夸其谈的推销员或油腔滑调的专家。问题不在于我的销售技巧或我的公司，但我就是找不到一个切入点。我依稀记得，当时萦绕在我内心的，是一个尽力想要为公司和为自己的虚荣心做得更好而不得志的年轻人的失落感。我的确尽了全力，因此我并没有羞愧至死，但我就是不喜欢这种感觉，情况要比我想象中的更加棘手，业务的开拓和启动需要花费更长的时间，这对于年轻人来说是令人厌烦的，哪怕他的未来还很长远。

就在我一无所获的第十周的某一天，有个男人闯进了办公室，询问办公室的打杂工（就是我）是否在。我听到他的问题后，立刻从座位上站起来，快步跑向他，伸出右手感激地握着他的右手。你看，当时的我对获取新业务已经迫不及待，以至于每一个与我说过话的人，哪怕是交通指挥员或餐厅服务员，我都将他们当作我的潜在客户。

这个陌生人是个穿着体面、看起来很成功的30岁左右的男人，他见到我时，一脸真诚地告诉我是他的朋友山姆·瑟雷安让他来找我的。

我对他的到来喜不自禁，并丝毫不介意他注意到我的神色，我甚至不知道如何用言辞去掩盖内心的狂喜。他说话的方式让我觉得他愿意为我做任何事，我当然也十分愿意为他做我能做的一切。他谈到，他得知我刚来纽约不久，我承认了，为了淡化这个影响，我告诉他我在这家公司的波士顿办公室也有从业经验，因此我知道布朗森-巴恩斯公司在业界的专业水准，我们不是夸夸其谈而没有实际业绩的那种公司，我们的的确确向我们的客户出售有价值的服务。我谈了很多，他专注而感兴趣地听着，我进而向他保证，如果我或我的公司能够为他提供服务，这将是令人兴奋的事情，这对他或山姆来说也是有益的，毕竟山姆的朋友也是我的朋友。

我和他对山姆——山姆当时还在碧如剧院卖票——有一致的看法，"山姆是个好家伙！"他说道。

"的确。"我回应。

然后，即便他知道我应该不需要再次被提醒，这个好心的陌生人仍如同父亲一般嘱咐我小心其他年轻人经历的危险和困扰，尤其是在华尔街，以及自律节俭的习惯对保持内心平和与家庭和睦是多么必要，最后，他建议我拿出 5 万~10 万美元购买人寿保险，还向我推荐了一些最大、最古老和最乐善好施的人寿保险公司，他建议我选择的保险政策是目前最新、性价比最高的，它是世界上最好的寿险专家的智慧成果，条款也是最慷慨大方的。

他竟然是一个寿险经纪人！

考虑到他可能就是我的第一位客户，我几乎都要请他吃晚饭了，并盘算着预计从他那儿获得的每月 10 万股的订单能带来多少利润，无论如何，哪怕是不时地有几百股的订单也不错，毕竟集腋成裘。于是我告诉他，我很愿意买一些保险，但很不幸的是，我来纽约后一事无成，甚至都不知道从何开始，在我的业务发展起来之前买保险，显然不切实际。我期待着他能有些朋友是需要做股票交易的。

他向我保证，他会把条款定得更宽松些，我不需要担心付款的问题。但我坚定地告诉他，如果想要我购买他的保险，他就必须把我介绍给他的那些需要好的证券经纪公司做股票交易的朋友，这样我的工作有了保障，我才能得以养成储蓄和购买保险的习惯，生活也才能走上正轨。

我说这些话的时候，他看起来并不是很高兴，但他突然眼睛一亮，就好像看到生意机会来了一样，他兴奋地喊道："噢，我知道有这么个人！"

我碰了碰帽檐。

"他对他现在所在的证券经纪公司的服务不是很满意。"他继续说。

"哪家公司？"我摇了摇头并问道，带着些许言之过早的嘲弄。

"我不知道。"他回答道。

"好吧，你能带我到他的办公室，把我介绍给他吗？"我建议。

"好啊！"他说。

于是我们离开了公司，一路相谈甚欢，好像都看到了各自的生意机会一样。

他的朋友是个高级铸锭钢的进口商，在约翰街有一个办公室。这种铸锭钢主要用于制造特级工具。我暗示这个保险经纪人让我和他的朋友单独聊一会儿，于是他欣然地走开了。

我不遗余力地向这个进口商展示了我能提供的一切服务，最后，我成功说服他到我们公司来交易，他把他在沃尔科特的哈里斯公司的账户转到了布朗森-巴恩斯公司。他是我在纽约获得的第一个客户，而且至今仍是我们公司的客户。而我并没有到那个保险经纪人那儿买保险，在我有多余的钱买保险之前，那个保险经纪人就不再来拜访我们公司了。我宁愿设想他是去做别的生意了。

现实总是如此奇妙，第一步总是最艰难的，在我获得了第一位客户后，接下来事情就简单了许多，我不明白为什么，但事实就是如此。客户之间有口皆碑，老客户带来新客户，在证券经纪行业同样如此。我必须说明的是，第一位客户不是通过我的哈佛大学的关系网或其他私人朋友获得的。

我继续挖掘新的客户，不在意他们带来的订单是大是小，只要能为公司带来价值我就会尽力争取。在我获得第一位客户后，我的运气——或者说我的命中率——提高了一些，但业务增长速度依然很慢。我努力让自己不气馁，并培养了分析自己的做法的利弊、力求做到更好的习惯。威廉姆森先生总是很忙，并且他在客户开拓方面也没有什么经验，因此我不想拿自己的难题去为难他，办公室里也没有其他人能够帮助我。有一天，我忍不住找了威廉姆森先生，他很同情我的境遇，还给了我很多宝贵的建议。从此以后，每天下午交易所闭市后，我都要找他聊天。即使我现在成为合伙人，我们仍一直保持着这个习惯，他从中能够了解到我做了什么、我计划或希望做什么。我认为，我的合伙人朋友们是这个世界上最好的人，我对他们感激不尽，是他们令我觉得工作是一种乐趣。

但我的经验不仅仅是从我的这位聪明善良的合伙人上司身上学到的。在早期，我便意识到，我的商业知识面过于狭窄，而且知道的东西比想象中的要少得多，以至于对我的工作无法提供实质性的帮助。想到这些，我认为增加知识量有两种方法，而提高知识的质量显得更重要。经验是指导自己的最佳方式，然而，累积经验也是最慢、最昂贵的方式。另一种方法是从别人的经验中学习。分析我的技术方法、探索我的业务方式的确都是有帮助的，然而，学习竞争者的手段则是更加快捷的方式。领悟到这一点后，我一刻也不耽误地行动起来。若我告诉你，我没有一天不在研究竞争对手、与他们对话、从他们的经验中获益，你一定会取笑我无知狂妄，但我的确是这样做的，如果哪一天我发现自己已经学无可学了，那么我会马上退休。

我有许多在其他证券经纪公司工作的朋友，例如比尔·怀南斯，我做好了计划，每天与其中的一到两位朋友花些时间联络。有时候他们过于忙碌而无法与我聊天，但大部分时间里他们都愿意回答我的问题。我充分利用这些时间学习他们完成业务的方法，因为这也将是我的业务。无论我学到的是关于股票还是债券的知识，都意味着我的个人价值的提升。每天积累这个过程比积累的数量更重要，而且这些忠实的朋友们又把我介绍给了其他经纪公司，我还从这些新朋友那里学到了许多。学习的过程给我带来了无限乐趣，就好像是从事我从心底喜爱的事物一般，因此我认为自己的这些行为并不值得被夸奖。学习证券交易，而且在这个过程中还能拿到薪水，这为我带来的快乐不亚于得到双倍的薪水。后来，在营销一些公司证券的过程中，我也回报了公司。如果我早期并没有从朋友那里学到如何将业务规则运用到实践中的知识，我永远也不知道该如何操作。一个人永远无法得知他学到的知识在什么时候会带来收益，但若没有知识，我们必定会付出代价。

在日常拜访朋友、与他们交谈的过程中，我学到了在波士顿办公室从未听说过的知识，那就是从其他证券经纪人处获取业务。纽约有许多证券经纪公司需要购买波士顿的股票，我很快发现，他们都很乐意将这些业务送给我们的公司。在过去，他们会把这些业务送给波士顿的证券经纪公司，而如今我向他们提出要求后，再出现类似的订单的时候他们都会直接通知我。不久后，我们就建立了一个小规模的业务，它不仅给我们带来了收益，还增加了我们在纽约的证券经纪公司中的知名度。

在追逐客户的过程中，我有一些有趣的经历。我有一个叫莱昂纳德·德菲（Leonard Durfee）的同学，他在他父亲的公司工作，距离华尔街不远。作为独生子，他确实应该子承父业。莱昂纳德急切地想帮助我，有一天，他和他的父亲到顾问俱乐部吃饭，看到我独自一人坐在桌边，便把我介绍给他的父亲老德菲先生，还毫不掩饰地说我是他的好朋友，他父亲理应给我一些业务。这位老绅士显然很宠爱他这个善良优秀的儿子，他愉快地笑着，给了我一个 500 股的订单。

我的喜悦之情简直难以言喻，因为我坚信这只是他的第一单，以后必定还会有源源不断的新订单到来。老德菲先生为了莱昂纳德愿意帮我这么大的忙，那么建立一个不小的业务规模就指日可待了。我想象着，像老德菲先生这样的客户，应该能达到平均每个工作日签下几个订单的交易量。他是一位英俊又体面的老绅士，无论是出于莱昂纳德还是我的角度考虑，我都应该认真地对待这位重要客户。

我诚挚地向他表示了我的感谢，为了让他感到我是个谨慎和稳健的人，我问道："德菲先生，您是希望以保证金融资购买该股票呢，还是希望完全以自有资金购买该股票呢？"

接下来，德菲先生的表情让我的血液瞬间降至冰点。他无疑是个爱发怒的老人，但我猜想，他应该是看到了我恐惧的眼神，已经尽量克制说话的语调，然而他的声音还是让人不禁联想到隆冬中的北极之夜："年轻人，我已经 65 岁了，经商也有 45 年了，我这辈子可从来没有以保证金融资购买过什么东西。"

"您当然不需要，先生。"我慌乱地附和道，"我不认为您需要这样做，先生，我这么问只是想……"

"噢，是吗？"他打断了我的话，"只是想知道我是不是有钱给你吧？"

"噢，不是的，德菲先生，这完全不是钱的问题。"我真诚地否认道。

"不是？那好吧，这只股票的价格在 101 到 102 美元之间，这就意味着

50 000 美元的订单对一个老人来说，可是数目不小的一笔钱。"

"我知道您一定负担得起。"我带着盲目的自信向他保证。

"那么，你一定是想利用我的股票、我的时间来投机？"他愤怒地注视着我。

我当然希望他愿意这么做，因为他是我找到的第四位客户，但我还是对他说："绝对不是，先生，不是这样的。"

令我吃惊的是，他开始大笑，他几乎是吼笑，邻桌的客人开始转过头来时而看看他，时而看看那些忙于处理自己的事务而不明就里、只能讪讪地笑着的人们。

最后他说："年轻人，把股票和账单送来我公司，然后我会给你寄支票。这对你而言是个很大的机会。"然后他就走开了。

我回到公司后帮德菲先生下了订单。当天下午闭市后，我把这件事告诉了威廉姆森先生，他大笑着告诉我说德菲先生的身家粗略估计也有 1 000 万美元到 1 500 万美元，他是美国最富有的人之一。

还好，我犯的错误不算致命，因为德菲先生如今仍然时不时到我们公司买卖股票。他现在已经 85 岁高龄了，有着 3 500 万美元的庞大家产。每一次他在街上撞见我，或者在顾问俱乐部吃午饭看到我时，总是喜欢大声对我说："杰克，你知道怎样评估客户的信用吗？嗯？"如果我说知道，他便会接着问我："你给老人买股票，还是用保证金的方法，是吗？是不是想让我做你的保证金客户呢，杰克？"

然后，我总是会这样回答他，这是我野心勃勃的目标之一。但无论如何，他依然是我们的客户。

我的另外一位同学也做了一件令我至今仍然感激不尽的事情。有一天，我往他的办公室打电话，就像我往常给其他从事证券经纪的朋友打电话一样。他也从事证券经纪行业的工作，但他专注于债券业务多于股票业务。他问我："杰克，你知道吗？艾奇逊公司（Atchison）要发新的债券了。"

"不，我没听说。"我回答。

"确有此事，他们已经成立了一个财团去承销这些债券。你怎么不参与呢？"

"我会的。"我说完，马上以最快的速度联系了波士顿办公室，布朗森上校并不在，但巴恩斯先生在。我把艾奇逊公司的事情告诉了他，并建议我们一定要参加承销团。他同意了，令我高兴的是，他对铁路行业很熟悉，他很看好这只债券，而且相信它一定会大卖。

挂了电话后，我跑到了债券承销团的牵头银行。这是一家资信良好的银行，我请求与该银行的一位合伙人见面。当我被前台带领着走进他的办公室时，我做了自我介绍，告诉他我们想要参与艾奇逊公司债券的承销。事关公司能否获得这笔大生意，也关乎我能否"食君之禄，忠君之事"，为公司做出应有的贡献，因此我显得焦急不安。

他马上盯着我，然后温和地问道："你们做债券业务吗？"

"做得不多，"我坦诚道，"但我们可以卖艾奇逊公司的债券，因为我们深信铁路行业和它所能取得的成功，我们对它的管理能力也充满信心。"这当然不是原话，但我想表达的就是这些。

"好吧，"他慢慢地说道，"我们还没有最终确定这些债券的最终定价，过几天我们将承销团邀请函发送出去的时候，才会公布结果。"

"太好了，先生。"我说，"完全没问题，布朗森－巴恩斯公司想要其中10万美元的份额。"

事情就这样顺利解决了，接下来我需要解决的是如何将债券转售给我们的客户。对他而言，我的这些想法在我这张缅因州人的脸上恐怕是一览无余的。他客气地问道："你不觉得，你们公司在提出对承销团的兴趣前有权先知道价格吗？"

"既然我们愿意接受贵司在价格这个问题上的判断，为什么还要问呢？"我反问道。

我确实抱着这样的想法，因为这家银行在业界的信誉和口碑都是顶级的，他们绝对不会是愚蠢而不讲道德的一群人，这就足够了。此外，我想要为布朗森－巴恩斯公司获得这笔生意，因此过多地质疑对方是不合适的。这个银行家听完我的话，微笑着点了点头。然后我站起来与他握手，告诉他我是哈佛大学哪一届哪一个班级的，还聊起了我所见到的和他同班的同学。

于是，我们拿到了10万美元的债券，我尽可能多地卖出这些债券。这是我在纽约的第一次冒险，而从此之后，我们就进入了这家大银行的承销团名单。

艾奇逊公司的债券是个极好的投资标的，我去了许多银行、信托公司以及私营企业营销这些债券，在其中一家银行，我见到了银行副总裁。我和他谈了一小会儿，他显得极其礼貌，而且展露出很大的兴趣。你知道的，你总是能够觉察出你的听众是否在认真听你说话。当我结束谈话后，我认为我应该给对方留下了不错的印象，这意味着，他很可能会买艾奇逊公司的债券，而且在未来还可能买更多的其他债券。他会成为我的一位新客户！想到这些，我不禁感到兴奋。

就在我期待着他告诉我他想要买多少艾奇逊公司的债券时，他问道："你叫什么名字？"

我告诉了他。

"你是哪个公司的？"

我也告诉了他。

"你来纽约多久了？"

"六个月零八天。"我说。

"好的，温先生，"他显得和颜悦色，"我们银行离承销牵头行很近，因此我们自己也是承销商之一，事实上，我们还是发起人之一。"尽管他说话带着极大的善意，我还是感到难堪。"我明白你应该不知情，"他继续说，好像在向我道歉一样，"在明明知道我们就有这些债券的情况下，还让你继续往下说，浪费了你的时间，我感到抱歉。"

"没关系。"我尽快让心情平复下来，并马上说道，"应该由我向您道歉，我占用了你许多时间，我只能说很抱歉。"

"你不必道歉。坦白说，如果我们没有参加债券承销团，我一定会从你这里买债券的，我是认真的。你可以随时来找我谈生意，如果有任何事情能够帮到你，我将很愿意去做。我知道你们公司，也见过你们的一位合伙人，我很欣赏他。你随时都可以来我们银行，我很高兴见到你，温先生。"

我们握手道别，走的时候，我感到心情愉快多了。这是一段友谊的开始，对我而言意义非凡，这件事一直珍藏在我的记忆中。

这位银行副总裁叫亨利·波默罗伊·戴维森（Henry Pomeroy Davison）。

11

地下室中的经纪人

如果要阐明我对现代股票经纪人所遭受的来自公众的不公对待的观点，则有必要回顾上一两代的股票经纪人的经历。我在此引用业内一句老话：股票经纪人的收益与其客户所遭遇的不幸成正比。它引申出的含义是，当每一次暴跌的股市攫取了从传统投机者那里积聚的一笔笔小额保证金时，股市又会把相同数量的财富送到股票经纪人的口袋里。这也是为什么公众把股市暴跌称为"抖出效应"。而每当股市到了涨跌的关键节点，如果大家对此有完全不同的见解，华尔街则总是被咒骂的那一方。布道者在神坛上猛烈抨击，政治家在立法厅里公然谴责，追求快速赚钱的投机者则不停地诅咒，所有这一切的矛头，都指向华尔街。

过去与现在并没有区别，错误在本质上还是由投资者自己犯下的。一个到华尔街做交易的人若总想着不付出任何代价就得到些什么，那么他就不能避免陷入财务困境甚至彻底破产的境遇。在赛跑比赛中，尽管黑马闯出让人大跌眼镜的情况也会发生，但失败的人通常不会怪罪于裁判或者参赛的马。但在股市中则不然，失败者通常不会怪罪自己的无知、贪婪或者先天愚钝，反而会责怪股票经纪人的"掠夺"。

不能否认的是，股票经纪人确实会鼓励客户过度交易，或者向客户提供道听途说的建议，或者没有向客户提供足够的信息。但是，人们不该让优秀的股票经纪人因为不负责任、粗心大意的股票经纪人犯下的错误而受到问责。然而，我更想要强调的是，金融领域服务手段的优化已经大大改善了这种弊端。

在我获取业务知识的过程中，我特别重视一点，就是借鉴我的竞争者和我的前辈们的经验。从我的同龄人中，我收获了远比从自身业务所能获得的更多知识和经验。从老一辈人那里，我懂得了华尔街的历史总是在不断重演。拉里·利文斯顿（Larry Livingston）曾经说：

> 我早已得知，华尔街没有创新，也不可能有，因为投机的历史就像那些古老的山脉一样长远，如今在股票市场发生的一切，在过去也发生过，而且在未来也将再次发生。我从不会忘记华尔街的历史，我甚至记得它是在何时、以何种方式发生的，如此，我便将成千上万的人的经验为我所用。

我很荣幸地与威廉姆森先生的朋友（一个不久前刚退休的资深股票经纪人）取得了联系。他喜欢反复唠叨华尔街发生的变化有多么不幸，毕竟，老一代的人总是难以改变观念，他们相信按部就班的维护才能让华尔街这台机器历久弥新，而变化只会打破原有的平衡。

我曾问过他，过去的华尔街是什么样的，他以一种老年人的从容不迫的语气向我娓娓道来。对他这样一个在证券交易所的大厅里工作了30多年的伶牙俐齿的人来说，他如今的语速可谓相当慢了，我想大概是因为年纪大的缘故，他需要慢慢地在头脑中回顾记忆的片段。

> 我刚来证券交易所大厅工作的时候，那时的华尔街还不像现在这样嘈杂，没有任何摩天大楼，也没有中午时分挤在人行道上把交通弄得水泄不通的科尼岛的群众。你几乎不会听到说纽约的地形布局把交通弄得乱糟糟或者没礼貌的年轻人在金融区骚扰滋事之类的抱怨。然而，有一个问题就是职员太多了，老板们都无须做太多工作，他们成天打高尔夫球，雇来许多男职员、女职员去做事。他们得承认，按照过去的做事方式，是不可能达到今天的业务规模的。
>
> 现在一切都不同了，唯一不变的就是三一教堂仍然耸立在华尔街的中心地带，那里的墓园还在，墓园里的墓碑石也还是老样子，这些历史遗迹徒劳地提醒着华尔街的淘金者，现在所谓的跑赢市场，不过就是以前舆论所鼓吹的大众的虚荣心罢了，人们在透明的阳光下，是不可能轻而易举地获得财富的。
>
> 财务部分局还在原地，老检验所的外墙却不见了，海关也消失了，如今的华尔街看起来就是一排由灰色石头盖起来的屋子，即便如此，它们仍旧是这世上最花里胡哨的房子，古典的外墙上嵌着宏伟的门廊，台阶边上

总是点缀着铁艺栏杆，而且每一栋楼里都有地下室。华尔街是商业街，却不似一连串的大型办公楼那般给人留下肮脏和嘈杂的印象。待在这样一个外形是商业地带、内部却似个人的家的地方，我的日常工作也显得少了一点都市的味道，多了一点美国的味道，少了一点喧闹繁华，多了一点家的温馨。

你瞧，对于如此庞大的人口数量来说，纽约算是个小地方，这有一个好处，就是人们会显得更友好。那时候，一个人若想认识同行业的所有人，不是什么困难的事。华尔街的氛围总是比纽约郊区的更和善，因为我在华尔街认识的每一个人，即便他们有的是来自交易对立方，都与我有着一样的期望，这样我们就用不着互相猜测对方，不是吗？我有个从事皮革生意的兄弟，他对皮革商人聚集的斯旺普的氛围也做过类似的评价。你要到隔壁去借一勺白糖，或者一把盐，完全不在话下，基于共同利益结合起来的华尔街社区衍生出了一种类似于中世纪行会的精神。在华尔街，"同类相食"的事极少发生，人们宁愿自己挨饿受苦，也不愿意吞噬其他人，无论发生何种危机，没有人会颂扬同类相食，也没人会试图从经济角度去证明这是正确的。华尔街发生的竞争，更像是一场足球比赛，你想尽量获得胜利，但有时候裁判员可能会在还未看清局势的情况下粗暴地做判决，尽管如此，但每个人都做好了胜利或失败的心理准备，因此人们不会大发雷霆或者去伤害别人。若是一位绅士为了避免使自己的财富受损，而从他人那里赚来了钱财，他就会很容易产生歉意，从交易所乘车回公司的路总是显得很漫长，路上有说不完的话。而今天，你们可以搭乘地铁和电车轻轻松松地回到公司，但一路上却冷漠得像牛一样。

我们老一辈的人有我们独特的东西，而你们也有你们的东西。你们有商业道德委员会，可以设立大量丰富的规则，来保护公众的利益不受损害，但你们股票经纪人之间却缺乏团体精神。它去哪了？你们都是同行，为何不能像兄弟一样照拂彼此？在我工作的那个时代，如果团队中有成员不幸去世，交易所委员会主席将重重地敲击 3 下他的小锤子，沉重的锤声就好像鸣起的丧钟一般，瞬间交易所一楼大厅的喧闹和噪动都会停止，500 多个人突然静默凝住，这是一件不可思议的事情啊！空气中充满了对死亡的敬畏感，所有人脱帽致哀，追逐财富、巧取豪夺、买卖股票的行为也在那一瞬间戛然而止。我们静静站立，听主席宣读这位离去的伙伴的讣闻，回想起昔日他与我们一道欢笑、喝酒、吹牛、争论、竞赛时的音容笑貌。可怜的比尔！我们无法花上 1 小时去为他哭泣默哀，1 分钟后，主席的小锤子再次响起，绵延不绝的喧闹声、叫嚷声以及抢夺财富的行动又恢复了，而且因为这次偶然的中断，还可能变得更加激烈。我们确实在嘴里念叨过"可怜的比尔"，但只要过了那 1 分钟，似乎他便已安息并离开了我们的生活，为什么呢？因为遵循丧礼的繁文缛节是非常糟糕的一件事情。假如当天有 3 位股票经纪人去世，那我们就要失去宝贵的 3 分钟，我们都太忙了，失去 3 分钟以上的交易时间是让人无法忍受的。毕竟比尔已经离去，而我们这些活着的人却还有数不清的交易所规则要遵守。

在我工作的那个时代，当你走过华尔街时，你可以看到有的人站在建筑物的大门口，就好像小镇商店的售货员一样。每一扇大门都有守护它的特定的一群人，你必须对他们像对你的大学同学那般熟悉。事实上，经常在华尔街出没的人，你都得认识。在那里，你会看到形形色色的人，就好像现在这样，只是那个时候，你对他们的熟悉程度会更深切。他们中有的是经常出现在报纸上的名人，有的则是报道中有犯罪倾向的人物，当他们被曝光在报纸中时，往往是他们由于犯下罪行正被押往监狱的途中的时候。

建筑物的地下室是各种各样的经纪人的办公室，有卖黄金的，有卖股票的，还有卖债券的，他们曾经也做过柜台业务。我曾看到过一些英国人走进那些地下室，他们弯着脖子站成一排将柜台围住，看起来就像是看戏的人群一样，例如他们可能会说："哎呀，我说，我想买些伊利铁路的股票，行吗？"

"好的，伊利的价格是 38 美元。"

"噢，好的，我买 10 股。"然后经纪人会转身去拿 10 股伊利公司股票的证书交给英国人。柜台经纪人售卖的股票通常会比交易所售卖的贵半个基点。

也许你会认为我夸大其词，但我的确没有。这些英国人从能载重 5 000 吨的巨型游轮里走下来，径直走向华尔街观光并购买股票，这似乎已经成了一种流行做法。有一天，我与一位巴尔的摩的聪敏而又令人愉快的银行家闲聊，他给我转述了一位律师说给他听的一个伦敦客户的故事。这位客户要把他的一处物业遗赠给他在巴尔的摩的一位亲戚，而这位亲戚又恰好是这位巴尔的摩银行家的客户。由于某些原因，遗产的继承出现了纠纷，律师不得不查阅这位继承者过去几年的收支情况，他在查阅过程中多次碰到了其中一个项目，这个项目写的是"伊利股票，截至目前的年损失额，1 348 英镑 9 先令 6 便士"。

当时伊利的股票就是这么受英国人欢迎，但现在的国际投资形势已经大不如前了。

我年轻的时候，华尔街的许多生意是在公开场合买卖的，尤其是在布劳得大街，那里还保存着最原始的场外交易市场。每天下午 3 点交易所关门后，场外交易就开始了，会持续一个半小时。它像是交易所以外的一个附属市场，而且交易规模很可观，几乎能与场内市场的交易量媲美。某种程度上，它又像一个大集会，大家通过这个集会彼此熟悉。也许小人物们对大人物们敬仰不已，但大家习惯于平等地直呼他们的名字。这个市场的大部分常客都喜欢把"我在什么时候认识的他"这类话语挂在嘴边，交易让他们跨越了阶层的限制，变得更加亲近。我曾经走在华尔街上，听到有人大叫"J.G.！J.G.！"当我抬起头来时，我看到一个经纪人快速地追上一个皮肤黝黑、眼睛明亮、留着黑色络腮胡子的小个子男人——他居然是杰伊·古尔德（Jay Gould）大师，是华尔街最伟大的人物之一，是那个在金融危机期间被丹尼尔·杜鲁（Daniel Drew）称为"死神的触摸"的棘手人物。这是个如此富有而强大的人，但如果你想要和他说话，只需要直呼他的姓名"杰伊·古尔德"即可，于是伟大的杰伊·古尔德便会停下来，在街上等待着那个呼喊他的人。

那个时候，华尔街还没有股票报价机，人们从经纪人那里直接获取股票的报价信息，将其写在小纸条上，然后把它送到每一家公司并散播出去。这些用小纸条传递股价信息的人，被称为"纸条推送者"。他们涌到你身边，用笔在纸条上迅速记下股价，以及股票名字的简称，对公众而言，他们就是行走的股票报价板。送小纸条需要花费一定的时间，而且肯定不如股票报价机来得快捷，但股票经纪人会很认真仔细地向纸条推送者传递信息，没有任何人会怀疑他们对报价的诚信。纸条推送者以从股票经纪人那收取佣金的方式为他们的服务获取报酬。如果他们把一个股票经纪人的订单传递给了另一个股票经纪人，每 100 股中他们就能够收取 1 美元。代理经纪人、介绍经纪人的收费方式也与此类似。证券交易所的出现，最终消灭了这种商业形态，随着股票报价机的出现，纸条推送者就像煤油灯和旧式马车那般消失了。

证券交易所采用的交易方式与旧的交易方式截然不同。在新街那边有着所谓的"宽室"，布劳得大街这边则有着所谓的"长室"，它们的一楼被铁栅栏围着，外部人员必须每年支付 50 美元的年费，才有资格站在铁栅栏边，向他们的股票经纪人低声地传达着买卖信息。当然，也有人一分钱都不付，却一整天固守在铁栅栏边，这些人都会被劝诫向交易所支付年费。华尔街的这些大型证券经纪公司的老板们从来不认为自己不能被别人看到自己进行交易的过程，所以，你可以自由驻足观望着这些巨额财富的流转过程，即便因为偷看被人逮住，也不必感到羞愧。

严格地说，今天所谓的佣金业务与过去相比毫无变化，但客户大厅里的黑板却不是一直都有的，它是随着投机活动的出现而产生的并对投机活动而言不可或缺，因为投机需要对股价的浮动打赌，因此把价格写下置于眼前显得十分必要。这也是为什么在 1901 年到 1902 年间如此多的股票经纪人在会议室安装了报价板。

过去的股票经纪人的执业情况混乱恶劣，到处是骗子和恶棍，当然，这种情况永远都会存在，奇怪的是，公众对他们的忍耐度更甚于今日。但我认为，这不一定意味着过去的公众所遭遇的损失比如今更多。你可以想象，公众总是喜欢把"执业道德必须提高""增加改善安全措施""证券交易所的老会员都是些黑社会成员和杀人犯"等话语挂在嘴边，但无论过去还是现在，实际情况却是，好的股票经纪人是由公众挑选出来的，就好像挑选好的医生、好的屠夫或者好的珠宝商一样。

在过去，打败市场、获取超额利润的过程受万众瞩目，几乎每个人都参与其中，从雅各布·利特尔（Jacob Little）[①]和丹尼尔·杜鲁（Daniel Drew）时代开始，甚至到美国南北战争前夕，这种活动都未终止过。当

---

① 雅各布·利特尔，华尔街投资人，美国股市历史上最伟大的投机家之一。——译者注

然，杜鲁、詹姆斯·菲斯克（James Fisk Jr.）①和古尔德在他们所发动的
'伊利大战'（Erie War）中战胜了强大而可怕的海军准将科尼利厄斯·范德
比尔特（Cornelius Vanderbilt）②，但如今这种事绝对不可能发生，类似的还
有卡尔文·布莱斯（Calvin Stewart Brice）③、塞缪尔·托马斯将军（General
Samuel Thomas）④在美国棉花籽油公司⑤中的操作。

亨利·奥斯本·黑文迈耶（Henry Osborne Havemeyer）⑥通过他的精炼
糖托拉斯组织确实榨取了市场利润，但是，这种情况下，投机者既可能是
受益者，也可能是受害者。虽然由于市场监管变得越来越严格，榨取超额
利润变得相当困难，但是，在超额利润收获的历史排行榜上，还是没有任
何一个过去的案例能在技巧、胆量和成功的程度上与今天的石油巨头的开
采专利相媲美。

---

① 詹姆斯·菲斯克，美国股票经纪人，被称为"镀金时代"的"强盗贵族"。——译者注
② 科尼利厄斯·范德比尔特，外号"海军准将"，是一位依靠航运和铁路致富的美国工业家、慈善家。他是
范德比尔特家族的创始人，以及历史上最富裕的美国人之一。——译者注
③ 卡尔文·布莱斯，美国俄亥俄州民主党政治家。——译者注
④ 塞缪尔·托马斯将军，美国陆军上将，美国南北战争后，参加商业，其铁路投资活动获得了极大的成
功。——译者注
⑤ 布莱斯和托马斯将军参与了美国棉花籽油机构从托拉斯形式向公司制形式转变的重组活动。——译者注
⑥ 亨利·奥斯本·黑文迈耶，美国企业家，于1891年成立了美国食糖提炼公司，其前身为黑文迈耶在
1887年成立的食糖提炼托拉斯组织，该组织成立的目的是控制提炼糖的产量及市场定价，为该产业的商
人谋取最大利益，后因为美国反托拉斯法律的影响，重组为美国食糖提炼公司。——译者注

12

大客户与小客户

我早就猜到，布朗森-巴恩斯公司会为纽约分公司的负责人一职选择最优人选，但当我正式成为乔伊·威廉姆森（Joe Williamson）先生的下属的时候，我还是感到非常幸运。比起赚取的财富，与他建立的友谊才是真正令我欣慰的，并且，我所取得的成功与他的帮助有着莫大的关系，只是，我难以用语言去阐明一个好的领导人将如何激发出他的团队的最佳潜能。从初次见到威廉姆森先生时起，我就喜欢上了这位和蔼的老人。他是典型的新英格兰人，严谨务实，不会说出喜欢我之类的话语，但过不久后，我便确信他对我十分信任。

有一天，我正在为多日来努力工作却最终失败的一个交易而感到非常伤心，这时，威廉姆森先生对我说："杰克，你不必担心这件事，我知道你是个可靠的人，而且这件事你已经尽了最大努力，我会一直支持你，但是，如此一来，我们倒是面临着一个风险。"

我看着他，感受到他满怀的热忱和真诚。我问道："什么风险？"

"如果事情按照你设想的那样顺利地发展下去，你就会变得骄傲自大。"

我忍俊不禁，大笑起来，就在我对交易即将完成胸有成竹却不幸意外地栽了个大跟头之际，我的老板竟跑来教育我不要过于骄傲自大，多么暖心而幽默的启示！

在很早的时候，我便养成了每天下午闭市后与威廉姆森先生谈论业务的习惯。我们达成的第一个结论是，必须向母公司展示什么是真正的服务。这意味着，我们必须每分每秒都坚守在岗位上，而且要做到工作时快而精确。我们从不用解释为什么我们的服务无法被模仿，也无须证明为什么我们的服务是最好的，我们只需要知道自己已经不遗余力，这样就足够令人感到满意了。为了做到这一点，我们比其他证券经纪公司更卖力地为波士顿母公司服务，这种服务水平的确是前所未有的。波士顿母公司显然感受到了我们所提供的服务的进步，因此来自波士顿母公司的业务量快速增长，甚至超过了纽约分公司的本地业务的增长率。但是，事情的发展总令人喜忧参半，随后，我们在服务上若稍有怠慢或报价存在丝毫差异，都会导致我们受到波士顿客户的指责和抱怨。若不让客户形成对我们的服务零过错、百分之百胜任的预期，客户就不会要求我们做到完美。威廉姆森先生是我们在纽约证券交易所的最佳代表人，但波士顿那边似乎一直未曾意识到这一事实，这曾经让我感到非常苦恼。作为一名普通员工，我不可能不知道，威廉姆森先生不仅能成为我们最亲密的朋友，他还是布朗森上校和巴恩斯先生的最值得信任的合伙人。

事实上，我和威廉姆森先生建立了一套商业机制，而这套商业机制比我们所能料想的用途更加广泛。当我们意识到这一点后，我们对扩大业务规模就充满了前所未有的斗志。如我之前所说，获取业务的唯一方式就是去追求它。因此，即便我也同时做了许多其他事情，例如改进办公方式、让职员的工作效率更高等，我的工作重心也始终放在获取新业务上。

和大多数证券经纪公司一样，我们深受传统思维的影响，坚信着只有大额交易才会带来丰厚利润，于是大额账户就尤其受到大家的追捧。有一天，某个人问我，为何华尔街的消息贩子仍在热情不减地探讨着那群为了攫取市场利润而肆意操纵价格涨跌、被大众称之为"他们"的神秘莫测的操纵家集团。我想，"他们"之所以持续垄断着市场神话的主要内容，是因为媒体对"他们"借此操纵而一夜暴富或破产的故事的热衷程度，更甚于对其他成千上万名成功的小额投资者的，我所说的这些成功的小额投资者是指运用常识，在充分深入了解各种信息的情况下作出投资决策而取得成功的投资者。

在这样先入为主地认为大客户才是最值得推崇的观念下，我便把重心放在了开发大客户业务之上，毕竟，这么做的理由十分充分。大客户比一般人更加富有，他们身上经常流露出一种引人注目的成功特质，这种特质对任何商业伙伴而言都是宝贵的，因他们若是有在自己的领域创造巨额财富的聪明才智，那么必定是个好的商业伙伴。他们通常懂得自我思考，尊重事实而非主观臆断，能够给予而非索取有用的意见。他们所需要的是真实准确的信息，并且在获得这种信息的时候，投资计划能够迅速得到执行，换言之，他们所需要的是良好的股票经纪服务。

对这样的客户，我无须多言，如果他已事先获得了足够的客观数据并形成了明智的想法，他会毫不犹豫地去实践，同时也给我们带来了丰厚的佣金回报。这样的客户习惯于担当责任和快速做出决策，即便遇到亏损，也能迅速回过神来掌控局面。大客户往往在很多方面都有了不起的特质，如果不具备一定的才识，他就不可能发家致富。

当然，也有例外。无论在过去还是如今，市场能造就多少百万富翁，就能造就多少贫困潦倒的穷人，但是，许多百万富翁的财富不来自于他们的头脑、学识和勇气，而来自于他们的财富本身。我之前所说的好客户，是指凭借自身能力获得财富的富翁们。

在对比之下，小客户就让人烦扰得多。最常见的情况是，小客户们完全与大客户们相反，他们要的并非事实而是建议，他们希望别人告诉自己，该买什么该卖什么，然后他们便不管不问地执行这一建议。如果这一建议被证明是正确的，他们会认为，只要向股票经纪人支付 12.5 美元的佣金，自己便为这一建议付足了钱。即便股价上涨 10% 令他赚得了 1 000 美元，他也坚信那 12.5 美元的佣金已经绰绰有余地补偿了他所获得的建议，甚至还得意地向朋友们炫耀自己挑选的入市时机有多么明智。如果他亏钱了，他首先想到的不是付给经纪人的那 12.5 美元的佣金，而是自己损失的四五百美元，就好像是股票经纪人从他口袋里赚走了这些钱一样。

在今天，先进的证券经纪公司都拥有自己的数据部门，他们向客户提供定制化的信息——例如正式的盈亏统计、交易条件分析等，如今的客户大多迫切地希望知道证券经纪公司是如何代理他们的财富的。我们从不向客户提供不负责任的建议或市场流言。当我们做空一只股票时，我们会有充分、可靠的理由这样去做，当然，如果我们的建议无法打动客户，客户也并非必须采纳我们的建议，但如果他选择采纳我们的建议，我们一定会让他知道具体的做法以及这样做的理由。

人们总是问我，投资的原则是什么。我想说，首先要去找一个诚信的做市商。买股票或债券的炒作其实和买珠宝、鞋子或皮草没有本质区别，获得一个诚信的中间商，让他为你提供事实与数据时自我思考、自我决策就是最好的原则。你选择中间商时，要像你选择医生那样仔细。

我初到纽约时，竭尽一切办法想要在这里站稳脚跟。由于我的多虑以及用了一些本不该用的办法，我犯了错误。就在我幸运地弄到了哈佛大学俱乐部所有成员的名单为可能获得的生意机会欣喜不已之际，我诚挚地对大客户们发起了"攻势"。我记得，其中一位客户叫温斯洛普·C.罗斯（Winthrop C. Ross），我曾到他的公司去找他不下15次，每次都被他的秘书拦了下来，因为罗斯先生非常忙碌而无法会见我。他是个对各行各业都充满兴趣的人，那阵子，他正在忙着管理波士顿的一个大项目，因此需要花费一半的时间待在波士顿。当我得知布朗森先生恰好与他熟识的时候，便委托我的这位高级合伙人去说服罗斯先生。当然，就算要我十年如一日地到罗斯先生的办公室等待，我也是愿意的，但我迫切地需要在短期内得到这个订单，毕竟，增加纽约分公司的业务量才是头等大事，而罗斯先生可不是个等闲之辈。

罗斯先生是新罕布什尔州人，他垄断着那个地区的有轨电车市场。与此同时，他在华尔街的几家大型证券经纪公司皆开设了账户。我认为，如果他对那几家公司而言属于优质客户，那么对我们公司而言必定也不例外。我还听说，他出手十分阔绰，像在韦斯科特布莱恩公司下个10万股的订单这样的事情并不鲜见，当然，这家公司比其他公司拥有更多的百万富翁客户。

布朗森上校果然去说服罗斯先生了。在我心目中，上校是这个世界上最具说服力的人之一，他总是能够如愿以偿，据我所知，大家之所以都愿意答应上校的要求，是因为上校本身就是个有求必应的典范，人们又怎么忍心拒绝一个从不拒绝他们的人呢？

最终，上校让我再去拜访一次罗斯先生。我去了，这一次，我被允许与他会面。我告诉他，如同波士顿总公司一样，我们纽约分公司已经准备好为他提供最好的服务。当时，他在我们的波士顿总公司已经开设了账户，而且订单量还不少。鉴于此，我认为我们的纽约分公司也很有希望获得他的订单。通常来说，他的订单规模极大，因此给我们带来的利润也十分丰厚。他是大部分纽约证交所上市公司的策划人，不管是控股公司，还是非控股公司，都可能成为他的交易标的。

许多人感到好奇，我们作为一家保守的证券经纪公司，为何会获得罗斯先生这样一位勇敢的市场投机者作为客户，而且他们认为这是有风险的。公众有一种错觉，即认为证券经纪的保证金制度颇具风险，因此是非法的。而事实并非如此。当然，证券经纪业务和其他业务类似，为了尽可能多地获取业务，公司总是倾向于不加区别地接受任何交易机会，但是，如果股票经纪人能够运用良好的判断能力，他所经手的证券交易亦可能成为最安全和稳固的交易。

经验告诉我们，比起信用状况不良并使用保证金融资的账户，我们在信用最好的市政债券上的亏损甚至更多。在过去的 10 年中，我们在这样的保证金融资账户上的亏损不超过 1 万美元，原因是我们从不让客户在仅提供小额保证金的情况下交易。通过坚持对公司安全的交易原则，我们也保障了客户的安全。为了坚持这个原则，我们的保证金要求一直在上调，从未因为迫于对佣金的渴望就放宽交易底线。也因为如此，我们从未接到银行催要更多担保物的电话。我们建议客户无论在何时何处都采用这样的安全交易原则，以免他们也收到银行的催收通知。

对于在证券经纪行业工作的人来说，与银行打好交道非常重要。我的高级合伙人有这样一个理论，即认为与银行争论贷款条款是愚蠢的。假设我们需要贷款，在不争论的情况下要向银行多付 0.25% 的利息，这对我们而言会造成什么本质区别呢？我们对银行贷款保持着至少 30% 的保证金水平，这一直是布朗森 - 巴恩斯的业务标准。每当市场走弱时，我们就会向银行提供更多的担保物，反过来，如果银行要求我们撤回部分担保物，我们也欣然接受，无论我们是否认可银行对这些担保物的价值的判断。

上面所说的业务模式没有什么不寻常的，每一家好的证券经纪公司都是这样操作的。多年以来，我一直尝试向我的同行伙伴们说明，在保证金不足的情况下接受订单是多么愚蠢的做法。当我刚到华尔街工作的时候，保证金的一般水平是 10%，有的经纪公司甚至只需要 5%，因为他们认为有必要与投机商竞争。但现在的情况完全变了，我们普遍采用了更高的保证金水平，以此减少公众的损失。在美国，商业失败的主要原因在于资本不足或经验不足，股票投机市场中的失败也有着同样的原因。

就这样，温斯洛普·C.罗斯先生成了我们纽约分公司的最大客户，我们为他提供了最好的服务，也获取了可观的佣金收入。他对我们的服务是满意的，否则也不会一直选择我们的服务，而我们希望他能够一直保持这样的满意度。他是个精明的男人、一个千万富翁，他有数不清的辉煌商业记录，并且以出色的公司金融手法（不同于财务）著称。这样的人自然不会遭遇催讨保证金之类的困扰，也不会被与证券经纪公司的交易规则所束缚，作为明星客户，他们对服务的要求总会超过一般客户。

1907年，我们遭遇了"静默的恐慌"①，事态很显然在朝着不利的方向发展，但刚开始我们都找不出确切的原因。当股市暴跌情况出现的时候，一位股票经纪同行不无讽刺地说，按当时的形势，谁想要通过卖光股票来获得一美元，也会是个难事。就在股市暴跌的几周前，罗斯先生辞去了某家银行的董事会主席的职位，他一直是那家银行的最大个人股东。伴随着罗斯先生对这家银行失去了绝对控制权，市场上流言四起，大概是因为他在华尔街是如此大胆出众的投资人，在经济危机期间他的行为很难逃过华尔街的那些信息贩子的眼睛。

罗斯先生是个富豪，他的订单对我们而言固然利润丰厚，但我们仍然坚定不移地推行保证金的交易规矩。如果一个交易规矩是根据稳健的商业原则得出的，一般来说，坚持这个交易规矩就是明智的。如果你的心中总是对它充满不信任甚至反对的声音，那么它将对你毫无价值，毕竟，规矩是死的，只是人为规定的东西。

我们公司承担着罗斯先生在新罕布什尔州的很大一部分证券交易，这些交易不仅是罗斯先生的日常爱好，还为他带来了惊人的收益。

如上所述，我们公司有很大一笔新罕布什尔州的证券交易，当金融危机来临、市场显出疲态的时候，这些证券的价格也应声下跌，不久后，罗斯先生的利润空间随之收窄到我们设定的最低限度。如果换作别人，我肯

---

① 指1906年9月到1907年3月美国股市连续小幅下跌的现象，在1907年3月9日到26日期间，这种现象变得十分明显，在此期间所有股票平均下跌9.8%，华尔街的金融家们才开始普遍意识到金融恐慌。经济学家们认为，造成这种市场现象的原因可能在于以下几个方面：1906年旧金山发生大地震，英国的保险公司需要向旧金山赔款，英国政府为对抗资本外流，实行高利率以吸引黄金流入，作为对抗性政策，美国亦实行紧缩货币政策，市场利率一路飙升，造成通货紧缩、经济衰退；大量的资本流入旧金山进行重建工作，纽约股市流动性严重不足；经济衰退，加上行业垄断盛行，大企业操纵物价的行为损害了公众利益，大大削弱了投资者对股市的信心。——译者注

定会毫不犹豫地向他发送保证金催收通知，但对于罗斯先生，我却很犹豫是否要这样做，毕竟，我们以前从来没有遇到过向他催要保证金的情况。这种时候，明星客户们总是容易遭受仿佛富人在任何时候以任何理由被索要现金时才会遭受到的那种不同寻常的刺激，他们并不享受从坚固的保险箱中取出镶金的证券的过程，这就好比用光他们的实际资本，而不像往常那样仅需要凭借自己的名誉去做交易。两者实质上没有太大的差别，只不过以百万富翁的名誉或信用作担保，会比以索要现金或股权作担保更容易些。

证券价格在进一步下跌，市场看起来前景黯淡，所以，我终于鼓起勇气，给罗斯先生打了个电话。我尝试了很多遍，电话另一端的人总是说，罗斯先生出去了，或者正在参加会议，或者正在参加董事会，无法接听电话。

这样的答复无法令我感到满意，最后，我不得不心怀恐惧去了罗斯先生的公司。我想，若有任何不当，我们极有可能会失去这个对我们而言利益攸关的明星客户。无论我如何机智巧妙地向他开口要更多的保证金，他一定会变得很气愤。但另一方面，如果我们要在市场的兴衰变迁中存活下来，就必须严格按照稳健的规则从事商业，而获得更多的保证金，就是我所说的最稳健的规则之一。

我抵达了罗斯先生的公司。他的秘书是一位看起来与众不同的女士，不像是一般的富人的办公室里的那种秘书。她虽然不像亨利·罗杰斯（Henry Huttleston Rogers）的杰出秘书那样为媒体人、金融作家所知，但显然，她应该属于对工作考虑周到，并有能力把任何向她那疲倦不堪的老板伸手要钱的家伙控制在一定范围之内的好秘书。

我恭敬地向她鞠了一躬，然后说："我叫温，来自布朗森 - 巴恩斯公司，想见一见罗斯先生。"

她看了我一眼，我立刻感受到，似乎人类历史上各个年龄阶层所拥有的智慧经过三千年的冷藏后，都凝结在了这位女士的眼神里。

她显然听到了我说的每一个单词，但是她就像是个不愿意放弃听音乐的聋人一样，以某种超然的口气说："你想做什么？"

"我想见罗斯先生。"我尽可能简洁地回答道，同时做好了随时绕过围栏走进大门的准备。

"抱歉。"她说，她像一块顽固的坚冰一样，伏案继续做无聊的工作，例如阅读一些与我类似的"干扰者"发送的电报。

我注意到里面私人办公室的门敞开着，于是我提高音量说："您能进去告诉罗斯先生，来自布朗森-巴恩斯的温先生有重要的事情找他吗？"

她继续阅读着，经过了令人恼怒的两分钟后，才抬起头来，脸上不再是顽固的神情，反而现出了一丝同情，她就像是为我着想般地说了一句："我很抱歉！"

"你抱歉什么？"我问。

"因为你想见他。"她对着我点了点头，然后又一次对人性的软弱发起进攻。她和善地说道："任何人都不可以见他。"

"任何人都不可以？"

"是的，任何人都不可以！"

"为什么不可以？"我反驳道。

她礼貌地说："因为他不能见任何人。"

"有什么困难吗？莫非他得了重病？"我问道。

"不是，他不在！"她显得一点也不恼怒。

我想，我们把话题扯远了，于是我说："他必须见我，我试着给他打过电话，但没打通，所以我才会来这里。"

"我很抱歉。"她叹了口气。

"如果他没见到我，他会感到更加抱歉。"我向她保证。

"我很抱……"

"你瞧，"我大声打断了她的话，"无论你说什么，我都会见到罗斯先生，他就在办公室里，饿了肯定要出来的，他若能绝食，我也能够做到。我会坐在这里，直到我见到他把我要告知的事情说完为止。如果事情没有解决，我就在这待一个夏天，直到解决为止。"

我环顾四周，准备找椅子坐下，突然发现了一个公共电话。我跑上前去，给公司某个勤杂工打了个电话。然后我有意对准私人办公室那扇打开的门的方向大声说道："我刚给公司打了电话，他们会给我送足够的食物过来，够我在这里住上一周了。我会在这里等到罗斯先生出现为止。"我拉起一张椅子坐在围栏边，并把我的背半对着秘书，假装在等待勤杂工的到来，我能感觉到她正盯着我看。

我的计划起作用了，一个男人气冲冲地走过来对我说："你想怎么样？"

我回过头，看到罗斯先生正站在门廊上。

"我需要您向您的保证金账户转入 5 万美元。"我说。

"没必要。"

"这是我们的规则，您明白的。"我礼貌地回复道。

"好吧，但我不会答应的。"他说。

"罗斯先生，我们不想给您添更多的麻烦，但我们必须向您要更多的保证金。"一旦打起了嘴仗，我认为我此刻最好能有一堆"弹药"傍身。

他用手把我推开，好像我是某个拿着棒棒糖的黏人的孩子一样，并失去耐心地说："我现在很忙，没办法处理这件事。"

"罗斯先生，我们非常希望保留您的账户，但是它目前不符合我们的要求。"

"我说了，我现在没办法处理这件事，我现在有别的事情要做。"他说完，回头就要走向自己的私人办公室。

"罗斯先生，"我对我们的明星客户说，"除非您提供更多的抵押物，或者现金，否则我们将不得不清算您的账户。"

"你们不敢这么做！"他大叫道。

"您认为我们不敢吗？那走着瞧吧！"我说完，准备离开。为了让他明白这件事的重要性，我又加了一句："我们会给您充足的时间去保全您的账户，但如果您不打算这么做，我们会将您的账户卖掉。"

我回到了公司，心想着，我们可能要损失一位大客户了，但保护公司的利益是首要的，这才能保持对其他客户的公正性，我必须坚持遵守我们的保证金规则。我向罗斯先生发送了一封正式通知函——就是常见的那种——以告知他必须在周四早上十点半前提供更多的抵押物或现金，否则他的账户将被强制清算，也就是说，他的股票将被强制出售，用以清偿保证金账户上的债务以及纽约证交所的交易费用。我发出这封通知函的时候，仍是周二。

我们没有收到他的任何回复。于是，周四的时候，威廉姆森先生清空了罗斯先生的新罕布什尔州的股票，这些股票的跌势已完全形成，到周四的时候，相比原价已跌了40%，但我们未损失分毫。其他的经纪人也纷纷效仿我们卖出了这些股票。

周五早上，罗斯先生打电话来。我原以为他会带着敌意，威胁要打官司之类的，但他反而为之前的无理言辞向我道歉，他说，我以礼貌的方式向他请求更多保证金，之后也正式通知他并给予了他充足的补救时间。而当他没做任何回应时，我们售出他的股票无可非议，因此他不会有任何怨言。

不幸的事情果然发生了，后来，罗斯先生成了这场股市恐慌的最大受害者之一，尽管他有着丰富的资源、很高的威望，但还是因涉足的投资过广而泥足深陷。他的败落成了华尔街投资失败史中的重要一笔，再经过报纸的宣传，他的名声在这个国家就变得不那么好听了。

在如同罗斯先生这类大客户遇到了这样的事情后，我改变了策略转而开发小客户。我每天外出，给各种朋友以及朋友的朋友打电话，也会获得他们开户的机会，但业务的增长始终无法达到当时年轻而野心勃勃的我所想象的速度。坦白地说，无论业务进展得如何快，我都不可能满意，因为做生意对我而言，就像是一场游戏竞赛，赢得客户等同于获取分数，输赢并不是最重要的，优化游戏的体验才是最重要的。当时，我能够为公司每月赚取150美元的佣金，虽然公司不至于在我身上浪费钱，但我仍然对自己的所做所得不满意。

13

成为合伙人

有一天下午，一个与我熟识的债券经纪商朋友来我的办公室看我。威廉姆森先生并不是从交易中心来的，而我刚从交易中心回来，就是去看看那里有没有发生什么我感兴趣的事。一般来说，我一天总要去好几次交易中心，除非客户的纠缠使我远离住宅区。这位债券经纪商叫克拉伦斯·克莱默（Clarence Cramer），他不仅是我在哈佛大学的同学，而且是我在埃克塞特的同学。大学毕业后他去了一家投资经纪人的公司工作，这家公司主要销售某些高额债券，后来他成了这方面的专家。

我的另一个哈佛同学，布兰登·多纳休（Brandon Donahue）一开始就跟着他的叔叔工作，他们一起创立了汉弗莱斯和多纳休股票交易有限公司（Humphreys，Dorahue & Co.），专注于做债券生意。在我到纽约之前的两三年，布兰登·多纳休曾邀请克拉伦斯·克莱默做公司的合伙人，克莱默答应了。他们一直以来都非常成功，是远近闻名的后起之秀。现在他们是全美国最成功的股票交易商之一。

当克拉伦斯和布兰登决定要多花些精力在股票生意上时，克拉伦斯专程来拜访我。他们在四处积极寻找一个能完全掌控股票生意的人时都想到了我。我们曾一起上哈佛大学，你知道这意味着他们完全清楚我是哪种人。我当然在哈佛大学俱乐部多次见过他们，而且每次我们都能在任何有同学聊天的地方相遇。

克拉伦斯告诉我，他和布兰登曾多次讨论过让我成为他们的合伙人的事。他们的公司一直在快速成长，而且他们很肯定我也一定会做得很好，因为在他们的脑海里，我开拓公司股票生意的能力毋庸置疑。从得知我来到纽约的那一天起，他们俩就盯上我了。

这让我既感到惊喜又震惊，同时也令我激动不安。毕竟能拥有自己的公司对我来说是千载难逢的机会，而且还能让我腾出手来干一些大事。同时，我还可以离开布朗森 - 巴恩斯公司。我很高兴有人认为我是一名成功人士，然而当我一想到自己还没有做完现在手头上的工作时，心里就非常不安。虽然一想到即将成为合伙人以及收入的增加，会令我非常欣喜，但是留下一份没有完成的工作，同样使我沮丧。

我猜克拉伦斯·克莱默一定是看出了我内心的冲突，所以他以一位兄长的口吻说："好好想一想，杰克。别急着回答。我们想要你过来，你了解我们，我们也非常清楚地了解你。这对我们一起工作将大有裨益。"

此时正好临近收市时分，碰巧威廉姆森先生从场内回到办公室。他看到我正和克拉伦斯·克莱默——我在几个月前向他介绍过这个人——谈话，就冲我们点了点头。然后在自己的桌子旁边坐下，拿起一些我留给他的备忘录看起来。一般情况下，我会走过去坐在他桌子的旁边，与他一起讨论今天我做了什么以及接下来我将做什么等问题。只是今天因为有朋友在这儿，我没有这样做。但是等到克拉伦斯离开后，我还是没有去威廉姆森先生的办公桌前，因为我不知道该和他说什么，而且在做出决定之前，我也不知道该做什么。

就在我在自己的脑海里反复地权衡利弊得失之时，我听到威廉姆森先生喊我："嘿，杰克，你怎么了？"

"你指什么？"

"我是说，你有什么事吗？"

"是什么让你觉得我有什么事？"我问他。

"我看到了，"他回答说。

"你看到什么了？"

"好吧，我看到你在办公室里走来走去，双手插在口袋里，还低着头……我从没看到你在办公室里有这副表情。我自然而然地就想到可能出了什么事。情况就是这样，我自然想知道是什么事。如果换作是你，你不会这样想吗？"

他的声音就像我父亲的一样温和而慈祥，然而我根本就听不进去。因为我一直在想我的老同学克拉伦斯给我带来的世界上最美好的憧憬，就像将一把活动扳手扔进了机器里一样。我被这个念头折磨得痛苦不堪，非常纠结。

"我真希望克拉伦斯没有来过！"

"就这么点事吗？嗯？"威廉姆森先生说。

"是！"

"他对你做了什么，杰克？"他如兄弟般真诚地问道。

我越来越喜欢他了，一想到要成为一个快速发展的股票交易所的称职的合伙人，而放弃自己的独立办公室，我就觉得这并不能带给我纯粹的快乐。而一旦我接受克拉伦斯的提议，就意味着我将放弃和威廉姆森先生一起工作，我们将不再时常见面，一起谈论工作和计划。

"他给我提供的是一个他公司的合伙人的职位，"我对威廉姆森先生说，我肯定我的语气中带有个人情绪，"你觉得我该怎么办？"

威廉姆森先生并没有立即回答我的问题，他站起来走到我跟前，用一种既不是友好的，也不是不友好的眼光上下打量着我。他开口说话时，既不冷淡也不热情，语气中完全听不出其态度。

"温，"他说，他并没有像平时一样叫我"杰克"，"布朗森 - 巴恩斯公司从来不会为了某个重要的人，而去挖另一个公司的墙脚。你必须自己做出决定。"

"什么决定？"我问道。

"决定和谁一起工作。"他回答。

"我会的。"我说。

过了一会儿，他只是好奇地问我："过多久你才会做出决定？"

"明天我会告诉你我的决定。"我说。我觉得比起之前作为下级向他汇报工作之时，我和威廉姆森的距离越来越远了。

"很好。"他说。对他来说，这件事的结束意味着他完全履行了作为布朗森 - 巴恩斯经纪公司的常驻合伙人的职责。稍后他轻松地说："杰克，明天晚上我们一起吃个饭吧。"

"不了，"我说，"咱们去哈佛大学俱乐部吃饭吧。我们从这里出发一起去，怎么样？"

"太好了！"威廉姆森说。

这件事发生之后，一直到第二天很晚的时候，我都一直非常忙。这期间我没有和威廉姆森先生说话，他也没有和我说话。那天晚上我们一起去哈佛大学俱乐部吃晚饭，我点了那里最可口的饭菜。吃饭期间我们没有谈及公司的业务，可是我发现自己在餐桌边坐着的时间越久，感觉就越好。

我们喝完咖啡马上要结束晚餐的时候，他对我说："你现在感觉非常棒，是不是，杰克？"

"是的！"我说。

此时我忽然发现，威廉姆森先生其实是一名非常高明的牌手。他摆出一副扑克脸。我根本就不知道他手里到底拿着什么牌。

他一言不发地看了我很长时间，才问道："你决定了吗？"

"是的。"我说，然后像一个孩子一样幼稚地等待着他的下一步行动。

他的下一步行动就是问我："不用为你做出的决定祈祷吗？"

"我决定继续在布朗森 - 巴恩斯公司工作。"我告诉他。

此时他的扑克脸消失了，当我注意到这一点时，我高兴极了。我忽然第一次从心底里意识到，他是喜欢我的，正如我喜欢他一样。

他伸出手，当我握住他的手时，我感到他几乎用尽全力紧紧握了握我的手。然后他口气生硬地说："明天你和我一起去波士顿，年轻人。"

他的表情看起来就像威胁着要拧断我的脖子一样恶狠狠的，但是我却笑着对他说："与别人一起旅行相比，我宁愿和你一起去。"

我并不知道他已经和科洛内尔·布朗森（Colonel Bronson）先生以及巴恩斯先生说过我的事。从我后来得知的情况看，当时他和巴恩斯先生的谈话应该是这样的：

"我明天会到波士顿，希望你们都能在办公室等我，事关重大。"威廉姆森先生说。

"什么事？"巴恩斯先生问。

"公司需要一个新合伙人。"

"这人是谁啊？"

"杰克·温。"威廉姆森先生说。

"这也有点太突然了吧，不是吗？"巴恩斯先生以他独特的语气温和地说。

"是的。可是已经有一个年轻且极具前景的股票经纪公司邀请他成为合伙人了，而且公司的其他合伙人都与他是非常要好的朋友。此时，我认为我们不应该等着他提出升职要求了。抢占先机先行提拔重用他才是聪明的做法。对任何公司来说，让一个优秀的年轻人离开公司都无异于自杀。我对杰克说他要自己做决定，因为布朗森和巴恩斯从不与任何公司竞争，而且我猜他可能想要留下来。而一旦他不向我们提出任何条件就选择和我们一起工作，我就会坚定地支持他成为合伙人。"

"你不觉得他应该再为我们工作更长一段时间，比如说一年后，再当合伙人比较合适吗？"

"不，我认为没必要，我们选择观望会有什么好处呢？"威廉姆森先生说。

"那我们就先下手为强吧，"巴恩斯先生说。当然，当时我并不知道这些。

"明天我就到波士顿了。"威廉姆森先生说。

第二天，我和威廉姆森先生一起到了波士顿。当走进公司总部的办公室时，我感到非常尴尬。我担心会有某个合伙人对我不去克莱默的公司当合伙人而选择留在公司的决定说一些漂亮话。首先我感到非常惭愧，因为我的动机非常简单，我就是觉得自己更喜欢现在的工作岗位，对新的工作并不感兴趣，而且做出这个决定只是为了取悦自己。然而，威廉姆森先生显然没有像我这样胡思乱想。

他只是把我领进科洛内尔·布朗森先生的办公室，然后开门见山地说："山姆，没有必要把所有的合伙人都喊到一起开会了，杰克就在这里，你一个人就可以代表其他所有的人。我想你有这个权力。"

科洛内尔·布朗森先生点了点头，然后威廉姆森先生自己径直走了，把我一个人留在公司的大老板面前。我并不知道接下来将会发生什么。我想有可能我会升职。

科洛内尔·布朗森先生以往和我谈话时总是面带微笑，然而这次却没有。他非常严肃地说："杰克，你在纽约干得很好，我们对你的工作都很满意。"

"我很高兴从您口中听到这个消息，科洛内尔先生。"我说，"然而我自己知道，我做得并没有自己原先预计的好。"

"对我们来说已经非常好了。"科洛内尔·布朗森先生说，"现在威廉姆森先生建议，纽约的公司应该再增加一名合伙人，为他分担一些公司业务，我们决定让你成为合伙人。"

现在轮到我目瞪口呆、不知道该说什么好了。我想，我当时肯定是首先对科洛内尔先生表示了感谢，并且保证自己一定会尽力做到最好。反正不管我当时说了什么，科洛内尔·布朗森先生都微笑着握住我的手，他告诉我成为合伙人后我在公司的利益——我是说公司利润分成的百分比——而且每月还有一个500美元的提存账户。这些细节并没有那么打动我，因为此时我心里想的都是下一步我该怎么做，要知道，现在我可是为自己工作了。我比以往更迫切地需要开拓更多的业务，而且我也必须更有自控力，对自己的某些偏好保持谨慎和怀疑的态度，这样才不至于犯错。

离开科洛内尔先生的私人办公室后，我一心只想着见到威廉姆森先生，并且告诉他我有多么感激他。我敢肯定一定是他建议让我成为合伙人的。

威廉姆森先生正在和奥斯瓦尔德·埃尔默（Oswald Elmer）先生聊天，后者是科洛内尔·布朗森先生的秘书。我跑过去紧紧握住威廉姆森先生的双手。

"是你干的，老伙计！是你干的，老伙计！"后来他们告诉我，我的说话声有多么声嘶力竭。我知道我想拥抱他。你知道当我做完这一切时，那个和我一样高兴的威廉姆森先生对我说了什么吗？

他摆出一副极不耐烦的姿态，开口说道："我们现在该回纽约了，年轻人！"

我们搭乘当天晚上的火车回到了纽约。我几乎一夜无眠，实际上我根本就没睡着。第二天早上我早早起来，刮了胡子并洗漱完毕。当威廉姆森先生进来的时候，我已经在铂尔曼酒店的盥洗室里等着他了。

"早上好啊，威廉姆森先生，"我说，"我认为我们应该……"我正要开始讲自己的下一步打算时，他却像个交通警察一样，举起手制止我继续说下去。

"杰克，这样，"他带着做决定的口吻说，"不要再继续谈论这件事了。"

"不说了？"我问。我真不知道他是怎么想的。

"从现在开始你就是我的合伙人了，在公司我们之间就不用'先生'来互相称呼了。我们直呼其名吧。"

因为他比我年长几岁，而且我已经习惯了视他为我的上司并向他汇报工作，我也非常喜欢这样做，所以尽管现在情况发生了变化，但他仍是我的上司。

"我不能喊您的名字。"我反驳说。

"见鬼，这有什么不能的！"

"听起来不对劲。"

"你又不是新职员，我只不过是想用合伙人之间的约定互相称呼而已。我们将成为很好的搭档，'先生'来'先生'去的，根本就不像合伙人嘛。所以从现在开始喊我'乔'，明白了？"

"我估计得习惯一段时间。"我说。

"你最好现在就习惯，不然你还有别的想法吗？"

"你为什么要建议巴恩斯先生和科洛内尔·布朗森先生让我成为合伙人？"我问。

"你真的想知道吗？"他问。他看着我笑了起来——是那种阳光的、浅浅的、微妙的、新英格兰式的、满含深意的笑。

"是的。"我说，我已经做好准备听一些幽默的原因了。然而他回答我时，脸上显出一种严肃的表情。

"杰克，是你的诚信品行让你拥有那个职务的。我可以完全依照你告诉我的事实来决策。你诚实可信，又踏实勤奋，如果你不那么自负的话，你还会取得更大的成就。现在我在办公室盯着你，你还不至于盲目自大，以后一旦我离开公司了，就没有人能在你身边时时监督和提醒你了，那时候恐怕你就会犯盲目自大的错误。"

这是他第二次告诫我不要骄傲自负了。

"您看到我身上有什么骄傲自负的苗头了吗？"我问他。我开始感到有些焦虑。

"我并不是说你已经有了，"他说，"或者说曾经有过。但是如果你想把公司的业务或者其他任何生意做得更好的话，就必须避免盲目自大的风险。这很重要。"

"不存在这种风险。"我说。但是他却摇了摇头。

"杰克，人在走向成功的路上总是充满风险的。一个人的成功应完全归功于他从不自负，但有时他会忘了这一点，反而把自己成功的原因归于运气和自己的人品好。这可是致命的风险。你能谨记这一点吗？"

"我一定谨记在心。"我郑重地承诺道，此后我再也没有忘记他说这句话时的语气。

我也真的没有犯骄傲自负的毛病。我也从未忘记他对我关于投资的问题的回答。一个客户问我，在我看来哪个股票或债券最值得投资；我告诉他没有人能随随便便就给出这个问题的答案。首先，它涉及的范围太广了。然而，他固执地问我："我猜你在证券市场一定有自己的资金，对吗？"

"是的。"我说。

"那这样，既然你是专业人士，现在对布朗森 - 巴恩斯公司来说，哪个证券是它锁在保险柜里不肯示人的呢？这个问题，你应该可以回答了吧？"那个客户说。

"那我得准备一下，我实在记不清我们持有的所有证券了。我们持有很多承销集团分销的证券。"我说。

"我指的不是这些。我只想知道哪些证券是你们不想卖出的。"客户解释说。我承诺说我会先看看我们持有的证券名目再回复他。

那天下午我把客户是怎么为难我的以及客户对待这件事的态度汇报给了乔·威廉姆森先生之后，他严肃认真得令我惊讶。乔平时不喜欢说教，而且有着极强的幽默感。他能预知接下来会发生的事，无论客户买了旧银器、债券、艺术品，还是房产，他都知道客户要做什么，甚至还知道客户要说什么。

"杰克，"他慢吞吞地说，"我们公司最好的投资就是这些我们绝不会卖出的证券，因为我们买进的时候，它们并不是我们所想买的标的。我们承担了损失，而且会一直持有它们，并借此来警醒自己。一想到我们持有这些证券，而不是将它们卖给其他人，我就觉得这样做是有意义的！所以，这些都是非常好的投资。"

这是乔·威廉姆森先生的另一段令我特别难忘的演讲。也许我根本就不应该讲这个桥段，但我希望这能说明股票经纪商乔·威廉姆森先生是一个什么样的人。

成为公司的合伙人意味着现在我有权对事务所的人员结构做出一些改变，在体系中我以前从没关注过公司在这方面的问题，而是直接把问题抛给公司。在威廉姆森先生的提议下，我增加了人手，并依照自己希望的方向做出了调整。所以有段时间一间办公室就显得非常狭小，直到我们生意兴隆到证明我们确实配得上拥有更大的办公室，而且我也肯定在拥有更大的办公室之后，我们还能做得更好。

后来我们在一栋世界上最知名的办公大楼内找到了具备一套精美设施的办公室。它们原先属于威廉姆森 - 布朗公司（Williamson & Brown），后来由于该公司成长太快，这里已经不够用了，它们才被以很低的租金转租给了我们。

新办公室与老办公室相比，简直有天壤之别。宏伟的柱子像是要支撑上面所有的楼层一样。天花板是如此之高，以至于他们说这应该是银行的办公场所，而不是股票经纪事务所的办公室。由此，公司的整体形象比我们真实的情况要阔绰得多。然而，令人沮丧的事实是，我们仍没有富裕的空间。

如果过去我能更积极地开拓我的业务——实际上我成为合伙人以后已经为公司带来了超过 5 万美元的收入——可能就不会如此受限了，反正现在我比以前更积极主动了。我和乔·威廉姆森先生每天都在讨论公司的业务，而且现在我们已经开始养成未雨绸缪的习惯——从规划几周的业务变成规划几年的业务。我们甚至交流、策划和讨论了具体措施；接下来我会出去想尽办法实施计划。我们对自己的讨论结果热情满满，信心百倍。我们不断地尝试为我们在纽约及波士顿的客户提供更好的和更棒的服务，公司的生意开始呈现出一派蒸蒸日上的繁荣景象。

虽然我们公司为很多知名银行所熟知，但是在投资证券的交易商中却并不出名。当然，在波士顿，我们在引进新公司方面做了不少生意，但是这些尝试并不都是成功的，由此布朗森 - 巴恩斯公司的声望就受到了一定程度的打击。这些失败并不让我们感到丢脸，那些和我们一样坚持到最后的客户最终挽回了损失，有的甚至获得了更多的利益。

有一天，我的一位银行家朋友对我提议说，我们公司应该承销伊斯特切斯特电车公司的票据。该公司被经营得很好，只是急需现金来购买新设备。它现在若想以优惠条件发行债券已经来不及了，所以才想到发行票据。这家公司的生意做得非常棒，公司已经多年连续派发股息红利，从公司的盈利能力来看，支付票据的利息应该毫无问题。以 6% 的年利息来算的话，该公司票据仅有 500 万美元。我的银行家朋友认为，如果我们以 98 美元的价格分销这些票据毫无问题。而我们则以 96 美元的价格买进。

看起来我好像能既快速、又安全并轻松地赚取 500 万美元的 2% 的佣金，我对此事的成功信心十足，要知道这是我成为合伙人以来的第一笔生意。回到公司的办公室后我就对乔·威廉姆森先生说了此事，他也觉得这件事比较靠谱。我们打电话给波士顿总部，他们也相当满意。按照合伙人的要求，我亲自去波士顿与巴恩斯先生以及科洛内尔·布朗森先生谈了此事。他们让我放手去干。

我们承销了该公司 6% 的票据，开始以 98 美元卖出。然而卖出的过程并不顺利，出货的速度太慢了，我开始紧张起来，而且被我寄予厚望的波士顿总部作为更有经验的大型承销商也没有卖出去多少。要知道，投资者们不知道电车公司就像纽约人不知道我们公司一样。对我们来说，纽约分公司要做两件事：首先是找个会做股票交易的人，其次是找会运作资本的人，哪怕取得比每年 6% 的稍高一点的收益也好。

后来在哈佛大学俱乐部聚会的时候，我碰到了我的老同学克拉伦斯·克莱默（Clarence Cramer），闲聊的时候我提到了我的焦虑。他对我说我太没有耐心了；投资者和股票交易者是不同类型的人群，所以经纪公司必须使用不同的技巧。

一两天后，我在国会大厦前见到了他，他问我事情进展得怎么样了。

"还是老样子啊。"我回答说。我想我当时的样子肯定很沮丧。

"杰克，"他说，"我和布兰登先生谈过此事。你们公司并没有负责快速销售的团队。现在，如果你愿意的话，我们会帮你卖掉你剩下的票据，价格是 96.5 美元每张。"

我们 10 天内仅卖出了一百多万的票据。我肯定已经丧失信心了，现在能把剩下的票据都卖掉，而且不损失时间和金钱，我已经非常高兴了。但是我还是告诉克拉伦斯我要看看我的合伙人的态度。我急急忙忙地把汉弗莱斯·多纳休公司（Humphreys, Donahue & Co.）的提议汇报给了乔·威廉姆森。

"如果仅仅是因为你感到焦虑不安和担惊受怕，"他说，"而且你执着于快速了结此事以修复这种情绪，那么我同意。反正不管怎么说，你也没什么损失。"

我打电话到波士顿，和科洛内尔·布朗森先生谈及此事。他的意思是让我和乔看着办，只要我们同意就行。所以我接受了克拉伦斯的提议，以96.5美元每张的价格打包出售了近400万美元的票据。这笔交易除去支付广告及其他开支的费用之外，只赚了一点儿钱。

好吧，反正汉弗莱斯·多纳休公司拥有经验以及专业的销售团队。拿到票据后他们所做的第一件事就是抬高票据的价格，就是那些我们以98到99.5美元每张为定价没能卖出的票据。后来几乎每个人都知道市场对这些票据的需求很大，所以并不用等太久，我敢说他们在不到一周的时间就卖光了所有的票据，价格是99.5美元。克拉伦斯后来对我讲了详细经过，但是他并没有洋洋得意，因为他是我最好的朋友之一。他只是回答了我提出的一些问题。

当然，我和乔·威廉姆森先生详细讨论了这笔交易的每一个环节。这就是那个曾经非常欣赏我并力邀我成为合伙人的经纪公司，从我们这里拿走了那些我们没能销售出去的票据并立即转手以比我们承销给公众的价格高1.5个百分点的价格卖掉的公司。在我们失败的时候，他们轻而易举地取得了成功，就因为我们没有销售团队。这件事促使我和乔思考如何为公司组建销售团队的问题。我们决定立即行动起来。

增强公司分销证券能力的方法之一，就是开发更多的客户——这意味着将有更多能听取你建议的客户。而增加客户数量的方法之一就是开设更多的分公司。我们开始研究怎样开设新的分公司。

事实上，我们并没有做好在各大城市开设分公司的准备，可这是增加客户的必备条件。至于这些客户是我们公司的还是别的经纪公司的，根本不重要。由于我们必须继续扩大客户群体，但是目前我们还没做好开设分公司的准备工作，因此发展电话专线账户业务就是我们当前的主要任务。为此，我和乔·威廉姆森先生决定大力发展电话专线账户业务，同时我们也不会放弃发展公司正常的股票业务。生意就是生意，我们会竭尽所能开拓一种品行良好、业务纯粹的生意。现在我们有条件，也有愿望，因为电话专线账户生意的要求是先付款，这将有助于缓解我们的整体开销压力。

我和乔·威廉姆森先生进入了随时待命的状态。当我们一旦听说一些外地公司撤回自己在纽约的通讯员，转而寻求能与纽约证券交易所合作的其他生意伙伴时，我或他就会立即跳上火车，去开拓新客户。我的一位和我们有生意往来的银行副总裁朋友听说此事后，建议我们去辛辛那提市的洛林 - 吉布森公司（Loring & Gibson）试试，其正在寻找与纽约的公司合作的机会。我一共去了四次，后来终于让其在我们公司的办公室里开设了一条电话专线。一名场内经纪人告诉乔·威廉姆森先生，弗吉尼亚州有家里士满罗伯森公司（Robertson & Co. of Richmond），多年来它一直和蒲林兄弟公司（Pruyn Brothers）合作，现在蒲林兄弟公司从华尔街退出了。乔·威廉姆森先生就去摆平了此事。他一共去了五次华盛顿，就促成了希普曼公司（Shipman）和布朗公司（Brown & Co.）的生意。所有这些公司都是纽约证券交易所的成员，它们只需有个公司能执行它们的交易订单并与它们结算而已。我们干劲十足，并在开发电话专线账户业务方面取得了傲人的业绩。

然而，我们并不满足于此，我们时刻关注公司未来的规模扩大的问题。我知道这是我毕生的工作，乔·威廉姆森先生的心情和我一样迫切，总是为即将到来的旺季——我们都十分肯定旺季一定会来——而时刻准备着。可能我们并没有设定什么特定的目标，但是我们肯定为公司的未来做好了打算。有一天我们会做自己的票据推销业务和证券承销业务。届时，我们就不必把自己应得的利润拱手让给其他的经纪公司了，就像当年我们将承销伊斯特切斯特公司 6% 的票据打包卖给了汉弗莱斯·多纳休公司一样。我们需要那些能采纳布朗森 - 巴恩斯公司投资建议的客户和买家，买卖股票也是如此。

关于我们是怎么争取到电话专线客户的一些细节就说来话长了，但是我很愿意和你分享其中的两个故事。

第一家公司在巴尔的摩市。我要是再一次提及可怜的哈佛大学，请你不要厌烦。但是正如我在这个回忆录之外告诉你的那样，我的哈佛大学的校友们以及大学时期的友谊的确在生意方面帮了我的大忙。

巴尔的摩市有个名叫丹·卡林顿（Dan Carrington）的小伙子，他是我的同班同学，我们是非常要好的朋友。丹是卡林顿先生（C.C.Carrington）的独子，他父亲做皮革外贸出口生意时积累了大量的财富，后来又转行做房地产生意。他父亲死后，留给丹的遗产超过800万美元，其中相当大一部分是现金，这是因为精明睿智的卡林顿先生临死前不久，在经济最繁荣的时期抛售了自己手中的大量资产。

丹·卡林顿是卡林顿先生的百万资产的继承人，也是个健康开朗的小伙子，虽然他耽于玩乐，但是也非常受同学们的欢迎。他是我们班里第一个结婚的——就在毕业那天的晚上。他是出国度的蜜月，这个蜜月长达一年时间。后来他回到巴尔的摩市，在他位于马里兰州某个地方的农场里开始了欢乐时光。我忘了农场里他养的是凯利母牛还是达勒姆公牛。他赢得了许多"第一个"的荣誉。他也是班里第一个生孩子的奖杯获得者。

丹没做过什么生意。生意全是他父亲打理的，因为他父亲喜欢做这行。这些生意看起来就像是在市场的价格到达某个水平时，他就可以卖出价值100万美元至200万美元的房产。

当卡林顿先生死后，丹发现自己拥有800万美元的资产和两个孩子。他在孩子身上操的心要远比那些资产多，所以他苦思冥想后得出一个结论：与其留钱给孩子们花，不如留下一份生意让他们打理，要让他们忙起来、有事做。在为他儿子挑选20年后需要打理的生意时，他的最佳结论是投资银行生意。在花了很长时间进行研究后，丹这位有两个婴儿需要抚养的人，成立了卡林顿银行股份有限公司（D.N.Carrington & Co.）。他在纽约股票交易所买了一个席位，并开始着手建立自己的生意，就像这是他的生计所托似的。丹把公司打理得非常成功，这都要归功于他超强的领悟能力，以及充裕的资金。由于丹经营公司的目标是留给孩子们值得骄傲的伟大企业，所以他希望等他们长大后会以能在这里工作为荣。我常常想，丹的这种动机其实是典型的自我感觉良好的美国人思维——让自己的孩子成为对社会有用的人、一个好公民、好商人；他应该更关注自身所取得的成就，而不是仅仅累积巨额财富——在作祟。其实丹没有必要工作，他的孩子们也不用。他是为了他们才认真工作的，他希望子子孙孙都能以他为榜样——尽管他们也没必要工作，除非他们的父亲要求他们履行对社会的责任——而工作。

对了，有一次我去看丹。他看到我很高兴，只是我们没有时间像往常一样叙旧——谈谈读哈佛大学的生活以及那些我们共用一个共通账户的旧时光。我们谈及我离开剑桥后的生活。那天晚上我被邀请去他家吃晚餐，第二天我们和孩子们一起开车去他的农场，当时我们玩得非常开心。

当他和我谈及他的生意时，他说现在业务量增长得太快了，他正考虑在纽约某家信誉良好的经纪公司设立一条电话专线。他甚至还给他的一个朋友［理查德森（Richardson），大都会国民银行（National Bank of the Metropolis）的第一副总裁］写信，问他能否推荐一家。

"是这样吗？"我问。

"是的。今天早上我收到回复了。"他告诉我。

"你没必要写信给理查德森的，"我对他说，"我就可以给出你需要的公司的名字。"

"理查德森给了我三个名字。"他说，他的口气令人印象深刻得仿佛我们在选择请哪位外科医生给我们动手术一样。

"布朗森 - 巴恩斯公司就够了。"我说。

"是这样，杰克，"他一脸严肃地说，"如果你是正确的话，我一点也不惊讶，因为理查德森先生的名单上的第一个，就是你们。"

看着他一本正经的样子，我情不自禁地笑了。看到了吧，每一件和生意相关的事，对这个男人来说都必须郑重其事，因为这可是他的孩子们的未来。我们握了握手，我拿到了账户。该账户的交易量一直在增长，因为丹在股票和债券方面做的交易都很大。他是一个如此高尚、如此稳健又如此明智的人，这些品质为他在本地赢得了极大的爱和尊重。

在我回纽约的路上，我在费城停了一下，因为我想探望另一个同班同学，另一位千万富翁的独子——鲍勃·怀亚特（Bob Wyatt）。鲍勃的父亲是知名人物，鲍勃无论走到哪里都会被人认出他是罗伯特·怀亚特（Robert Wyatt）的儿子，接下来他们就开始谈论他的父亲。人们会盯着鲍勃看，即便是在餐厅里吃牡蛎的时候他也会被围观。好像鲍勃的父亲是数百家公司的主管一样，几乎所有的银行家都认识他。他喜爱养菊花，这使他对真正聪明的人感兴趣。他收藏着世界上最名贵的菊花。

鲍勃并不在乎是从事煤炭行业还是钢铁行业，或者铁路和天然气行业，在这些行业中他父亲大约拥有 3 000 万美元的权益。鲍勃热爱数学，而且他的分析型大脑对确定价值这种事乐在其中，所以他学起证券知识来如鱼得水。他父亲死后还不足一年，他就成了全美最富有的学士，毕业后鲍勃决定从事银行经纪行业。他在费城和纽约股票交易所分别买了席位，并成立了罗伯特·怀亚特股份有限公司（Robert Wyatt & Co.）。恬淡闲散的生活不适合他。

那天我在车站给他打电话，问他忙不忙。他答道："你正好能赶上午餐会。赶紧来吧。"

我到他公司后，他带我到他最喜欢的俱乐部吃了一顿美妙的午餐。

我们曾在聚会上见面，在足球赛中碰面，每次见面都相谈甚欢。他知道我在做什么，我也知道他所有的事。他对我来说还是那个鲍勃，我对他来讲也还是那个杰克，就像我们在大学一年级刚见面的时候一样。我们的友谊历经了 10 年之久的考验，我们还和刚认识的时候一样两小无猜。

我和鲍勃回到他的办公室，我在和他告别前对他说："鲍勃，我希望你能在我在纽约的公司里架设一条专线，让我们做一些你的生意。"

"杰克，是这样，"他说，"在纽约我已经有专线了。但是你也知道，我们也不大做这类业务。这块业务对我们而言并不重要。"

鲍勃是个好兄弟，我很喜欢他。我敢肯定他的生意一定会非常成功，因为我想不出他会失败的原因。他聪明、有头脑、有雄厚的资金、有各种各样的人际关系，最重要的是还有想要成功的强烈意愿。他是那种积极向上并和他父亲差不多一样的有钱人，他有着广阔的视野、勇气和锲而不舍的精神，而且还具备脚踏实地从实际出发的能力。和像他这种人做的生意绝对是有利可图的赚钱生意。当然，能和他这样我一直都很喜欢的好小伙子保持着良好的关系，也是我的荣幸。

所以，我对他说："我有个提议，鲍勃。如果你在我们公司架设专线，我可以任它闲置一年而不要求你必须有业务。如果一年期满后，你发现我们没能为你提供任何好的投资建议，我们将会撤掉专线，生意结束那天我们一起开开心心地吃个午饭，这样谁也不会受到伤害。"

"杰克，你真的能这样做吗？"他郑重其事地问道。

"绝对没问题！你愿意的话我们可以签书面协议，我就是这个意思。"我答道。

"那太好了，架设专线吧！"

我们做到了。现在鲍勃在拥有超过 10 万居住人口的宾夕法尼亚州的每个城市都有自己的分公司。所有这些分公司的股票生意都是我们在做。不仅如此，他的公司在纽约有个分公司，主要是处理债券投资业务的，而其股票生意仍是我们在做。因为生意上的事，他和丹·卡林顿（Dan Carrington）要经常来纽约，因此他们会经常来拜会我。他们和我们公司有业务往来，在这里他们有宾至如归的感觉。他们进出我们公司的办公室查看自己的账户，就和进出自己公司的办公室一样。我们公司的员工也都和他很熟，我们总是直呼其名，就和他自己公司的员工一样。我们之间的私下关系也从没变过，一如往昔。可以说，再没有什么比和他这样的人做生意更令人愉悦的事了。直至今日，我仍为自己能享有如此特权而十分庆幸。

14

铁路股崩盘与摩根大楼爆炸案

你不能戏剧化地描述日积月累起来的业务。你能做的最好的事就是从你的商业生涯中摘出几段有情节的故事来叙述。从我到纽约那天开始，我就一直为布朗森-巴恩斯公司努力工作。从我被升级为合伙人之后，我和以前一样努力工作，并谈成了很多业务，而如何维持我已经取得的业务就显得很棘手。具备稳定性和持久性成了我迫切需要解决的问题。我希望获得更高质量的、更持久的、带有个人鲜明特征的成功。当乔·威廉姆森先生把工作中心放到公司董事会那边后，公司的日常运营主要由我来管理。差不多7年后，我签了公司大部分的股票业务单据，直到业务量激增到我不得不把签字权下放给办公室其他的小伙子来代理为止，我也从来没有在下午3点之前吃过午饭。每天我的工作日程表都排得满满当当，除此之外我还必须关注其他职员的工作细节，以便知道哪些人是可以委以重任的。我基本上每隔一分钟就接听一个电话。午饭后我就开始四处寻找订单。不断地寻找新业务是我的首要工作，而且一直以来都是。我也很清楚，我这个人更适合受到鞭策而不是表扬。我承认，10年来我从没有在某一年里休息超过10天。1941年，当股票交易所关闭的时候，我才有了自己的第一个长假，因为当时确实也没什么可做的。

我们干得非常棒。我和威廉姆森先生留住了每一位我们开发的客户。在布朗森-巴恩斯公司，如果你能够留住客户，总会享有某种殊荣。我们常常会劝客户不要过度交易。过度交易的客户一般对自己的资金的掌控能力都很差。我们为了保护自己，首先要保护好我们的客户。由于我们公司对安全边际的坚持，我们有好几位客户都成功地在那些频繁而严重的崩盘发生之前卖出股票逃生。

人们和股票经纪人有业务往来的原因很多，例如他们喜欢经纪人，或者他们信任经纪人，抑或他们信任经纪人的业务能力，也就是说，因为他们赚取的佣金确实物有所值。一个情绪正常的人面对既令人愉悦又能赚钱的生意时，总是非常愿意去做的。场外的交易者如果想买进 100 股美国钢铁公司的股票，他会发现有十几家经纪事务所可以为其提供同样的服务。也就是说，没必要强调买进或者卖出 100 股钢铁公司股票的及时性和有效性，他们就都能够做到。但是能够买进或者卖掉 10 万股股票就是另一回事了，这就需要你认真考虑了。要知道，股票经纪人的日常工作要有效率，就必须杜绝草率马虎的工作作风。你自己负责的客户数量不能超负荷；结算单必须及时且准确地提供；办公室的人手必须时刻保持充裕。换句话说，组织机构和工作的运作必须合乎需求，设计这个流程的工程师必须懂交易。只盯着眼前利益的经纪人是愚蠢的。当他意识到他的成功取决于拥有成功的客户时，他才算得上聪明。对我来说，世界上最令人讨厌的事就是和那种视获得佣金为主要目的，认为老客户就是要被新客户替代——就像每 3 年就会更新一轮的少儿期刊的订阅者，因为读者终会长大——的年轻的经纪人打交道。第二讨厌的事就是，听门外汉大谈特谈一些股票经纪人的事迹，并通过诱导他们的客户提早或频繁交易来增加自己的佣金收入。

几年前大通缩时代来临的时候，只有股票经纪人没有违过约。真正违约的人来自各行各业，包括零售商人、制造商和批发商。除了华尔街之外，各个行业都有。这可是赤裸裸的商业上的背信弃义。在美国历史上，大通缩时代总被认为是不光彩的一页，但是没有人称这帮人是骗子。如果华尔街有一天做了哪怕不及如此不诚实程度一半的事，我们愤怒的同胞就可能会因此烧掉证券交易所。

正如我所说的那样，我和威廉姆森先生一直很努力地工作。我们的业务也取得了很大的发展，这件事显得水到渠成、自然而然。我们总是严阵以待，时刻准备着提供最好的服务。除了认真踏实地工作之外，我看不出任何戏剧性地提升业务的方法。社会舆论总是引导人们把华尔街看成一个血腥的战场——在这里金钱代替了子弹，伤口流淌着金子。公众最喜欢的情景是，股票经纪人在他们的交易中就像是屠宰场里一个个待宰的羔羊。在华尔街的故事情节中，兄弟反目、金融暗杀无处不在，人们为取得胜利不惜一切代价。能够杀死成千上万个无辜的人的那种无情而有利的金融屠杀是最受欢迎的主题。我记得有一位著名的剧作家，用他的手法描写了一名冷酷无情的股市赌徒——一名破产的交易员——猝死在经纪公司里。当在磁带机上读出他的末日时，他直接瘫倒在电脑前。另一名赌徒——那名胜利者——则急不可耐地用脚踢开那具尸体，跑到磁带机前，想看看自己赚了多少钱。如此虚假的情节，就这么被公然展示和宣传着。这实在是太荒诞不经了！虽然这是多年前的事了，但是公众至今依然对此深信不疑。

每当我与华尔街人士讨论发生在华尔街的奇闻逸事时，总能听到市场恐慌所造成的严重负面影响。根据传闻所描述的事实的影响无异于龙卷风造成的破坏。事实上，股票经纪公司真正激动人心的时刻很少。证券交易所有 1 100 名会员，其中绝大多数会员都有自己的办公室，工作日的营业时间从上午 10 点到下午 3 点，星期六的工作时间从上午 10 点到中午 12 点，年复一年皆是如此。但是，这些时刻中仅有极少部分算得上具有戏剧性。我的经纪人伙伴告诉我，在他们办公室真实发生的事情毫无乐趣。很多时候他们所担心的往往都是意料之外的损失，或者收益。例如，在 1901 年 5 月 9 日发生的大崩盘中，市场的恐慌和跌势的严重程度是前所未有且人们始料未及的。大崩盘发生在美国刚刚经历了一场巨大的经济繁荣之后，当时市场的参与者手中全是股票，且数量达到了前所未有的程度。是时候终止这种疯狂了。大崩盘是突然发生的，而不是由北太平洋公司（Northern Pacific）的垄断收购引发的，该公司买断了美国两家主要银行的控制权。当时许多投资者都卖空了这个公司的股票，沽空的价格高达 1 000 美元每股，当时市场中其他股票的价格大都暴跌了 20% ~ 50% 甚至更多，还是那种无论股票质地好坏的集体性通杀。在这样一个市场中，各种各样的非比寻常的事情必然会发生。不过，尽管如此，在华尔街发生了赌徒突然被清空了赌注这样的事，并不比发生在蒙特卡洛、棕榈海滩或者艾克斯莱斯 - 班斯（Aixles-Bains）那样引人注目。

我一直认为，与股票市场相关或者发生在股票市场里的任何事，都比不上发生在铁路行业，例如为大型铁路系统选址这样的事浪漫。华尔街支付最多的佣金的公司之一的明星客户，曾对某个我认识的公司负责人说：

你们这些以行情报价机为生的专业人士，总是喋喋不休地谈论盈利和亏损。你们是不是觉得只有这些亏损或盈利足够大或出乎意料，才称得上戏剧性？你们喜欢将有可能亏损的情况视作悲剧。你最喜欢的窗帘总是被你的完全不必要的眼泪打湿。而好像我已经在这样做了，如果在市场回暖时我能赚到钱会让我感到生活就是一场高雅的喜剧；而在赔钱的时候我则会立刻意识到生活就是一堂道德课，或者是另一堂对我的职业生涯的警示课，除非我希望在生命的最后一刻仍能留住客户。

我在华尔街工作很多年了，当然，我是指在经纪公司里交易。迄今为止，我能记得的仅有一件真正称得上戏剧化的事情。我经历过 3 次牛市和九次崩盘，认识的经纪人和客户成百上千，所以我在这里不花一分钱就能看到的人间悲喜剧，不亚于任何在设施齐备的电影院里观影的人。

我经历的这段史诗级史实发生在 1917 年的 2 月 1 号这天。因为在前一天，也就是 1 月 31 日市场收盘后，德国的非限制性潜艇战报被公之于众。第二天上午 10 点之前，美国所有的经纪公司的办公室都提心吊胆地以为市场会发生点什么。毫无疑问，受这种消息的刺激，市场肯定会发生某种突变。无论是多头、空头还是认为市场会维持震荡局面的三方，都赞同这一点。人们的注意力转而猜测突变发生之后，危害所波及的时间、范围以及程度。情况一定会非常糟糕。

当时我正在谢尔登·普拉特公司（Sheldon, Pratt&Co.）的办公室里交易股票。碰巧我正好空仓。这绝不是因为我头脑灵活，而是因为我运气好，才会处于如此幸福的状态（空仓）。因为我已经决定去南方休假，而我从没有带着股票行情报价机去休假的习惯。我已经平掉了手头所有的头寸。当然，我肯定知道这是股票交易所的"大日子"，于是开盘前我就赶到了约翰·谢尔登先生的办公室，心中满是自然而然的好奇，同时我也希望能为我的继任者做点什么。

然而，在不到 5 分钟的时间内，我就发现公司里几乎所有的人都希望能做点什么。我忍不住想知道，客户如何能应对如此巨大的挑战。当然，我并没有替你们保管头寸，所以不能给出各个账户里显示的那些令人伤心欲绝的数字。但是我可以毫不费力就发现，拉塞尔·萨蒙（Russell Salmon）持有 5 000 包 5 月的棉花期货多头和 1 000 股伯利恒钢铁公司（Bethlehem Steel）的股票多头头寸，后者是他前一天以 422 美元的高位买进的。他询问我有什么看法时我很犹豫，我不能直接宣判朋友的"死刑"，我对他的喜爱不亚于对拉塞尔的喜爱，于是我默默地握住了他的手。但这显然远远不够。他已经被昨天收盘的消息所带来的可怕的寂静折磨了一整夜，现在是白天，他热切地渴望能听到一些声音。

我想不出什么口头上可以安慰他的话，但是我知道，哪怕我只表现出一点点对他所犯错误的同情都很危险。于是，我气冲冲地皱紧了眉头，语气生硬地对他说："别做傻瓜！"

"哦，"他不耐烦地应着。

"情况可能会很糟糕，但是比你神经兮兮地担心的结果可能要稍好些，"我向他保证。

"你这个混蛋。"他说着转身背过脸去。他已经遭受了太长时间的痛苦和担心，他所想的只是在我这里找到一些安慰而已，然而他什么也没有得到。

"你赌什么？"我问。他却只是转过身来，狠狠地瞪了我一眼，我又一次看到了他上衣肩膀处的那个污点。于是我深思他在5月棉花上的多头合约以及伯利恒钢铁的多头头寸上到底会损失多少。后来我想，我一定是被他的悲观情绪感染了，因为我认为棉花可能会大跌100点，甚至可能是200点；伯利恒股票可能只会下跌20个或30个点。拉塞尔可不是什么百万富翁，这次亏损可能会使他的生活陷入窘境。要知道他可是那种喜欢讽刺挖苦别人且话风清奇的人。他有个非常有趣的习惯，当他兴奋的时候总是扯着嗓门结结巴巴地说话。我可要盯紧他。

空气中充满了焦虑的气息，你可以清楚地意识到这就像暗夜里突然打开了一盏彩色的探照灯。你听到——或者你以为你听到了——某个灵魂管弦乐队正在低声演奏；你好像听见了，又好像没听见，隐隐约约的。我不认为自己是一个特别有想象力的人，可是这些我竟然都想到了。我个人有一种理论：强烈的情绪会让你产生某种心灵感应，这种感应会让你觉得自己的心弦在与他人的共鸣中颤动。而当这个人数上升到1 000个人的时候，这种共鸣就会达到和谐共振，就会发生各种稀奇古怪的事。在所有大众心理学的现象中，这是令我最感兴趣的。这并不仅仅是光环效应的衍射行为，也不是羊群效应的表现。我记得相同的事情发生在1901年5月8日的晚上，在华尔道夫酒店（Waldorf）的咖啡馆里，那是北太平洋铁路公司因拖欠贷款而导致银行倒闭的大崩盘的前夜。

在约翰·谢尔顿的客户室里，也挤满了四五十个同样内心充满恐惧的人。他们所感受到的恐惧也是一样的，所以他们的心灵是相通的。这么跟你说吧，当这群颤抖的灵魂所散发出来的气味侵入我的大脑后，我的大脑里很快就闪现出一个念头：快逃。我不知道发生了什么，但是这个念头就这样涌现出来。一旦身边有人用沙哑的声音说话，我就会本能地举起胳膊来隔断这种声音，仿佛这样做自己就不会听到似的。我想，这会儿所有人的嗓子都冒烟了。

十点整！股票行情报价机开始疯狂作响，行情完全不像如你期待的方向发展时所发出的"咔嗒"声，一点规律都没有。为什么这样说呢？因为我曾认识一个人，他只听报价机的"咔嗒"声就能分辨行情的好坏且百发百中。但是现在我欣慰地意识到，这并不是我自己的葬礼。这是一种改变。我不再和他们一样感受到恐惧了。我变成了一个旁观者。所以我用一种傲慢的眼光看着拉塞尔，看看他会怎么做。可是他怎么能接受我这么粗鲁的目光外科手术——把一个男人与他的财产分离开来？人们通常把这种手术称作"金融静脉切除术"。但是它所造成的后果绝不仅仅是"流血"。

拉塞尔的眼睛紧盯着报价板，在他深吸一口气之前，股票行情报价机已经打出了半打行情报价。接着他发出一声惊人的叹息，长长地出了一口气。

他的眼睛仍没有看报价板，反而盯着在报价板旁写下最新行情的红头发男孩子的脚。报价板旁边站着两个男孩，红头发的那个离拉塞尔最近。我能听到坐在我旁边的客户沉重的呼吸声。股票报价机旁的人群中传来了几句咒骂。经纪公司的员工们在房间里跑来跑去。如果偶尔有一个人停下来和某个客户讲话，那他的语气一定是急促的，就好像客户已经濒临死亡，他必须抓紧时间在客户死前讲完所有的话一样。那天早上，约翰·谢尔顿先生的办公室里挤满了人。我从未在如此狭小的空间里看到过这么多表情痛苦的人。我还注意到，这些痛苦扭曲的脸仿佛是一个模子刻出来的。后来我才意识到为什么会是这样。这些人都是经纪公司的客户，他们都受到了伤害，他们还都在试图通过虚张声势使自己镇定下来。他们有同样的思想、同样的痛苦、同样的虚荣、同样狰狞的面目！

突然，拉塞尔转向我。我以为他要说点什么。他张了张嘴，又闭上了。接着他摇了摇头。从他的脸上我看到了迷惘——一种痛苦的犹豫不决，就如同一种你对他抱有希望的人，却准备好亲手毁了自己，而不能做出是淹死还是从 19 楼跳下去的抉择的迷惘。然后他转过身去，再次面对报价板。他低着的头时不时地摇一摇。很明显，他是在对自己说"不"！

我显然没有弄清楚他的脑袋为什么总是摇啊摇的。而他仍盯着那个红头发的男孩子的脚看。突然之间我想明白了，拉塞尔·萨蒙在这间办公室里，肩扛着他的 5 000 包五月棉花多头和 1 000 股伯利恒钢铁的多头头寸，他被这些压得喘不过气来。这两家公司铁定会遭到最沉重的打击。棉花期货的报价在报价板的左边，伯利恒钢铁公司的报价在右边，在股票行情报价机旁边。

可怜的拉塞尔，知道这两家公司都会受到致命的打击，却不知道该先看哪个墓志铭！

事实上，五月棉花的期货价格比前一天跌了 516 点，这对他来说就是 125 000 美元的损失。伯利恒钢铁公司的股票前一天收盘报价是 422 美元，今天则跌至 363 美元。这对他来说相当于亏损了 59 000 美元。这时拉塞尔的银行户头上将会承担不超过 20 万美元的亏损，但他已经陷入半瘫痪状态。这太恐怖了！

"天啊！"股票报价机旁边的一个男人叫了起来，拉塞尔·萨蒙像被烧红的烙铁烫了一下似的跳了起来。

我真的非常同情可怜的拉塞尔。我知道，对恐惧的想象比令人恐惧的事实本身更可怕，所以我大声念出了棉花的行情报价，接着是伯利恒钢铁公司的股票报价。在一连串痉挛性的喘息中，拉塞尔像泄了气的气球一样，发出了内心郁积已久的叹息，仿佛他的灵魂也泄了气一样。由于被我的声音所吸引，他转向我，但是我觉得他根本没有在看我。然后我说："会有反弹的！"

"会有反弹的！"他一字一句地重复着我的话，好像我命令他相信会有反弹，并且他也服从了一样。现在他勇敢地直面着报价板，大声地念着："犹他铜矿（Utah Copper），98.625 美元！吉米！"

他冲着长得像块大石头的詹姆斯·伯恩斯（James Burns）点了点头。这只股票（犹他铜矿）只跌了 12 个点左右。我在华尔街见过的唯一一具有戏剧性的事件，就是拉塞尔在面对死亡时的优柔寡断。

后来有一天我在一个住宅区的俱乐部里遇到了亚历山大·达纳·诺耶斯（Alexander Dana Noyes），和他聊起了那些令人激动人心的时刻。他是《纽约时代周刊》（*New York Times*）的著名财经编辑，他在华尔街的经历比我还丰富。他笑着对我说：

几年前在伦敦的时候，我被要求回忆自己在华尔街或其他地方所经历的最具戏剧性的事件。经过深思熟虑之后，我决定讲一讲格兰特-沃德（Grant & Ward）公司 1884 年倒闭的事件。你还记得当时此事在全美国引发的巨大轰动吧。这是债权人的惨败，它引发了一次崩盘，包括一家银行及银行家们。它还引发了耸人听闻的信息披露，甚至牵扯到格兰特将军（General Grant），他是公司的一名非常特殊的合伙人。格兰特-沃德公司的格兰特是格兰特将军的儿子——小尤利西斯·格兰特（Ulysses S. Grant, Jr）。

格兰特将军当时可是美国家喻户晓的人物。内战结束时，他担任美国军队的总司令，后又担任了两届美国总统，他在公众心目中享有很高的声誉。他的政敌发现了他所犯下的错误，然而他的大多数美国同胞仍记得他为国家做出的巨大贡献。

当公司倒闭的消息传来的时候，我在第一时间被派到华尔街去报道此事。这可是头条新闻，原因有二：一是公司是因为经营得异常惨淡才倒闭的，二是公司与格兰特将军有关。

我到达格兰特-沃德公司的办公室时，那里已经挤满了人——客户、债权人、经纪人以及其他人，所有的人都希望尽快获得最新消息。人们兴奋不已，大声交谈；还有气喘吁吁地跑进跑出的公司职员，以及各种漫天飞舞的流言蜚语。

当我试图进入公司内部的一个房间——我认为合伙人、受让人以及他们的律师会在那里开会商议——时，被一名雇员挡住了去路。我的后背被吵吵闹闹的债权人推搡着。我能听到对公司倒闭的尖刻的评论，以及在这种场合中常见的喧嚣。

忽然之间，所有的声音都中断了。突如其来的安静带给我的惊讶，远比吵吵闹闹时要大。我惊慌失措地转过身时，正好看见激动的人群让开一条路，一个又矮又胖的男人走了进来，他直视前方，一点也不左顾右盼。他没有和任何人说话，我怀疑这群人中是否有人跟他说过话。但是我们都知道他是谁。

当他穿过寂静的人群时，每个人都对他脱帽致敬。在无比悲伤的尤利西斯·格兰特面前，每个债权人的不满都消失了。他就是那个说过"除了无条件投降之外，你别无选择"的男人。他是阿波马托克斯（Appomattox）家族宽宏大量的胜利者，曾两次当选美国总统。他是一个普通公民，他的环球之旅是一次前所未有的胜利之旅。毫无疑问，他才是格兰特-沃德公司倒闭的主要受害者。然而由愤怒的债权人组成的暴民，却为他的到来而集体静默，而且自发地脱帽向他致敬，从愤怒的瞬间转变成对他产生了明显的深切同情。毫无疑问，这是我能记起的最具戏剧性的事情了。

诺耶斯先生的故事给我留下的印象，远比我的经纪人同行的股票故事更深刻。这才是真正的戏剧性！第二天我正在自己的办公室里讲述诺耶斯先生的故事时，彼得·班尼特（Peter Bennett）听到了，他是华尔街记者的主任。他也还记得那次公司倒闭事件。他说：

格兰特-沃德公司的办公室在百老汇大街98号。我记得当时我的主管说那家公司要破产了。当时这件事并没有完全确定，而是极有可能发生，我们听说有人告诉费迪·沃德（Ferdy Ward）要偿还一部分贷款，他也给那位殷勤的债权人开了支票，但是银行有没有兑付支票就不知道了。这里好像出了点问题。要真是这样的话，这家公司无论如何都要破产了。

我迅速跑到了他们的办公室，虽然我很及时，但是在我之前还是有很多人先到了。我走进办公室问身边的人发生了什么事，没有人知道。所以我继续向办公室内部权力核心的那个房间走去。就在这个时候，将军的儿子巴克·格兰特（Buck Grant）走了出来。我和他很熟，所以当第一眼看到我的时候，他就知道我为什么会在那里。我们在对视的时候，他已经知道我要问什么，他冲我点了点头。我推开人群向他走过去，他也朝我走来。我还没来得及开口问他更多的细节，他就说了一句我永生难忘的话。那天他对我——我是他接受采访的第一个新闻记者——说的那句话是"现在我该回去工作了！"

在那次具有历史意义的公司破产事件中，有很多耸人听闻的细节，然而只有这句话深埋我心。

我的一个最亲密的朋友告诉我他的一次亲身经历、一次真正意义上的悲惨事件。某个不知名的而且现在依然逍遥法外的家伙设计了一次试图炸毁摩根大楼的爆炸案。一个街区的人行道都被血染成了红色。

"炸弹爆炸时，"他说，"我正从比弗前往新街。我以为是证券交易所在开拓华尔街新业务时的挖掘爆破，所以我急急忙忙往那里赶。在交易所的拐角处，我碰到一个从交易所跑出来的经纪人。他没有戴帽子，眼神飘忽不定，嘴唇发青，一副受了惊吓的样子。我一把抓住他的胳膊。

"发生了什么事？"我问，我意识到身边有不少人也停下来等着听。

"我不知道！"那个经纪人呆呆地说。他浑身抖得厉害。他说："那就是地狱！"

"你是说交易大厅吗？"

"是的！他们都被炸得四分五裂，到处都在流血！天知道死了多少人！"

"天啊！"有陌生人接着说道，他在我们中间显得很无聊，脸几乎凑到了我朋友的脸上，"上帝啊！这太可怕了！你关注过最后的鲍德温是什么样的吗？"

他告诉我那个故事是为了让我相信，人们对激情的渴望会促使戏剧性的事情发生。我个人完全相信他的故事，因为如果说有什么地方历史总会重演的话，那么这个地方就是华尔街。这让我不禁想起我已故的才华横溢的朋友查尔斯·亨利·韦伯（Charles Henry Webb）所写的诗句。离开诺克罗斯（Norcross）后的一两天，我极力让拉塞尔·塞奇割肉离场，其艰难性不亚于让拉塞尔叔叔放弃世上有鬼的念头。诗的内容是这样的：

门口的罐子

炸弹被抛掷，天花板被撕裂。

经纪人被送上了天堂。

通过发光的大门，一片灿烂辉煌。

经纪人激动不已——一阵眩晕，目瞪口呆，呼吸急促。

当他们接听他的电话时，他问圣·彼得："圣·保罗还好吗？"

　　尽管我坚持认为，股票经纪人的生意中难得有什么戏剧性的事件，但是我绝不会让你觉得经纪人的工作缺乏激情。我反对的是真实的华尔街与小说中的华尔街之间存在的巨大差距。亏损总是令人不悦的，但是其情节真的并不一定富有戏剧性。而更有意思的是，你总是听到关于客户亏损的故事，却从没听过经纪人亏损的故事。你还总是听到这样的情节：当客户的保证金告罄之后，经纪人毫不留情地将客户扫地出门。但是你从未听说过，经纪人总是会在关键时刻帮助客户。这倒不是出于单纯的商业利益动机，也不是出于于心不忍的同情，而是真心希望能给这位一无所有的朋友一个翻本的机会。经纪人不再依靠和客户之间的感情纽带来维持业绩，这一点不像鞋子零售店、二手交易商或家具厂那样需要靠感情来留住客户。但是出于某种原因，人们对经纪人的期望却更不切实际，仿佛客户的破产是他的错一样。据我所知，起码有数百个具体的案例是关于经纪人为了给客户一个翻本的机会，而在一段时间内默默地替客户承担着必须补缴的保证金的。也正是由于经纪人的慷慨大方，很多已经破产的交易量大的客户又重新获取了他们往日的财富。我从我的经纪人同行那里了解到，资金量大的客户很容易给经纪人造成额外的亏损，因为这样的客户可能每年给经纪公司5万美元或10万美元的保证金，所以受益方（经纪人）当然会允许客户进行一些适当的违规操作，这是再正常不过的事了。然而，在现实世界中却呈现出这样一幅景象：如果你本身一文不名，你成为对一些服装批发商来说有利可图的客户这件事，并不能帮你从批发商那里赢得特别的尊重。但在经纪人这里，你就可以。

　　这样一来，对我而言，经纪人实际上已经成为各种骗子的最爱。在我所亲身经历的事件中，我已经数次成为受害者。毕竟，并非所有的努力都能使我们获得成功。电影《埃德加·爱伦·坡》(*Edgar Allan Poe*)里有一句台词:"你可能会怀疑,以人类的聪明才智,是否可以构建——如果方法得当的话——一个人类可能无法破解的谜题。"在我看来,没有一个热衷于保护自己私有财产的人会发明一套不会被其他人——那些热衷于获取他人财产的人——轻易发现的系统,来保护自己的财产。换句话说,让股票经纪公司找到这样一套保护自己的系统,而完全不会成为聪明的骗子的牺牲品,是完全不可能的!有时这种尝试是由外行人来做的。然而,通常这是一项内行人的工作。例如,对于一名工作多年、兢兢业业、诚实可靠的员工突然间犯了大错的情况,你怎么才能防范呢?

15

骗局

我要讲几个真实的与经纪人的亏损有关的具体事件。我要讲的不是我编造的事件，骗子们总是在寻找更高明的骗术，使他们更难以被识破。而作为经纪人的我们，最大的麻烦是，我们必须只和那些我们认为可靠的人做生意。任何一个骗子在做生意的时候，他的首要任务就是要建立信用，这样他才能轻而易举地骗取那些与他做生意的人的信任。

有一天，一个女人走进了我在芝加哥的办公室。她带着一封来自密歇根州庞蒂亚克银行的推荐信。庞蒂亚克当时还不是城镇，但是它很快就将成为城镇。那封信上说，她是个信誉良好的银行客户。她要在我们公司开立一个户头，我们没必要拒绝她。随后她给了我们一张她家乡银行的支票，我们就想，如果那家银行都信任她，我们为什么要质疑她呢？她本人也很谦逊，很少说话，一副公事公办的姿态，也完全懂得在经纪公司里的各种规则和基本礼仪。因为她很少说话，所以我们无从得知她的内幕消息的来源。她会时不时在我们公司的芝加哥交易所进行证券交易。虽然交易的标的都是场外证券，但是由于她总是用现金支付保证金，并且总能兑现自己做空的证券，所以她无任何可疑之处。她从没有过什么不正常的行为举止。所以，不久后她就成为我们信赖的客户群体中的一员。

此后不久，市场上出现了一只极具投机价值的矿业股票——玻利瓦尔黄金，它在纽约的场外证券市场非常活跃，不久后就涨到80美分美股。我记得那是一月的一个周六——我之所以记得那么清楚，是因为那天我正好去了纽黑文看耶鲁-哈佛橄榄球比赛——那个女人，即贝克太太给我们在芝加哥的办公室打电话，询问玻利瓦尔黄金的报价。她一拿到报价——当时是80美分每股——就吩咐值班经理卖出一万股。由于她以前曾多次给我们下过这样的订单，而且她总会信守承诺购回做空的股票，所以经理接受了她的交易指令，我们也执行了这个指令——以80美分每股卖出一万股。当然，贝克太太告诉我们在芝加哥公司的工作人员，当天她就会把交易凭证送来。这是星期六，要知道周六市场在中午就闭市了，而不是像平常那样下午3点才闭市。

星期一早上，我接到芝加哥分公司以每股80美分的价格卖出玻利瓦尔黄金一万股的信息公告，以及客户知会交易所会在当天提供交易凭证的一系列信息。然而，我却发现交易凭证还没到。我立即打电话询问证书是否已经寄出，当我获知他们并没有寄出时，芝加哥交易所的经理正在到处寻找贝克太太。

转眼到了星期一，玻利瓦尔黄金股票的走势非常活跃，并且已经上涨到了1.5美元每股。

我们芝加哥分公司的经理打电话到旅馆后，才获知贝克太太已经于上个星期六上午退房，并且已经回到了她在庞蒂亚克的家。经理想尽各种办法试图与她通电话，但是接线员告诉他，庞蒂亚克的任何地方都没有叫这个名字的人。银行也不知道她在哪儿，只知道她不在家。

经理跳上火车去了庞蒂亚克。在那里他很快就弄清楚了一件事：贝克太太已经走了，而且是带着她所有的东西消失的。

现在我们的状况就是这样：客户没有了，股票交易凭证也没有了，什么都没有了。除了彻头彻尾的惊讶之外，一家银行竟然可以如此肆无忌惮地替一个女人提供担保，而且对她的近况一无所知。

等星期二我从芝加哥分公司经理那里得到关于这一切的报告时，股票当时的成交价是每股2.5美元。此外，场外交易的经纪公司已经开始关注我们，如果我们不能立即交付星期六以每股80美分卖给他们的股票的话，我们就必须支付差价。我们则告诉他们，我们正全力以赴获取他们要的那种股票。

到了星期三，玻利瓦尔黄金的股票已经上涨至4美元每股。而此时我们已经报警，公司还专门为搜集贝克太太的信息而成立了一个侦探事务所。此时我们开始怀疑，我们是不是成了简单而巧妙地从我们身上搜刮走几千美元的阴谋的受害者。

在那个时代，场外证券交易市场就像是大街上的路边摊位一样，在经营方面很不规范，完全不像今天的场外证券交易市场。那里有许多形形色色的所谓的经纪人。任何人都可以在那儿交易。而经我们的手把贝克太太做空的股票卖出的那些经纪人，现在正群情激奋地索要迟迟未到的交易凭证。他们要求我们立即交付股票交易凭证，或者必须有人按现价付钱。而此时我们的账户显示，这笔交易已经亏损了 4 万美元。也就是在此时，我们也学到了足够的东西，这使我们确信了我们确实正在和一帮骗子打交道。很明显，贝克太太在我们芝加哥的分公司卖空股票，然后另外一帮人在纽约把股票的价格抬高。由于布朗森 - 巴恩斯公司并没有这只股票，而且作为一家信誉良好的公司，公司珍惜它所享有的声誉，这帮骗子就理所当然地认为，我们一定会用现金结清这笔头寸。毕竟，此事涉及的金额并不算大。

于是，我去了场外证券交易的总部，询问他们都是哪些经纪人在上周六以 80 美分每股的价格买进了玻利瓦尔黄金的股票，并让他们都来找我。等他们都来了以后，我正式通知他们，我们有证据表明，我们是一场经精心策划的骗局的受害者，而他们则有意或无意地为这场骗局提供了帮助。股价短期内的飞速飙升，显然是为了能快速促成我们达成和解协议。此外，我们交易所还收到了来自全国各地不同的交易商要求以高于市场的价格购买玻利瓦尔黄金股票的电报。但是这些都没能吓到我。事实上，我并不打算和解，而且我还鼓励他们通过法律途径迫使我们和解。我还说，我马上就要去地方检察官办公室，而且我向他们保证，布朗森 - 巴恩斯公司决心斗争到底。布朗森 - 巴恩斯公司绝不出钱！

随后我回到了办公室。第二天，玻利瓦尔黄金公司的股票开始下跌，而且没过多久，价格又重新跌回 80 美分每股，最终我们以比当初我们卖出贝克太太并不存在的一万股的价格还低的价位买回了股票。没有人起诉我们，我们也没有任何损失。

在我要讲述的另一个例子中，我们就没有那么幸运了，这次我们确实亏了钱。在细节上，这个例子和上一个大同小异。一个男人走进我们在波士顿的分公司办公室，开设了一个账户。他存入了 5 000 美元的保证金。他持有马萨诸塞州一家乡村小银行的介绍信。开户后他就在美国钢铁、联合太平洋以及其他两三家公司的股票上随心所欲地交易。很快他就和公司的职员熟络了，作为一名很受欢迎的客户，职员都认识他。他做出的第一步是成为一名常客。

有一天他出现在我的办公室。我们知道他是谁，因为他在波士顿分公司开设了我们公司的交易账户。他命令我们购买 2 000 股的阻尼·锌（Zuni Zinc）公司的股票，该股当时报价 6 美元每股。他让我们把股票的交易凭证送到波士顿，他将在那里买下它。当然，我们在执行订单之前就发现他的账户有 5 000 美元的保证金余款，我们没理由怀疑他不能履行承诺——在股票交易凭证抵达波士顿时付钱。于是我们买下了股票，并把它送到了波士顿。

然而，客户并没有出现。我们试图寻找他，但是也没能找到。经过一两天白费力气的寻找后，我们开始怀疑是不是又被卷入了另一场骗局。当我们开始卖出股票时，我们就确定是被骗无疑了。因为该股票的市场交易成交量突然消失了。我们一股都没能卖出去，这次我们的"学费"是 7 000 美元。这次当然是这位所谓的"客户"智商高。他获取我们的信任之深，以至于我们愿意为几千美元而相信他的话。同时他自己也表现得相当明智，至少不那么贪得无厌。他付给我们 5 000 美元，我们付给他 12 000 美元。他可能觉得这就是公平交易，谁让我们是经纪人呢？

这件事发生后不久，同样的把戏又在史密斯 - 马森（Smith，Matson& Co.）公司上演。大家都知道，这个公司在所有的主要城市都设有分公司，生意做得很大。有个骗子在芝加哥分公司下订单，要在纽约买进某一只股票，但是芝加哥公司在交货时没找到客户。然而，史密斯 - 马森公司比我们要高明得多，没等那个人跑远他们就抓到了他。我不知道他们是怎么做到行动得这么快的，但是我确实知道因为此次的骗子事件，他们收到从纽约总部发来的电报，内附公司给骗子的标准建议："试试布朗森 - 巴恩斯公司。"

当然，并不是只有专业的骗子才会欺骗股票经纪人。有一位青年人一开始为我们经纪人行业最流行的杂志写诗。显然他在诗歌界并没有什么造诣，所以他决定做一名经纪人，这是他的第二份职业。他很可能非常认真地研究了所有的土地资源情况，所以他成了一名债券经纪人。或许是因为招揽客户实在太难的缘故，他决定以牺牲其他经纪人为代价存活下去，为此他专门发明了一个既简单又构思精妙的策略。

他在华尔街有一间办公室，具体的运作方式是这样的：他走进我们的办公室，要买 5 张自由公债，他拿起债券并付了钱。几天后，他进来要再买 3 张，当我们送交易凭证给他时他又付了钱。他在其他几家经纪公司也如法炮制。有一天，这位前诗人买了 4 张自由公债，并留下指令要求我们派人把交易凭证送到他的办公室。由于 4 张债券也不是什么大物件，所以我们派了一名信使随同他去了。送信人认为他收到了 2 张付款支票，而实际上那只是一张支票和一张汇票——汇票从外表上看起来和支票一模一样。这张支票是他银行的 3 000 美元，而汇票是他自己汇出的 1 000 美元。送信人知道他应该从客户那里拿到多少钱，当他看到总数正确后就留下债券，带着支票和汇票回来了。按照正常程序，我们把这两样票据存入我们的银行。支票兑付了，但是当我们的银行出示付款汇票的时候，这位拥有诗人气质的债券经纪人告诉银行他不能付款。银行及时通知了我们，我们的职员当然去了那位诗人债券经纪人的办公室。

"怎么回事？"我们的职员问，"给我一张 3 000 美元的支票，一张 1 000 美元的汇票？"

"是这么回事，"这位前诗人说，"你看，我的银行存款很少。我有一些从查尔斯·帕克公司（Charles Parker & Co.）买来的债券。我在等待费城的希利 - 弗莱明（Healey & Fleming）公司兑付我的支票，它应该先于这张汇票之前交付给我的。这个公司的支票和黄金一样珍贵，只不过这些债券的执行人在卖出它们时，他的权限出了点问题——这样，和你实话实说吧，我羞于承认自己连 1 000 美元都没有和不能兑付汇票这样的事。请给我一点时间。我会给这张汇票一个说法的。"这样说着，他开始翻出他口袋里的所有现金，总共大约 107 美元，接着他把这些钱给了我们的职员，并许诺几天之内一定会兑现这张汇票。

几天之后，经纪人的承诺并没有兑现。这次我们的办公室经理找到了他，又听说了另一个版本的不幸故事——同样悲惨但又令人信服的倒霉故事。我们又一次给了他更多的宽限时间。而当我们再次催促他的时候，他泪流满面地走了进来，给我们的人留下了 35 美元现金。

有一天，我们的经理碰巧与他的老朋友——他的这位朋友在另一家经纪公司工作——聊起了这位前诗人，得知他们公司也有同样的经历，经理感到非常惊讶。然后他们就此事展开了调查，发现至少有 20 多家经纪公司有这位游吟诗人的欠款记录。我们进一步了解到，他的惯用手法是用极少的钱——有时用现金，有时用小额支票，有一次还从中央车站寄来汇票——来拖延还款甚至赖账。尽管每次的金额看起来都不大，但是据我们估计，这位缪斯女神的追随者在不到一年的时间内从经纪人那里骗到了50 000 多美元，每笔的金额从 500 美元到 3 000 美元不等。

他只对实力雄厚的经纪公司表达他的"尊重"，因为这些公司能承担小额的损失，而不会寻求上帝或地方检察官的帮助。不过看起来他好像对自己所做的所有事都做了法律方面的功课，而且会时不时地小额还款，以此清楚地表明他的还款诚意。仅有一个人从诗人那里要回了欠款，这个人是乔治·N. 钱伯斯（George N. Chambers）。乔治不需要整整一年的时间才发觉要采取行动。当乔治听说那个人的故事，知道那个人会使用看起来像假支票的汇票，并在票据被送达之后并不会付款后，就直接派人去找了那个人。诗人见到乔治之后，又讲了一遍他常用的不幸故事。乔治静静地听着，等诗人讲完，听到诗人承诺在几天之后付清欠款后，乔治告诉他："你自己心里很清楚，你是不会还款的，这一点我心里也清楚，所以我现在要揍你。"而且乔治真那样做了。后来乔治要回了 750 美元。

后来，诗人不得不停止继续行骗，是因为他没能听取他的律师的建议。事情好像是这样的：一家经纪公司派了一名有进取心的男孩把债券送到了这位所谓的交易商的办公室，男孩把债券交给诗人并收到了一张银行本票和他自己惯用的汇票，男孩说："这样不行，要么你给我一张足额支票，要么你把债券还我。等你凑足了钱再去我们公司取。"

当时诗人八成是昏了头，否则一定是在大多数骗子的头脑中对金钱的渴望实在是太强烈了，以至于这次他竟然不计后果地行事。他无论如何都不肯把足额的支票或债券退还给那个男孩。这就导致他犯了罪，地方检察官把他带去审判并给他定了罪。现在他还在州立监狱里服刑。其实只有我真正明白，当时的他已经重新回到诗歌界了。

我无法把我来纽约之后所经历的针对经纪人的诈骗故事都讲出来给你听，甚至 1/10 也不可能。要想防范某一特定种类的诈骗行为几乎是不可能的。例如，不久前桑普森钢铁鞋业公司（Sampson Steel Shoe Company）——这是一家在纽约证券交易所上市的制造业企业——的一名高管离职。同时他还带走了价值几十万美元的公司债券——这是一笔已经获得授权发行的债券的一部分，但是出于某种原因只卖出了 2/3。由于这位高管之前与桑普森公司的关系是众所周知的，所以他在通过许多著名的经纪公司卖出债券时十分顺利。他还没有来得及卖掉所有偷来的债券就被捕了，原因是一个小职员对他起了疑心。这本来是个小问题，这位职员在检查了债券的序列号后，打电话给公司的财务主管进行咨询，结果这位前公司高管立即被逮捕了。

用相似的名字进行欺诈的行为更是频繁。公司职员的粗心大意往往会使这类欺诈行为取得成功。实际上，不诚实的交易商实在是太少了，以至于经纪公司的员工们认为根本就不存在不诚实的交易商。我的一位朋友不久前就损失了 3 000 美元。一位客户向他们下达了卖出 1 000 股康克林矿业公司（Conkling Mining Company）的股票的命令。他们按照命令执行了，也收到了交易凭证，但是当他们来交付时，买方拒绝接受。因为经纪公司卖出的是康克林矿业公司的股票，而这些股票毫无价值。

韦斯顿（Western）电讯经纪公司是最著名的经纪公司之一，该公司的场内交易员工中，有一位聪明且富有进取心的电话报价男孩，他无时无刻不在工作。除了完成本职工作之外，他还带来了三四位客户。总的来说公司对他非常满意。大家也都觉得这位年轻人前途无量，而且他正在大步地迈向成功之路。

毫无疑问，如果有人说这位在场内交易的电话报价男孩犯了什么欺骗罪的话，肯定没人会信。但是有一天，一位由这个男孩带来的客户来到了公司办公室，并要求获得一份关于自己交易的月报表。

"虽然我只做了几笔交易，但是我已经习惯了每个月从我的经纪人那里收到交易月报表。"他说。

"怎么会没有收到呢？我们每个月的月底都会给您送一份交易的月报表的啊。"公司的人告诉他。

"可是我却从来没有拿到过，"他说，"这太滑稽了，不是吗？"

公司的人承诺一定会查清楚到底是怎么回事，他们也确实这样做了。后来他们发现，那位模范电话男孩和一位值得信赖的下单管理员一起工作过。电话男孩假装通过电话从办公室取得订单交易指令，然后转而将其交给某个场内交易员去执行。他将这些交易的回执报告交给那位值得信赖的订单管理员，交易流水则被记录在电话男孩带来的一位客户的账上。电话男孩一直留意着，等到月底的时候，当成交回报的账单写好并准备寄出时，他就会去会计账单管理部门说，他的朋友——也就是这位客户——就在外面等着，并且急于知道自己的交易的具体情况。会计部门当然就把这位客户的账单给了他。

当事情暴露后，该账户显示客户已经损失了 4 000 美元。当然，此时电话男孩和订单管理员都已经逃跑了。这位客户暴跳如雷。他说那个月自己只做了几笔交易，赚了一点钱，但绝对没有亏本。他要求立即结清账户，并坚持要求公司赔偿他的损失。由于公司没有证据证明这位客户给电话男孩下过交易指令，而且 2 名员工的逃跑对他有利，所以公司的一位合伙人要求客户等几天，并承诺公司会想方设法抓住逃跑的人。但是这位客户说他根本不在乎他们是否能抓住那位电话男孩，他现在就要拿回自己的钱。然而，这位合伙人仍拒绝在周末之前付钱给他。

公司已经看出那位男孩是想用公司的钱进行交易，也就是"借鸡生蛋"。如果交易成功了，他们就会让电话男孩抽出一部分现金给他那位"就在外面等着的客户"，否则，就拿一张交易获利的支票，然后以某种方式兑现后逃之夭夭。当然，他们从来也没有抓到过那位电话男孩，可是那位订单管理员——他只是被利用而已——有天早上走进办公室坦白了一切。原来整件事情真正的幕后操纵者正是那位客户。他同意分享利润，当然前提是如果能获利的话。而如果交易出现亏损，他的意思是让公司来承担损失。鉴于他本人并没有下达过相关的交易指令，他清楚不会有人进监狱，电讯经纪公司也不想背任何恶名。现在还有哪家公司能避免这种内外勾结的合伙诈骗吗？

另一个案例是关于怀曼 - 韦斯特经纪公司（Wyman & West）海滨胜地分公司的经理的。他的方法是利用休眠账户和不活跃账户进行交易。一些客户的股票被套牢了，他们希望有一天股价会飙升并让他们获利。但是在那一天来临之前，他们所做的只能是坚持和满怀希望地等待。在一般情况下，这位经理会仔细检查这些账户，然后从这些账户中为自己提供尽可能多的保证金，当保证金催缴通知发出后，他会重新为客户注入资金。他的欺诈行为导致公司亏损了一大笔钱。要知道多年来他一直都是公司值得信赖的雇员。事情最终败露的时候，他正和一个女人纠缠不清。继亚当之后，有谁能保证男人不会遇到坏女人呢？

有位客户把一个男人介绍给柯蒂斯 - 贝尔公司（Curtis & Bell）在威尔明顿办事处的经理。这家伙说话轻声细语，样子和蔼可亲。他说想开个账户，还要在这里交易，并且他暗示自己对某些股票非常了解，还有内幕消息。他在公司存了 4 200 美元，并且承诺会在一两天内带来一些"好东西"。但是他食言了，而且他也没有在办公室出现过。他开户 2 周后，经理收到了他从英国某个城镇寄来的信。

在我们收到信后的大约 4 周之后，那个人出现在办公室里，他解释说因为他的母亲突然生病，他不得不回英国照看母亲，才没能兑现承诺。现在他的母亲已经康复，但是由于年事已高、身体虚弱，他的母亲劝他放弃在美国的工作回英国，他的母亲想让他陪自己度过余生，他同意了。现在他回到威尔明顿就是为了关停他的所有生意。他已经决定要清盘在美国的所有投资。他已经不打算在美国生活了，所以将来他打算把所有的钱都投入英国的证券业务上。当然他要关闭在柯蒂斯 - 贝尔公司所开的户头了。而在结清自己的户头之前，他想让公司帮他卖出一些自己持有的铁路债券——他随后会带过来，只有 15 000 美元。经理让他把债券送到办公室来，那个男人离开了办公室，并答应过一会儿会带着债券回来。他说想尽快将债券出手变现，好早点回到他年迈的母亲身边。

那是无聊而沉闷的一天，经理毫无理由地延长了他和纽约的一位合作伙伴的电话聊天时间，偶然提到了这个并不怎么重要的事实——几分钟后，他会发出订单指令，卖出 15 000 美元的铁路债券。他刚在电话里聊完这些，那个客户就带着债券回来了。于是经理发出了卖出债券的指令。通常情况下，订单会立即被送达场内交易员手中并由其去执行指令，但凑巧的是，收到消息的合伙人忽然想起他读到的一则关于债券被盗的消息，所以他要求经理把债券的编号给他。果然，这些债券正是偷来的。这位客户在那里开户的目的是找到一位经纪人帮他处理偷来的债券，而这次被抓纯粹是因为他的运气不好。他很聪明地为自己编造了可信的故事，来让自己不冒任何失去 4 200 美元的风险，因为他从未做过一笔交易。由此可见，他行事非常谨慎。

16

开拓债券业务

1907 年的经济危机使所有人都面临着艰难，我们也不例外。华尔街用史上最低的保证金，从美国金融史上最严重的大萧条之一中挣扎着喘过气来。到了同年 10 月，紧跟着银行危机的就是市场短期资金拆借的危机，借贷利率一度高达 125%，但是即便是如此高的利率，公司也很难拆借到资金。情况变得太糟糕了，以至于现金支付的溢价超过了以支票支付为代表的银行存款支付。你肯定还记得，我们公司一直致力于申请票据交换所的交易资质。这次崩盘其实是最后一种老式的、毫无意义的、完全没有必要的暴跌危机，而且我认为它在扭转整体国民的情绪和加速建立更加智能化的银行体系方面起到了重大作用。

当恐慌肆虐之时，我们公司作为一个独立个体，面临的问题就是如何保持客观冷静和保持偿付能力，并试图让我们的客户也能这样做。而恐慌过后我们的问题变成了：怎样在没有生意可做的情况下做生意？

我们做的大部分都是股票业务。在我们纽约的办公室里，我们的客户大部分都是股票交易员。我们必须找到另外的业务作为收入来源，来替代股票业务。

当然，债券业务就顺理成章地成了首选。假如公众——我们的客户——没有、不愿或不会交易股票，我们将促使他们发展成债券交易客户。为了做到这一点，我们就必须扩大公司自身的影响力范围。我们必须找到（不仅在纽约和波士顿找，而且要在全国各地找）新客户，就是那些可能会对债券感兴趣的客户。而当股票市场好转的时候——总有一天会的，我们这些新的债券客户中有些就会转而对股票感兴趣。投机者和投资者永远与我们同在，我们在任何地方都能够找到他们，但在某些特定的时刻，华尔街的客户比其他地方的更多。依据庄稼的作物轮作原则，如果没有其他作物，我们就必须依靠现存作物中的某一种作物生存。经济繁荣时一切投机行为都被称作"投资"，而萧条时所有的投资行为都被称作"投机"。普通人一般都会承认这一点，即如果他赔了钱，那么他就是一直在投机。而如果他赚了钱，那么他就会告诉你他一直在做投资。

有位专家朋友告诉我们，根据他丰富的从业经验，没有一家公司能同时做好股票和债券业务。他给我们公司提供的重要依据是，从来没有一家经纪公司这样做过。众所周知，债券生意一般总是被掌握在少数几个大公司手中——他们都是专业人士——而且他们还建立了一个特殊的客户群体，就像我朋友克莱默的公司一样。我还记得我们作为债券商时的经历，我不喜欢回忆我们的失败，尽管在我看来，失败的原因是我们没有为这项任务配备相应的部门人手。我一直在想，总有一天我会再试一次——这一次我们一定要做好准备。

从这个意义上讲，没有哪家公司能够同时成为最伟大的债券公司和最伟大的股票公司，所以那位专家朋友说得没错。同时我也很愿意承认，债券销售业务和股票佣金业务完全不同。但是我个人坚持认为，大多数股票交易员都是会偶尔购买债券的人。我们要做的就是换个角度去接近他们。

你看，所有的股票经纪商的交易都在证券交易所完成。例如，好几个经纪人去问同一个人，建议他购买100股美国钢铁公司的股票。这些经纪人中的每一个人都必须去同一个地方买股票。他们都向这个人收取同样的佣金，并在同一时间以同样的价格来购买股票。可能某一家经纪公司比另一家公司的实力更雄厚，或者在执行交易时更谨慎。但是从本质上讲，在一个自由市场中，对客户而言，给不同的经纪商下达购买100股任何股票的订单指令，并没有多大的区别。

然而，当涉及债券交易时，就有很多很重要的差别。不同的经纪公司处理不同类型的债券。这些债券的卖出价格不同，利率也不尽相同。因此客户就必须考虑很多因素。债券经纪人要想成功，就必须采用比其他股票经纪人更有创意的经营方式——在获得各种不同类型的债券以便出售的方法，要和找到并说服买家以便卖出这些债券的方法一样有创意才行。从商品的性质以及必须强调的卖点来看，与其说债券业务像买卖股票业务，不如说更像是一种商品推销业务。当然，现代化的经纪公司必须具备处理任何与购买和卖出各类证券相关的业务能力，这就是经纪公司必须与外界保持紧密联系的原因之一。很快我们就意识到我们需要为债券业务成立一个单独的组织机构。现在我们已经完全将债券客户和股票客户分开了。

我们家族的历史，就是美国商业发展的历史。帝国的西部开拓之旅已经接近尾声，商业开拓也是如此。我祖父的生意总是跟随着松树的指引。他从缅因州开始，然后向西到了宾夕法尼亚州。后来又从宾夕法尼亚到了密歇根。我的父亲也跟随着松树的指引，也向西到了加利福尼亚州和华盛顿州购买松树。树在哪里，钱就在哪里，而树总是在西边。

布朗森 - 巴恩斯公司也做了同样的事。他们从波士顿的一间小办公室起家——两个合伙人和一个勤杂工。随着生意越做越大，他们在纽约开了一个办事处。为了防止业务量萎缩，他们不得不持续扩张，所以生意越做越大。当时我们的想法就是，只要有大量的制造业做支撑，股票经纪人就能赚到钱。例如，从匹兹堡到芝加哥，从托莱多到底特律，这些区域都是如此。而在这之前，所有的制造业都是在新英格兰发展的。后来制造业开始西迁。现在我们可以拿起任意一件商品看看，上面都有制造商的标牌或标签，客户就能知道商品产自哪里。而作为一家经纪公司，我们的扩张和业务量的增长，只是赶上了国家经济的发展趋势而已。

当我第一次成为债券推销员的时候，没有一家东部的经纪公司想过要在匹兹堡这样的西部城市开拓业务。如果你和一位西部的客户谈债券，他会立即从你身边走开，或者会因为你觉得他很容易上当受骗而嘲笑你。他会把你和绿色商品经销商或金砖交易商相提并论。如果他有钱投资的话，他一定会投资实体，例如购买房地产或农田、抵押贷款生意或是小麦或生猪生意。而如今他不仅会购买债券和股票，而且还知道芝加哥是世界上最大的债券市场之一。

1907 年，位于芝加哥的一家主要信托公司的总裁敦促我们在那里开设办事处。当时，发展投资业务以抵消投机市场的萧条对我们至关重要。他是我们高级合伙人的老朋友。为此他还专门在自己的大楼里为我们提供办公场所，并极力推荐一名他认为最聪明的年轻人出任我们办事处的经理。他甚至告诉我们，只要我们愿意，我们甚至可以和他的雇员一样把这里当作自己的公司。

他的建议来得恰逢其时，我们接受了。芝加哥办事处从一开始就赚钱。我们当时雇用的第一位职员还在为我们工作，他是我们的一位重要合伙人，迄今为止他仍负责管理办事处的工作。在他的管理下，无论股票市场多么黯淡，我们都能保持收支平衡。我敢保证，我们在那里的生意真的非常赚钱。

底特律是我们继芝加哥之后另一个开设办事处的地方，我们设立这个办事处的方式与从前不太一样。过去分属纽约证券交易所的辛普森 - 菲利普斯有限公司（Simpson，Phillips & Co）倒闭了，底特律办事处的办公室经理和客户经理发现，他们不仅失去了工作，而且还必须尽快找到做生意的机会。辛普森 - 菲利普斯有限公司是一家高度投机化的经纪公司，它有着大量冗余的分支机构和非常活跃的客户群体。他们以奢华的方式招待他们的客户而闻名遐迩。他们将一家分支机构设立在纽约一个住宅区里，办事处占用了一家著名大酒店的套间，房顶有花园、专门的女用盥洗室，以及各种各样的奢侈品。

当然，底特律的雇员们都"还不错"，他们都是些衣冠楚楚和诡计多端的人，而且还都急于融入能够吸引商人的环境里工作。当他们听说我们在芝加哥开设了一个办事处后，就立即赶到纽约，敦促我们也能在底特律开设一个办事处。我们也相信底特律作为制造业的中心一定会有灿烂的未来，我们比其他经纪公司早一些做出了在底特律开设办事处的决定。为此公司考查了两名年轻人，最终我们的分支机构在前辛普森 - 菲利普斯有限公司的员工的管理下开业了。然而，他们很快发现，布朗森 - 巴恩斯公司和他们之前就职的野心勃勃的公司之间有一个重大的区别，他们见证了奇迹。他们克服了过往形成的对经纪公司的偏见。因为在布朗森 - 巴恩斯公司，最重要的原则就是要讲信用。随着底特律办事处的发展，其营业额也稳步增长，我们公司的分支机构的业绩也在稳步增长。现在数十家甚至更多家股票交易公司都在这里开设了分支机构。

就这样，我们在很多城市都开设了分支机构，对没能开设分支机构的城市我们则增加了电讯业务的覆盖范围。我们正在努力覆盖更广大的区域。我们还想要更多的客户，我们希望能够直接或者间接地通过我们在纽约或波士顿办公室架设的专线，为布朗森 - 巴恩斯公司的人提供服务。在这里我想把一个哈佛大学毕业的青年才俊作为榜样，他那天来到我的办公室向我请求一份工作。他这样做是因为我们公司有很多从哈佛大学毕业的员工。我给他安排了一个职位，很快他就成长为一名非常称职的员工。我们已经一起工作两三年之后，有一天他跑来和我说，他的一位朋友给他谋了一个职位，就是在纽约证券交易所为他购买了一个交易席位，成立一个合伙人公司，从哈佛大学的办公室开始创业。我建议这位年轻人接受这个建议，然后转头就继续忙工作去了。他知道我们的工作状态。后来，他和他的朋友成立了一个合伙人公司，然后就开始风风火火地干起来了。他们公司在我们公司有专线业务，生意也做得很好。他们拥有为客户服务的最好的团队。他们工作勤奋，具有良好的判断力，诚实可靠，并且他们拥有良好的地理位置，这些都是他们本身的优质资产。这些优异品质足以使他们取得成功。

现在我们的情况就是这样，刚刚经历了 1907 年的大恐慌，股市陷入了停滞状态，我们也开设了不少新的分支机构。我们的客户名单上又增添了许多新名字，同时分支机构的管理费用也在增加。我们必须比以往任何时候都更努力工作，才能勉强维持开销。实际上，对所有的股票经纪公司来说，那段时期都非常难熬。

到了那年的十月，贷款利率飙升到了 125% 的高位。1908 年的 8 月，贷款利率还在 0.75% 到 1% 之间徘徊。这些都是你必须知道的，只有了解这些情况你才会认识到，现在正是买债券而不是买股票的时候。当货币利率下降时，债券价格肯定会上涨。当我们看到短期拆借利率跌至不足 1% 的时候，我们感觉非常欣慰，因为我们已经比其他股票经纪公司做了更充足的准备。

当然为了开发新业务——更加积极地销售债券——我们工作得非常努力。为此我们有史以来第一次雇用了债券推销员，我是说那些整天不待在办公室，就上大街推销债券的员工。纽约的公司雇用了 2 个男人。这一年年底的时候，我们已经有 3 名债券推销员。我自己则是全年无休地在工作。一旦听到某家大银行有新的债券要发行，我就会立即赶过去参与分销。我不能告诉你我到底参加了多少场这样的分销会，但是我可以告诉你我一场都没有漏掉。这是一场场简单、枯燥的拉锯战。与其说我的工作有多有趣，倒不如说它有多令人汗流浃背。但是即便是如此枯燥、乏味的工作，我们还是做得相当不错。既然所有的合伙人每天都工作 10~15 个小时，我们有什么理由不成功？

正如我之前讲过的那样，在那些日子里，对于像我们一样主要经营股票业务的经纪公司来说，向大众出售债券并不是一件容易的事。我们派出去的债券推销员，从某种程度上说承担着教育者的角色。而对我们公司来说，他们更像是开拓者。我们到处寻找新客户。我接触老客户的时候也不仅仅将他们当作股票交易者，而是视他们为投资者来关注他们。我们必须教会他们如何适应新角色。公司产品的卖点完全不同了。我们告诉我们的未来客户，证券是什么——我的意思是，将所有聪明的投资者应该知道的一切都告诉他们，例如公司涉及业务的所有细节，过去和现在的盈利状况，管理层的期许，以及产生这些期许的原因，债券的安全等级，以及其他一些数据。在这种情况下，我们通常会卖出 5~10 张债券。我们的人演说完毕后，他要么会给客户一些债券，以换取他们的支票；要么会微笑着承诺，下次有更多的债券时再打电话给他。

如果客户买下了债券，他就会把债券拿到保险箱里锁起来，他不会想再将它卖出。他买债券只是为了减少他应纳的税额。这些债券本身就是为了让他的继承人在遥远的某一天感到惊喜而准备的。所以，购买债券的买家不会像购买股票的买家那样交易。

现在债券推销员周一出去的时候，怀揣着 6% 的利率的债券，周二出去的时候带着的债券的利率就是 7%。

"把你手里 6% 利率的债券拿出来，换成这些 7% 利率的债券。"他说，接着告诉客户为什么他建议这么做。客户仔细想了想，并在内心算计一番，然后要么遗憾地摇摇头，要么拿出他的旧债券和一些钱来给我们，我们则把新债券交给他。

如今这些传统的投资者都消失了，取而代之的是债券投机客。他们既想要买在利率方面非常安全的新债券，同时又想提高公众对价格的预期，这些都是现在债券交易中令人不安的因素。当然，业务量的增长是非常巨大的。我们不是专门做债券生意的，但是我们认为，每年卖出 6 000 万到 8 000 万美元的债券，也不是什么大不了的事。有些经纪公司能卖数亿美元。一家既发行债券又参与零售债券的公司的一个月的营业额就接近一亿美元。当然，像摩根大通这样的制作批发债券业务的公司的营业额绝不止这些。

1908 年我们的生意做得顺风顺水，因为我们总是在积极面对那些注定要发生的变化。我认为，任何一个美国商人都不应该因为他所谓的商业爱国主义行为，而得到任何特别的赞誉。我们国家的历史告诉我们应该期望什么。我们知道我们的期望总是被超越。美国人中的乐观者最常犯的错误就是，他们还不够乐观。

纵观这些年的美国历史，如果说 1908 年不是赚大钱的时候，那它明显是一个改善你的赚钱能力的契机，同时也是为下一次收获做准备的备战期。我跟你说过，我的工作需要付出的汗水远比它带给我的快乐要多，但是我可以向你保证，当看到我们公司前进的方式和全体成员成长的方式都很优越时，我内心的喜悦非比寻常。我们解雇无法胜任工作或者对公司有害的人，提拔有能力的人和作风正派的人。我们热切地关注着年轻人的成长，并把他们当自己的孩子一样对待，因为我们总觉得，布朗森 - 巴恩斯公司未来的合伙人和经理人，现在就在我们公司里领着薪水。我们可以自豪地说，公司的合伙人都出自我们自己的团队。我们从来不会因为某人能给公司带来资金就接纳他成为合伙人，我们更看重的是另外一些品质——锲而不舍的精神、能力、知识、忠诚——简而言之，就是要符合布朗森 - 巴恩斯公司对合伙人的要求。遵从我们的这些标准而带来的结果从未让我们失望过。我们把我们的成功归结为，组织中的每一个人都在全心全意地为我们的共同目标而努力工作，从新入职的员工到高级合伙人，无一例外。我们既不会偷懒，也不会发牢骚。我们所有的部门主管都是由刚从大学毕业的男孩一步步得到晋升的，我们为他们感到骄傲。公司能拥有这样的团队真是太棒了。当然，在这样的团队里工作也会非常开心。

我们的员工如果想存钱，可以把他们的一部分薪水存到公司的户头上。我们给他们支付每年 7% 的利息。当然，鉴于这种利率我们总是每月定期存款，所以实际上的年利率总是高于 7%。现在我们公司的户头上的存款已经达到 16 万美元，这些钱都是从员工的工资结余下来的。这样一来，员工实际上是真正成了优先债权人，因为他们没有抵押品，也没有购买股票，只是把钱留在了公司。对我们来说这可是一笔好生意，我们既是雇主又是银行家。不仅如此，每年年终我们都会发奖金，这样员工们就不得不抓住与公司合作的机会。因为这意味着，如果公司有个好年景，那么他们的奖金也会很高。在这些年份里我们发放的奖金是以往的 2~3 倍。迄今为止，我们最多曾派发过 60 万美元的奖金。当然，有些年份不错，有些年份差一些，但是从来没有出现过某一年的奖金为零的情况。

公司取得这样的业绩，作为合伙人的我也起了很大的作用。再没有什么别的事比经营好公司能给我们带来如此大的快乐了。公司的每一家经营机构都要制订符合国家经济增长趋势的收入增长计划。我们当然也不例外，而且我们也意识到，公司应该随时准备好充足的人手。平时工作中你可能经常会听到有人说，关于某一个人的事，而且你可能也会说出令人印象深刻的故事，但是通常你会发现，一旦某人的关注范围超出了自己的职责范围，那一定是那个人出了什么事。

已故的约翰·皮尔庞特·摩根是他那家著名银行的负责人，可以毫不夸张地说，他在这家公司绝对是一言九鼎。但是，一旦公司被某一个人主宰时，那个总是趾高气扬和面面俱到的人的身边总是有一大群非常好的搭档。他选择这些搭档并不是因为他们的资本雄厚，而是因为这些人的能力和品格，这些品格必须能和摩根大通公司的合伙人所必须具备的品质相匹配才行。所以迄今为止，摩根大通银行依然是世界上非常显赫的私人银行。

17

经纪人与投资者的关系

当然，我们也总是会设法做一些股票交易。股票市场的低迷时期是股票经纪人的困难时期，这不仅是因为我们赚不到佣金，而且客户也赚不到钱。我的这份工作为我带来了收入，我的工作直接或间接地来源于我为客户提供的服务。但是他们却总是轻易地忽视我的建议，尤其是当他们的账户出现亏损时。

有一天，几位经纪人在午餐俱乐部里谈及他们在生意中做过的几次尝试。他们一致认为，最让人紧张的，并不是股票市场的"狂欢的盛宴"和"悲惨的饥荒"时期，而是客户的乖张性格。

某位有着众所周知的姓氏（这种姓氏是任何一个熟悉自己国家历史的美国人都熟悉的）的男人曾评论说：

如果某位客户在分红的季节买了好几只股票，而其中仅有一只股票的走势和他的预期不符，他不得不调整整个组合的仓位以减轻压力，而他总是选择卖出正在上涨的、正在带给他利润的那只股票——也就是说，正是那只他判断得正确的股票，你能告诉我这是为什么吗？我注意到，他们每次都这样干。他们剔除表现最好的那只股票，而把那些表现平平的股票留着。我们公司有很多成功人士，他们都是在各自的领域里成功的店主或制造商、自营商，他们都是些精明、能干、经验丰富的商业人士。但是一旦他们踏入股市，他们又都做出了同样令人费解的、不可原谅的愚蠢举动。

我常跟他们讲，"你现在手里经营着两种商品，一种可以按照你的定价被轻松卖出，另一种却根本卖不动。你要卖掉哪一种呢？你一直留着卖不掉的商品，就是为了将来不得不削减利润并承担亏损吗？你还会继续囤积着你那种滞销的商品，一直等到下一个市场旺季来临为止吗？为什么你在股票市场中的所作所为和你在自己拿手的主营业务中的表现正好相反呢？"

你知道拉里·利文斯顿（Larry Livingston）有多聪明吧？他有大量的小麦多头能让他获利颇丰，但是棉花头存却让他亏损。所以，在他身体健康状况欠佳的时候，他听从了其他人的建议，这使他完全昏了头，他卖掉了小麦头存而保留了棉花头存，结果他因此而破产了。他自己曾亲口对我说："听了别人的建议后，我迷茫了。我好像只是在玩另一个人的游戏。所以，截断亏损，让利润奔跑吧。对于一个交易者而言，为了成功而违背经验将会给他带来严酷的教训，而绝不仅仅是让他发现自己有多么愚蠢这么简单。"拉里·利文斯顿还说过很多关于投机的，非常明智的其他一些话。尽管我不断地向我的顾客重复说这些话，但他们依然充耳不闻。

"是这么回事，"韦斯特和霍利电讯经纪公司的主管欧内斯特·韦斯特（Ernest West）说，但是还有另一种同样糟糕的客户类型，就是那些知道交易这场游戏没有那么公平，而相应地会保护自己的聪明的小伙子。如果可以的话，我们是不会让这些"聪明人"进场的，但是也许偶尔会有一个溜进办公室进行交易，这就会让所有人都因他的存在而深感不安。和大多数"聪明的家伙"一样，他不可避免地会亏损，然后消失不见，同时也留下了令人不悦的记忆。我记得有个叫比林斯的家伙在我们公司开了个账户。他是那种认为只要他一下订单进场交易，经纪人立刻就会偷走八分之一或者四分之一的资金的人，而且他还会告诉你，他知道你做不到，但是有些专家有可能做到。你是了解这种人的，他最终购买了假的石油股，然后一心想着在主力出货之前抛售它们。我总是把拉里·利文斯顿在这类事情上说过的话当作规则告诉我的客户经理，并让他转达给客户们。你知道几年前拉里曾在我们公司赚得盆满钵满，而且他的交易格言每天都会在交易所里被宣传好几次。拉里本人也在他《股票大作手回忆录》里说："我不能用限额交易，我必须在市场上冒险，因为我想要击败的是市场，而不是某个特定的价格。当我认为应该卖出的时候我就卖出。当我认为股票将会上涨时我就买进。在股票的价格波动方向上押注和预测股票的上涨和下跌之间，有着本质的区别。这也正是赌博和投机之间的区别。"

我们永远也不可能让比林斯这个家伙掌握股票交易的这些规律。有一天他走进办公室，看起来就像国会议员的当选人，或者圣多明戈军队的总司令一样神气十足。我当然知道他就是来搞笑的，而且我可以毫无原则地承认，我就是喜欢他这一点。当然，他并没有透露消息的来源。他只是下单在 64 美元的价格买进 100 股小猪扭扭公司（Piggly Wiggly）的股票。我正打算要劝阻他时，忽然想起他的教育需求，然后我决定让股票行情教育他。

当然最常见的现象发生了——这只股票上涨了。更厉害的是，它开始跳跃着加速上涨，然后是疯涨。

那天它涨到 140 美元每股，比林斯当然急于在价格到达他的预期之前，兑现自己的利润。他命令我们卖出股票。我记不清当时成交的价格了，他被建议以市价单成交。但比林斯拒绝了。如果他自己可以亲力亲为的话，他不会给任何经纪人赚他几百美元的机会。但是那只股票的波动实在是太剧烈了，我想，他应该清楚，如果他自己在股票市场下单的话，我们也给不出正确的价格——总要有一两个点的价差。

然而，股票开始下跌了。价格下跌得非常快，他撤销了第一个卖出订单，又递过来一个价格低得多的新订单，然而依然还是限价单。我们再次建议他用市价单成交，但是他却声称，这样的订单只能助长经纪公司执行订单时粗心大意的工作态度。你当然知道他在暗示什么。此时价格又跌了一些，现在价格低于他限价单的价格了，然而他再次拒绝了我们以市价成交。很快股票价格就跌至距离高点很远的地方，他则干脆撤销了自己的卖出订单。然而，他刚一这样做，股票价格就开始反弹了，很快股票的售价就与他最后一次给我们的限价单价格一样了。看起来股市好像要重拾升势了，所以他飞快地以其提供给我们的最后一个报价挂单卖出他的股票。当然，价格又开始转头下跌。临近收盘时他降低了自己的限价单的价格，但是幅度并不够。

其实当天早些时候，市场中已经流传着各种各样的谣言，所以临近收盘前，该股显然已经走投无路。第二天该股宣布退市，它已经不能在证券交易所交易了。最终比林斯在柜台通过其他经纪人，亏了一大笔钱卖出了这只股票。我幸灾乐祸地对他说，这是他应得的，我个人对他糟糕的交易技巧所导致的结果非常满意。我的预期达到了，因为他气急败坏地关闭了在我们公司的交易账户。我跟你讲这个故事，是因为他确实是个非常典型的案例。

"是的，"我的一位前同事说（这位同事现在是一家活跃的经纪公司的负责人），但是令我最痛苦的是，说服我的客户卖出股票要比买进股票难得多。当我还是马隆-托宾公司（Malone，Tobin & Co.）的办公室经理时，我结识了时任多赛特·白云石公司（Dorset Dolomite Company）董事会的主席亨利·R.拜恩上校（Col. Henry R. Byrne）。他的资产中大部分都是自己公司的股票，只是他获取股票的方式是在大萧条时代（股市低迷期间）以相当低的价格大量增持的。到了经济复苏时期，白云石公司获得了大量利润丰厚的合约，上校感觉自己公司的股票前景非常乐观。因为我知道他做了什么、为什么那样做，以及公司的前景到底如何，所以我也开始变得非常乐观，我开始推荐我的客户买进白云石公司的股票。我们开始买进的价格还不足30美元每股，并且一路上涨到了50美元每股。当股价上涨到55美元每股左右的时候，我和以前一样乐观。我有充分的理由这样认为。因为公司确实是有价值的，我实在看不出公司的股票有什么理由不上涨到75美元每股。我之所以毫不犹豫地说出这个价格，是因为我真的相信75美元确实是一个合理的价格。我忘了我预期这只股票的收益是多少。不管怎样，我持续不断地推荐这只股票。听从我的建议的每一个人都赚了钱，你应该知道这是一种多么光荣和伟大的感觉。

然而，有一天我的高级合伙人叫我去他的私人办公室，在那里他告诉了我一个不幸的消息，拜恩上校已经开始出售他在多赛特·白云石公司的股份。我没有问我的合伙人是怎么得到消息的，也没问我们是否从上校那里接到过任何卖出股票的指令。只要我现在弄明白，为什么最近两三天股票上涨的抛压这么重就够了。内部大宗交易出售股票，已经足以说明问题了。拜恩上校在所有的商业和金融事务上都称得上是"消息灵通人士"，而且他碰巧还是持有最多的白云石公司股票的人。"

当然，我首先想到的是我的客户，他们都是很好的人——他们总是这样，听从你的建议，并愿意用自己的金钱来支持你的建议——而且我对他们一旦知道消息会不会急于兑现利润这件事也感到非常焦虑。于是我急匆匆地走出自己的私人办公室，走进客户的房间开始投入工作。直到我被叫进高级合伙人办公室的前一分钟为止，我还在大声说着乐观的话，现在我必须为自己的态度突然转变找一些借口。

我走到那些我的好客户身边，他们都采纳了我的建议，忠实地买进了白云石公司的股票。我对第一个客户说："比尔，卖掉你的白云石股票。"

"什么？"比尔问，他不敢相信自己的耳朵。

"你已经赚了不少了，卖掉吧。"

"为什么？"他不高兴地问。

"股票的走势好像有点不对劲，"我说。我怎么能告诉他真相呢？

"胡说！"比尔说，"走势一切正常啊。它已经涨了这么多。肯定会有一些获利回吐，这都是正常的。但是之后它肯定会再次上涨的。喂，你今天早上还说能涨到 75 美元呢，你现在这么说到底是为什么啊？"

"我改主意了，"我开始解释。

"那就再改回来，"比尔说，"现在，请你走开！"

下一个我要面对的人的反应和比尔的反应差不多，他断然拒绝接受我的建议。我努力地和他们解释，甚至动用了恳求、恐吓、乞求和羞辱等手段，但这一切都是徒劳。没有一位客户肯卖掉白云石股票，但是只有我知道这家公司的总裁在做什么。

就在那时，一家新闻机构发布了一份公告。这是一种惯常的做法，它将股票下跌归咎于突然来袭的熊市，并预测鲁莽的卖空者将面临可怕的情况。

"你看！"我的客户看到这篇报道后，就像希腊合唱团一样异口同声地说，"报道正好戳中他们的弱点。"

第二天我们接到拜恩上校的大额卖出的订单。新闻机构则刊发了一则有关内部人士的客户访谈文章，这一次他们请到的正是拜恩上校本人。从严格的意义上来说，上校讲的是实话。他给出了公司的盈利数据，并说白云石公司经营活动表明，没有出现任何值得出售股票的理由。然而，他并没有说就在那天早上他给我们发出的大额卖出订单的事，该订单要卖出他账户中持有的 10 000 股公司股票。

好吧，我要重新开始我的游说活动了。我要集中精力全力以赴地对付这帮家伙。除了实情之外，我把自己能说的都告诉了他们。其实我也没必要告诉他们实情，因为这帮家伙都有利润在手。我只不过是希望他们能在利润进一步缩水之前，提前将其兑现而已。但是他们拒绝了我。当天内部股份卖出的沉重抛压导致股价继续走低。

最后，我被逼无奈，只能通过要求追加这只股票的保证金的方式来迫使他们卖出，确实有几位客户这样做了，同时我也成功地让他们变成了我的世敌。他们中有一个人非常生气，在公司里到处说我的坏话，我一拳把他打翻在地。我气急败坏地向他们所有人发了火。我说："你们这些该死的蠢货，哪个不是认识我很多年了？总的来说，你们都因为听从我的建议而赚到了钱。这次我让你们买进一只股票，一次交易就已经给你们带来了从10%到25%不等的利润，你们现在问我要卖出的理由？我跟你们讲，最好的卖出理由就是，我告诉你们要卖出。建议你买进和卖出的都是同一个人，现在这个人让你卖出！如果你们不想听的话，那就别听好了。你完全可以坚持到从盈利变成亏损为止。而第一个抱怨过我的人，后来却快乐地哈哈大笑。"

有些家伙认识我很多年了，他们猜到了一定是有什么我不能明说的理由，所以他们最终很多人都卖出了他们持有的白云石股票。但是我认为，我的客户中足足有一半人选择了继续持有该股。后来该股一路下跌至35美元每股，接着股市就进入了萧条期，所有的股票都在跌。白云石股价则跌至20~22美元每股。我们让最顽固的客户接受了我对这只股票的提议。后来价格跌至10美元每股。这些家伙们当初可获得了不菲的利润。

这些朋友和他们客户的经历，就是大多数股票经纪人的共同经历，我们也经历过那些无聊而冗长的日子。这些都是公司在经营过程中的必经之路。当然，我也希望您能理解，我们一直努力改进我们的服务水平。我们分支机构专线电讯业务的增加，让我们吸引到了更多的人来围观，从而使我们拥有了更多的客户。

在我们的债券销售业务中，我们也不得不想方设法吸引投资者。我们给出了能证明债券投资有价值的事实和数据。沿袭老传统给客户送小费只不过适用于那些想快速致富和不劳而获的客户，并不适用于谨慎的投资者。我们很早就意识到，我们的股票交易部门可以引进一个更好的系统。我们逐步改进了我们的市场通信邮件，把它们做得和普通公司的不大一样。在波士顿的一个合伙人提出了建立数据统计部门的想法。这正好契合了公司致力于改善服务的宗旨，以及准备好在即将到来的牛市中一展身手的计划。

布朗森 - 巴恩斯公司是幸运的。那年，一个对经济学研究有强烈兴趣的年轻人从哈佛大学毕业。他有敏锐的、善于分析的头脑，还有最清晰的视野。他清楚什么是重要的事，他对自己所从事的工作也有着清晰的思路。这种敏锐的洞察力并不像你想象的那么常见。所谓"直觉"就是正确地、冷静地、客观地预见人和事，这才能让你看清楚人和事情的本质。

这位年轻的哈佛大学毕业生坚信，自己只要和股票经纪公司的雇员合作，就能比在银行工作的专业人士做得更好。这就是他的个人特质，为此他花了 3 周的时间来搜集波士顿各个经纪公司的数据，然后才请布朗森上校的一位朋友给他写了一封介绍信。他打电话给我们波士顿的办公室，告诉布朗森上校他希望为布朗森 - 巴恩斯公司工作。

"来我们公司做什么工作呢？"上校问。

"我打算为你新建立一个统计部门。"年轻的塔利回答。

"你有什么资格这样说？"上校问。

塔利告诉他，他在大学接受过什么样的理论培训，以及他在大学期间对铁路、工业和社会学数据统计方面做过哪些研究。上校听完后说道："我认为你的思路很好，这一点我可以肯定，我个人甚至认为，任何一个希望能在未来十年有所斩获的经纪公司都必须建立一个统计部门，以便随时准备着给客户提供最明智的投资建议。但是，现在还不是开始做这件事的时候。市场不景气，公众信心低迷，而且像我们这样靠佣金生存的经纪公司还在被迫削减开支。我希望你先给我写封信，由此我才能把这件事牢记在心并做个备案，让我知道你为此都做了哪些对我们公司有价值和对我们的生意有帮助的准备。与此同时，你可以继续做你对市场环境和事件的监测统计，一旦你认为时机成熟，市场转暖且生意好做的时候，就请你再次和我联系，我会看看我们能不能用得上你。"

年轻的塔利说，他自己对个人前途的设想并不像布朗森上校说的那样，因为很明显，上校已经看到了未来的金融业对经济服务的新需求。尽管如此，他还是在回到家的第二天给布朗森上校写了封信，这是一封精心准备的信，内容翔实、细节清晰，并详细介绍了他在大学中所学的他认为对现代经济业务有益的研究。他还表示，他准备立即开始工作。因为他相信，最糟糕的情况已经出现，经济即将复苏。就这样，他在布朗森 - 巴恩斯公司有了自己的一席之地。

年轻的塔利被安排去当接线员。此时他遇到了帕特里克·马洛伊（Patrick Malloy）。你应该还记得，马洛伊当初只是一个办公室勤杂工，事实上在 1888 年，他是布朗森 - 巴恩斯公司唯一的新生力量，因为他拥有非比寻常的才能，并且对工作非常执着和投入，因此几年后他成了合伙人。马洛伊同情地听取了年轻的塔利的话，并雇用他为公司管理一个统计部门，该部门将不仅需要搜集报告和刊物，而且必须积极地为客户提供建议，通过合理地解释任何程度上影响证券价值、贸易、商业和金融变化的事实，以解决所有客户在投资和投机中遇到的问题。

现在塔利已经是我们的重要合伙人。我认为他是华尔街最杰出的人物之一，同时也是全美国最派得上用场的人之一。

这就是我们设立统计部门的初衷，事实已经证明，统计部门对我们的客户和公司本身具有同等重要的价值。我们曾认真调查过，和其他公司类似部门的业务所反馈的那样，整体而言他们的业务非常的具体。我们致力于呈现事实以及对事实的分析和解释。我向你保证，我们统计部门所做的报告会一次又一次地抑制许多客户过度亢奋的热情。

如今，很多设备完善的经纪公司都以我们为榜样，因为我们管理着这样优秀的统计部门。该部门也和其他部门一样，旨在帮助客户减少在股市中早已存在的投机活动的损失。它避免了各种各样的聪明人被突如其来的股价暴跌所蒙蔽，或被某种预感所愚弄的现象的出现。今天的股票交易者更像是生意人。当然，没有任何东西能保证证券交易能百分之百带来利润，但是过去那种仅靠道听途说买卖股票或债券的陈旧方式对今天的投资者来说，变得代价太高和不能忍受了。

一位受人尊敬的老朋友（几年前还活跃在商业活动中的退休经纪人）并不认同我的观点。可能是因为他在华尔街工作了 30 年后，无所事事的生活让他很烦躁吧。前几天他和我说："我们也有一个很好的统计部门，通过它我们可以非常轻松地向客户提供大量有价值的信息。但是我还真没见过哪位客户主动咨询该部门，了解我们是否拥有关于他现在决定交易的股票的实际价值的任何数据。至于债券，或者更确切地说，关于投资是有的。但诡异的是，他通常不愿得知任何有关自己想投资的股票的相关信息。有时候，通常是客户购买股票亏损以后，客户才会打电话要一些该股票的内幕信息。然而，即便如此，他也依然不会去寻找真相——所有的关于亏损交易的真相、真正的真相。他真正想要寻找的只是一些无谓的希望或者借口——表明他买这只股票的行为并不是十分愚蠢。我发现有两类客户——聪明型和信仰捍卫型。后者不需要任何数据或事实。他们只不过是想对自己在股市里的所作所为找个借口，而他们的人数则占了总人数的95%左右。"

我承认，这些都是老套的经纪人的观点。我的朋友并不是一个愤世嫉俗的人，他只不过是没有意识到，因为环境的变化而导致的客户和经纪人的变化。我告诉你们公司统计部门的来龙去脉，只是想告诉你们，我们是如何为即将到来的变化积极地做好准备的。因为即便是当时，生意都在随时发生着变化，而且我们也在随之改变。我无法预测10年后我们会面临什么样的问题，但是我知道我们不能停滞不前。如果我们要从国家的经济增长中获益，就必须继续前行。我们根本就无法预料到这些需求，因为我们无从得知到底会出现什么样的新业务。但是我们可以为应对新业务做好准备。我觉得这是最好的方法，也许也是唯一的办法，而且我觉得重要的还是必须保持平和的心态。

我们在商业中和在战争、政治或科学中也一样，都需要时刻准备好迎接新的挑战。我们这个时代最伟大的人之一巴斯德（Pasteur）说过："机会只青睐有准备的头脑。"他指的是真正的科学研究者，那些时刻准备着为科学献身的人。他在"无意之中"也表达了这样一层意思：如果你准备好了，意想不到的事情会给你一个前进的机会，所以，请你做好准备，去认真领会观察到的现象的真正含义吧！

我们确信，有一天我们必须做更多的生意——更多的新生意以及更多的老生意。这种想法会一直在我们的脑海里浮现，当时机成熟，我们的机会到来之时，我们就会受到"青睐"。我们期待多年以后，对股票市场的敏锐的洞察力能帮助我们获得迟来的回报。

18

初识汤森德

1907 年大恐慌之后的几年中，除了在股市大萧条时期尽可能多地开展股票投资业务之外，我们还新开发了一种利润相当可观的债券业务。1910年，我们成为第一家对汽车制造商的融资业务感兴趣的股票经纪公司。当时汽车行业可是伟大的工业产业，如果它不是正处在"婴儿期"，那么也肯定是处于整个行业"青春期"的早期。此时的它急需帮助，这一方面是因为当时整个世界都资金短缺，另一方面是因为该行业中有一位极其慷慨的男人。在我的脑海里，那个男人的故事就是美国人从未经历过的最伟大的商业传奇。在本书中我会完整地讲一遍他的故事。

这个男人的名字叫乔治·鲍德温·汤森德（George Baldwin Townsend）。他是汽车行业的先驱之一。他是第一个全面而热情地理解汽车的巨大潜能的人之一。他强烈而生动的想象力使他很容易就获取了惊人的成就。他就是那种和拿破仑一样的巨星，他们有着共同的信仰，即为取得惊人的成就而生。

汤森德建造了一辆汽车，并打了广告，他年复一年地改进它，后来出售成百上千台汽车，后来他被人们公认为最伟大、最成功的制造商。他赚了很多钱，但是他把所有赚来的钱都重新投入生意中。由于他并不满足于汤森德汽车的成功，他开始以惊人的速度扩张，他收购了其他生产畅销汽车公司的控股权，并将所有这些工厂合并成著名的联合汽车公司（Consolidated Auto Corporation）。

在汤森德的努力下，汽车行业取得了真正意义上的突飞猛进。他的产品的销量非常惊人，他获得的利润也同样非常丰厚，尽管如此，他还是继续把利润用来建造新工厂，或者是扩建旧工厂。他预见了市场即将出现的巨大需求，并试图为此做好准备。他所持有的不动产、厂房、机器设备和其他有形资产的价值很快上涨到数百万美元。在那些日子里，对他来说试图把无形资产资本化是没用的。因为银行根本不会特殊对待这位天才。因为信贷员知道一些汽车厂家正在大发横财，但是他们对这种局面将持续多久没有把握。

就这样，乔治·汤森德成了一名非常富有的人，而他的财富则全部来自于汽车工厂，这些工厂的工人的工资很高。当合并新的汽车公司需要钱的时候，联合汽车公司就会用银行的应付票据来融资。而银行为了获取更大的安全保障，坚持要求汤森德先生亲自担保。汤森德先生也自觉地这样做了。其实他本人并没有持有本公司所有的股票，但是他对公司未来的信仰如此坚定，以至于他认为像他这样的身家，发行数百万美元的债券应该没有丝毫风险。钱对于乔治·汤森德来说，从来都不算是个问题，除非他需要建造更多汽车厂。

银行应付票据有个缺点，就是可能会在不方便的时候到期。联合汽车的票据就是恰好在 1910 年的大恐慌期间到期的。当时还没有联邦储备系统（Federal Reserve System），我们都已经习惯于经历恐慌，以及应对随之而来的商业和心理上出现的问题。

借贷方不同意延期联合汽车公司的应付票据，一方面他们可能是因为害怕而不敢这样做；另一方面也很有可能是他们手里也没有多少剩余的钱。无论是哪种情况，乔治·汤森德都将被迫去筹集资金，寻找一些敢于冒险的人来满足其公司对资本的需求。而他的公司的商誉极高。很明显这是一桩非常好的生意，比大多数生意都更有利可图，而且它还和电话生意的早期情景——从投资者的角度看，这多少有点像赌博——非常类似。你知道的，就是那种并不一定不安全，但是又多少有些不确定性的生意。这桩生意本身并没有什么历史数据可以参考，我们也没有办法预测它能否让人们持续盈利。当然，乔治·汤森德先生相信自己以及他的公司的未来，这些足以把堆积如山般的烦恼从银行家的头脑中剔除干净，他真的说服了最著名的银行之一——这是一家既华丽、高贵又绝对安全的银行——帮助联合汽车公司组建一个财团，用来承销 1 500 万美元的公司债券。汤森德会用这些债券来取代旧的应付票据，并建造更多的工厂。

你应该还记得，当时的利率仍极高——这表明钱非常稀缺——而且银行家还要求获取一些联合汽车公司的优先股和普通股作为奖金。

你要知道，那笔奖金可是乔治·汤森德先生自己掏腰包支付的。我的意思是，作为银行集团购买公司债券的重要条件之一，而发放的优先股和普通股全部来自汤森德先生个人所持有的股票。我们需要清楚这样一个事实：这些当年和债券一起被赠送出去的普通股股票，以后将以每股 1 500 美元售出！这家公司在 1901 年因为财务困难而举债 1 500 万美元，而 1923 年公司的资产负债表上显示，这些债券的价值总计 1.32 亿美元！这种公司收益的增长仅次于美国钢铁公司和福特汽车公司。联合汽车公司即使不是世界上最大的汽车制造商，也已经是全美国最大的汽车制造商了。

在那些沉闷的日子里，我对任何新出现的业务都非常感兴趣，更何况这些债券的发行条款看起来也还算不错。我们确信可以让我们的客户从中获利，所以我们也加入了汽车联合企业的债券承销团。后来我们也顺利地卖出了分配给我们的那部分债券。

这就是我第一次对汽车行业感兴趣的原因。又过了一段时间，朱利安·T. 索思沃思（Julian T. Southworth）作为索思沃思汽车公司（Southworth Motor Company）的创始人、总裁和最大股东，将一批优先股出售给了马丁·曼丽有限公司（Martin Manley & Co.），而银行家们则要求以等量的普通股作为奖金。同样，这些普通股后来被他们以 280 美元每股的高价抛出，这一价位是完全基于公司的盈利能力给出的。现在索思沃思汽车公司已经不需要出售任何优先股或普通股，或是除了汽车之外的任何东西来筹集资金了。

这些事件都与作为一家当代股票经纪公司的布朗森 - 巴恩斯公司所取得的轰轰烈烈的成功大有关联。在这之后又发生了另一件大事。虽然我一直认为，华尔街的生活并不像小说家试图描绘的那样具有戏剧性或悲剧化，但是我也坦率地承认，有一些华尔街人士的职业生涯确实时常带有一丝真正的浪漫色彩。

以豪厄尔 - 斯图尔特（Howell & Stewart）公司为例。查理·豪厄尔（Charlie Howerr）和杰克·斯图尔特（Jack Stewart）最初是斯坦纳德兄弟公司（Stannard Bros.）办事处的员工。在斯坦纳德那间老式而又气派，而且管理有方的办公室里，他们准确地了解了全国各地的商人和制造商的性格、所处的地理位置和赚钱的能力。他们经常四处奔波，买卖专用纸，顺便也结交了很多好朋友。他们认识纽约、宾夕法尼亚，以及新英格兰的数百名银行职员。一方面，他们非常友善，是聪明能干的小伙子，而且他们在斯坦纳德公司干得很好。另一方面，他们也雄心勃勃地打算自己开创一番事业，于是他们开始攒钱，当攒够钱之时，豪厄尔在纽约证券交易所买了一个席位。由于他们在批发商、零售商以及银行中有许多朋友和熟人，所以他们确信自己会成为成功的股票经纪人，而且他们也着手计划在他们的老本行——商务专用纸——上做点文章。我想说如果他们不是在那个特殊时期选择从事经纪商行业的话，他们可能早就发财了。因为在那个可怕的、萧条的、毫无生气的市场中，没有人能在华尔街赚钱。

尽管如此，小伙子们还是非常努力，而且干劲十足。他们在自己的脑海里已经深深植入了这一理念——这一行里有钱赚。通过处理他们的商务专用纸业务，他们知道哪些公司或企业的收入丰厚、信用一流，这些公司或企业的控制权是掌握在个人手中，还是关系密切的合作伙伴手中。这些信息足以让他们以优先股卖给公众的形式盈利，并让买家支付 7%~8% 的红利。这种交易会产生各种各样的佣金，而且一旦这种交易形式使他们成为被认可的股票专家，那么他们就可能有源源不断的收入。向公众出售这些大胆同时又不为人知的赚钱机器成了他们的人生目标。这就是一个典型的把买方和卖方牵到一起的商业案例。卖家，也就是这家公司的负责人，并不总是愿意分享他们的好东西，或者说他们根本就不需要融资。但是幸亏买家，也就是大众一点都不晓得如何利用这样的机遇。

对于豪厄尔和斯图尔特这类人来说，通常需要在黎明时分就做好准备等待时机，在邻居起床之前就早早出门以捕获机会。他们倾向于比竞争对手提前一个半月就开始准备抓住机遇。

一天，查理·豪厄尔来看我。他说他已经就企业发行特殊债券的问题，拜访过这条街的所有经纪商，而且他没能使任何一位常客对他的计划感兴趣。

说完这些后，他说："现在，我来找你了。"

"那你为什么要来找我呢？"我问。我并不知道他想和我做什么交易。

"因为我知道，首先，你们会听事实，而不会产生恐惧和偏见；其次，你们会依据事实得出自己的结论，采取相应的措施，而不管先例如何。我想这次交易对我们来说是双赢。现在我会告诉你事实，然后你告诉我布朗森 - 巴恩斯公司是否会参与。"

"好吧，查理，"我说，"我能看出你想卖给我的东西一定很厉害，而且一定很棘手。你承认我是你的希望。而你的恭维话可能会让你的愿望成真。好了，你想做什么交易？"

"我当然要详细告诉你一切。你对连锁经营知道多少？"

"我知道他们中有些人做过很多生意。如果管理得当的话，他们应该能赚很多钱。"

"他们真的很会赚钱。你听说过 P.P. 佩尔蒂埃（P.P.Peltier）吗？"

"这个名字好熟悉。我一定是在哪里听过，但我想不起来是在哪里了。"

"在大西洋沿岸的任何一个州，任何一个人口数量超过 5 万的城市，你都能看到蓝色的店面，那些都是他的产业。"

"哦？"

"是这样的。我手里有至少一万股 P.P. 佩尔蒂埃有限公司的期权，以及不超过 2 万股该公司的优先股，还有差不多一样多的普通股作为本次交易的奖金。优先股会支付 7% 的股息。自公司成立之日起，优先股就开始盈利并支付股息了。现在老佩尔蒂埃老了。我劝他卖掉他的一些股票也已经有很多年了，直到 4 天前，他才给了我这个选择权。我只有找到某个能帮我促成这笔交易的银行家，才能拿到这些股票，因为这位老人知道，依靠我们的资源并不能做成这笔生意。我开始手忙脚乱，就像我和你说的一样，我不得不给你完全展示我的痛点——在这桩生意上我好像什么也没做。"

对我来说这是一桩好生意。我在核算收入等方面没什么问题。我想我们可以先把股票处理掉，这可是一笔有利可图的交易。此外，这次交易还能将公司带入一个全新的领域——证券的商品化。这确实值得一试，而且这也是我一直致力于尝试的。

"我们决定参与，查理，"我说，"但是我当然要先通知我的合伙人。与此同时，在我准备和他们谈之前，请你和我一起，把所有手头已有的数据和资料都核查一遍。"

"好极了！"他说。由于急于达成这笔交易，在不到一个小时的时间内，他就跑回他的办公室，把所有的资料都搜集起来带回了我的办公室。

我又和他一起回顾了这笔交易的整体情况，这使我比以往更渴望参与这笔交易了。我确信这笔交易一定能成功。我也更加确信，我想迈入的新领域的第一步，很可能是获得巨大盈利的第一步，而且也是能给我们开辟另一种收入来源的第一步。我花了整整两天时间把我手头的资料和数据整理好。第三天，我打电话给我在波士顿的高级合伙人。

我把给佩尔蒂埃公司提供资金的计划摆在他们面前，并告诉他们我已经调研了该公司的生意、分红记录，以及我们应如何打入证券推销领域的想法。我忽然发现，这家公司的股票是一只很好的股票。

但是我的合伙人却并没有被我的热情所感染。他们不愿意和佩尔蒂埃公司的连锁店做生意。融资市场充满了不确定性，他们宁愿袖手旁观。

我知道争论是没用的。我的合伙人都是非常优秀的商业人士。虽然他们总是很快就能给出决策，但是他们总是有充足的理由的。当然，我的感觉是，在这个具体实例中，他们因为我没能把这件事表述得像查理·豪厄尔对我讲的那样有吸引力，而拒绝了这笔生意。于是我对巴恩斯先生说："如果豪厄尔去波士顿和你谈论这件事，你会给他一个机会吗？"

"当然可以。"巴恩斯先生回答，对我来说他不仅是世界上最慷慨的人，而且是最公正的人。

第二天一大早，查理·豪厄尔就去了波士顿。他是一个很有魅力的小伙子，是我见过的最好的推销员之一。他毫不费力地就把这个建议卖给了我的高级合伙人。当谈话结束时，他们和我一样对这件事充满热情。因此我们告诉查理，我们将和他一起促成这笔交易，他匆匆忙忙跑到老佩尔蒂埃那并告诉他自己已经得到了银行的帮助，并准备行使他的选择权。

当然我们要求获得对他们的公司的业务进行相应的检查的权力。我们有自己的专业人士，他们需要去检查工厂——100多家连锁店——还有专业的会计师来检查他们的账目。等到审计员完成他们的报告，就能说明公司的日常经营状况是否良好。这意味着我们的工作比我们预想中的要容易一些。

当然，在这段时间里，由于我们对自己的专家得出令人满意的报告有信心，因此我们已经开始着手出售这些证券。我记得那是一个星期日，我们公司所有的推销员都赶到纽约。他们欢欣鼓舞地放弃了周日的休息时间来参加佩尔蒂埃连锁店的业务会议，内容主要是讨论并仔细分析这些证券的前景和优点。当我和查理·豪厄尔完成对推销员的演讲时，他们已经通晓了这次业务的内容，第二天他们就全身心地投入到准备工作中去了。

两天以后，我们就以98美元的价格向公众推销了2万股优先股。该要约还附带了以每股25美元的价格购买1/4普通股的特权，一共是5 000股普通股。公司将申请这些股票在纽约证券交易所上市。

那天开市后，新股票开始发售的半小时内，所有的股票就销售一空。这可谓一次巨大的成功。

我高兴极了。我看到了布朗森-巴恩斯公司开辟的一个有利可图的、全新的领域。豪厄尔和斯图尔特在探索金融新业务方面做出了正确的选择，而且我们也确立了曾受到我们强烈质疑的新业务——简而言之，遍及全国的生意人都愿意购买有能力盈利的私人企业发行的股票，如果市场为他们提供在股票交易所公开交易的机会的话。他们也确信以买价买进一定会获得回报，此外通过改进业务或者通过牛市的中间期来提高价格也是非常合乎情理的。我们在这次交易中赚了不少钱——几十万美元——但是对于布朗森-巴恩斯公司来说，通过实践开拓出这类全新证券市场的意义更是物超所值。在这里我要说一句，在终止佩尔蒂埃连锁企业的证券承销活动之后，其优先股已经退出历史舞台，而且新的普通股票已经被发行用以替换旧的普通股。今天，那只新股票的价格是每股350美元，而我们当初是以每股25美元的价格卖给客户的。无论是对于客户，还是对于银行家来说，这都是一笔绝好的交易。

那两位青年才俊——豪厄尔和斯图尔特，是对的，旗开得胜之后，他们后来又承销了许多新的连锁企业的股票，这些交易也被事实证明是非常赚钱的。他们已经成为股票经纪人行业开疆拓土，并战斗在一线的专家。他们仅凭想象和勇气，白手起家并赚取了巨额财富，这些都是公认的事实。至于他们的客户，我也可以在此强调，也没有理由感到遗憾。因为这种事在前几年时机还不成熟的时候，是不可能做到的。但是这就是现代股票市场开始活跃，并发展壮大的地方。现在我们可以处理纽约证券交易所经营的所有业务，这都是理所当然的事。

19

新股发行与承销

豪厄尔和斯图尔特找到我们帮助他们售出 20 000 股 P.P. 佩尔蒂埃连锁有限公司的优先股之后，我们公司的所有人一致认为我们应该自己寻找一个可以直接对公众销售那些能赚大钱的私人企业的股票的专业渠道。这应该是投资者和投机客——也就是说，涵盖了所有类型的客户——的共同诉求。因为投资者会被这些企业的丰厚分红吸引，而投机客则会更多地考虑运营状况如何通过上涨的股价长期获利。而债券持有人的收益是固定的，不管公司的运营状况如何。当然他拥有对红利的优先分配权。在公司景气时期，优先股的股息率也被限制在固定水平内，但其优先权在债券之后，而普通股总是能让人赚到大钱。

在过去普通股常被卖给经纪人，也就是投机大众。对于新公司来说，普通股代表生存之水，也代表发起人的期望。典型的例子就是 1901 年美国钢铁公司的股票发行事件。负责承销的财团聘请詹姆斯·R. 基恩（James R. Keene）为公司做路演，以激发投机者对公司股票的兴趣。他为公司促销了数百万美元的新股。那些买进股票的人对最终股息的预判置若罔闻。他们更喜欢股价将上涨 10% 或 20% 的承诺，并打算尽快脱手。这就是那些普通投资者在经历了以 55 美元每股的价位交易后，在著名的过量发行导致的股价暴跌中，发现以 9 美元每股交易似乎更容易的原因。但是，渐渐地，随着整个国家经济的发展，股本的价值也在增长，经过 10 年或 15 年之后，水分就蒸发完了。

对于我们来说，一方面，基恩的方法太过投机，无法真正吸引我们，另一方面我们的债券销售得又太慢了，更要命的是，它还需要一个比一般的很容易管理的佣金机构复杂得多的机构来管理。我们认为一个令人满意的折中办法是，把盈利的美国企业的普通股交给个人去自行购买。在这一点上激进型投资者和比较保守的投机者更容易达成一致。关键是找到对的企业，有些经营得四平八稳的私人企业，可能会面向公众出售部分或全部的股份。豪厄尔和斯图尔特曾在佩尔蒂埃连锁有限公司和霍尔－佛利尔公司（Hall & Freer）的低品位铅矿店进行过尝试。与此同时，我们并没有放弃经营我们的日常业务。

在 1915 年的一天，我的好朋友威廉·艾尔伯特·希克斯（William Albert Hicks）打电话给我，他当时是莫里森尼亚国民银行（Morrisania National Bank）的行长，我们在那家银行开设了账户。

"杰克，"他说，"你有空的话，能来找我一趟吗？"

"我马上就过去。"

"如果你现在忙的话，明天也可以。我想和你说一件令人难以置信的事。"

在久经考验后，希克斯已经是我们的真正的朋友了。我和他的银行有很多生意上的往来。如果是他想给我讲什么不可思议的事，我会很愿意听。能让银行家惊奇的事，一定会非常有趣。我很好奇自己会不会在他的叙述中扮演某个角色。

"我现在就去。"我说。

"马上啊！"

希克斯挂断了电话。但是我觉得他应该是在暗自发笑，我能从他的声音中感受到。我走近他的办公室时，他正在咧着嘴笑。

我说："是什么样的荒唐事，伯特？"他立刻变得严肃起来。

"杰克，"他冷静地说，"今天下午我这来了个人，他跟我讲了一个像天方夜谭一般的故事。我想了想，还是由你来做决定比较好。"

"那太好了，"我鼓励他说。

"你听说过有个叫乔治·鲍德温·汤森德（George Baldwin Townsend）的人吗？"

"听说过，"我回答。"他曾经是联合汽车公司的总裁。我碰巧知道他是因为在几年前我们曾经参与过承销他的公司债券的财团业务。后来我听说他被温特沃斯·霍金斯公司赶了出去。"

"你知道的就这些吗？"

"就这些，"我说，一想到还可以给我讲很多我不知道的事，希克斯就很兴奋。

"那你听我说啊。如果我所说的不是真的，我一个字也不会说的。关于他的历史我也是从别人那里听来的。他创造了奇迹……"

"以哪种方式？"我打断他。

"他赚了数百万美元，生意做得非常大。我仅仅是听到他的声音，就感觉像是科幻小说中描绘的未来之梦一样吸引人。他只需要 500 万美元就能扩建工厂，并生产出能满足客户需求的汽车。弗里德·里德尔（Fred Liddle）带他来见我。我建议他去街对面，或者其他银行申请融资，但是他说，每次他和银行家谈话的时候，要么会遭到冷遇，要么银行家会报警。"

"为什么会这样？"我问。

"为什么？"希克斯先生重复了一遍，他可是一家不断发展的现代化银行的总裁。为什么？因为他是汽车制造商，这一行业是朝阳产业。如果将数百万客户的钱永久地投入其中，那就太危险了。我自己也会在恰当的时间段内，有选择性地持有一定数量的他的公司的债券。但是若想让我长期持有该债券可不行。"

我知道希克斯是一位精明而有远见的商人，但是他却有着所有银行家都固有的偏见。银行家持有这种偏见非常正常，因为他必须谨慎行事。把精力集中在有把握的事情上，这远比集中在投机上要精明得多。而也正是希克斯的态度，让我马上联想到当时汽车行业的种种现象。我思前想后，思虑再三。我目睹了由汽车引发的交通方式的变革所带来的社会变化，而且我也看到这种趋势正在迅速扩散开来。于是我说道：

"我认为汽车行业将会进一步发展，并成为一个非常重要的行业，人们需要它。汽车将载着一家人和行李去短途旅行。等将来当像你这样的人不再认为汽车是奢侈品的时候，每个人都会渴望拥有一辆。"

"我很高兴你相信这一点，"希克斯说，"因为接下来我要让乔治·鲍德温·汤森德来和你谈了。你应该帮助他找到那几百万。这就是我打电话给你的原因。我个人无所谓的，毕竟汽车只能载我几十千米的路程，所以我总觉得自己还是该坐火车才对。"

"我也一样啊，"我坦白说，"但是越来越多的人都在使用汽车啊，把它当作必需品，而不是奢侈品。我是这样考虑问题的，如果汽车的功能日益优化，价格越来越便宜的话，那就将是我们这个时代最美妙的事情了。"

"嗯，汤森德跟你谈过吗？"希克斯狐疑地问道。

"没有，但我想让他跟我谈谈。"我说。

"现在我们去看看弗里德·里德尔（Fred Liddle）吧。他是汤森德的老朋友了，他现在很想找人投资。也许他已经募集到了所有的汽车债券资金，现在他可能会想要点现金。来，我们走吧！"

我们去了纺织品贸易国家银行（Textile Trade National Bank），弗里德是这家银行的行长，我和他也很熟。

"弗里德，"希克斯开门见山，连问候语也没有说，"和布朗森 - 巴恩斯公司的杰克·温说说，你的朋友汤森德想要什么。"

"你好，杰克，"里德尔说着握了握我的手，"我们对这家银行，以及其他银行的存款人一直都彬彬有礼。杰克，我的朋友汤森德都因他自己的观点而感到震惊。他想要扩大他的工厂。这将花费 500 万美元来建造这些附属设施，以及对他来说在未来可能会展开的业务时必要的设施。他订购了数量惊人的汽车。他有一种能使各种各样的人为他拼命工作的本领。他的那些代理人可以很轻松地让人们买他的车。所以他发现订单的数据比在 3 年内他能够生产汽车的数量还要多，并且他还要立即交货。他的想法是生产大量汽车，购买更完善的机器设备，这将大大降低成本。他为什么会这样想呢？因为他认为就算是接不到任何其他订单，自己也能够在 2 年内支付 500 万美元！然而他对银行的救济持有强烈的偏见。在他看来，只要银行占了公司股份的大部分，它就能掌控企业。而一旦银行掌控了企业，企业就完了。"

"他能够允许我们审计他的订单，评估他的工厂，研究他的企业运作方法，以及全体员工吗？"我问。

"我想不出他会反对的理由，"里德尔说。

"那你为什么不给杰克写一封介绍信，让他跟你的天才谈谈呢？"希克斯建议道。

里德尔点点头说："我马上写，而且我还会打电话给汤森德先生，告诉他你要去。"

"如果可能的话，就约在明天下午三点半以后吧，"我说。

里德尔立即给汤森德打了电话，替我预约了时间。第二天下午我就去看望了这位汽车制造商。他的办公室在西 57 街，离河不远的地方，这里的建筑物并不起眼，楼下是一个汽车展厅。展厅的后面就是乔治·鲍德温·汤森德先生的私人办公室。他以前是联合汽车公司的总裁，现在是艾伦比汽车公司（Allenby Motor Company）的总裁。他急需 500 万美元来扩大他的业务。当我经过车库的时候，我看到许多崭新的艾伦比牌小汽车，它们都非常漂亮，而且还都没有被卖出去。

这并不是个能让人产生好感的场景，因为它就像一个贵族住宅小区一样。但是这并没有影响我。只要艾伦比家族的生意做得大到足以证明该公司与我们做的交易是合理的就行，我才不在乎他们在哪里做生意，也不在乎他们的办公室的模样。

汤森德正在等我，他是一个额头非常漂亮的小个子男人。我把里德尔的介绍信递给他。他瞥了一眼信封，便把它放在桌子上，并没有打开，然后和我握了手。

"我非常感谢您能不辞辛劳地来见我，"他高兴地说，"我每年生产 5 000 辆汽车——如果扩建项目能顺利实施，这也许都赶不上一个生产率好的月份的产量。现在我手里大约有 40 000 辆车的订单，我需要一个足够大的工厂来处理我的订单。我从来不考虑未来，因为未来自有安排。我只考虑当下。现在我需要 500 万美元。有了这些钱，我就可以再建造 10 家工厂。总而言之，我们的所有利润都将用于扩张我们的业务。"

我确信汤森德说的话就是事实。他具有非凡的个性和令人信服的表述方式。这使我觉得自己必须马上拿出 500 万美元来给他，免得再浪费他的宝贵时间，迟疑简直就是在浪费这数百万美元。

"你能赚多少钱呢？"我在潜意识里觉得时间非常紧促，不能再浪费在准备工作上了，所以就直奔主题。

"我估计今年就能赚到 200 万美元。"他信心十足地说。

"什么？"

"是的。"

他回答得非常自信，因此我不得不再次问他："你知道怎么能筹集到这笔钱吗？"

"知道。我想出售我的公司的股票或债券。我觉得自己没必要持有更多的票据了。我就是这样弄丢自己对公司的控股权的。这些票据总是在你不希望它们到期的时候到期。我需要的是合作伙伴，而不是什么银行家。"

这也正是我们一直在寻找的生意。

我说："那你可以通过出售足够的普通股来募集这些资金。"

"那太好了，"他如释重负地说，好像一切问题都解决了一样。"你不认为我们应该快一点吗？"

"在我跟你确定此事之前，我当然必须先和我的合伙人商量一下，而且在我跟他们说之前，我还要知道有关你的生意的更多细节。例如，我不知道你的股票的价值是多少，或者说我应该卖多少钱一股，这些都要等我仔细研究一下你的订单和工厂后才能确定。"

"当然不能这么仓促。现在，温先生，请你告诉我，你希望我做些什么，以便加快进度。"

"好吧，我们必须要弄清楚你是怎么做生意的。这不仅关系到你的成本预算表，或妥善保存的订单记录本，而且关系到我们是否可以把你的生意当作一桩好生意来研究，因为为了卖出你的证券，我就必须向我的客户和同事推荐它们。因此在这样做之前，我们就必须了解你的行业，特别是你的团队。除非我们也有称职的人来运作，否则我们是不会以任何价格去买你的股票的，哪怕是世界上最优秀的制造业工厂的股票也不行。如果没有合适的设备来做生意，即使是世界上最有能力的人，我们也不会提供支持。话虽如此，我还是想说，我就是未来汽车行业里的大牛。"

听完我说的话，他高兴极了。

"你是什么时候开始转变观念的？"他急切地问。

"自从 1910 年我们公司加入为你的老公司承销票据的财团的时候开始，我就相信这一点。"

"是的，当初我不得不向那些财团的领导者付出高昂的代价。我就是不想和他们多费口舌。他们可能是你的朋友，但正是他们在我深陷困境的时候，逼迫我辞去了我亲手创建的公司的总裁职位。我可是这个公司的董事长，但是我却从来没有参加过董事局会议。总有一天我会参加一个会议，那一定是我自己再次当选公司总裁的会议。为了让那一天来得更早一些，我就必须卖掉一些我在艾伦比汽车公司的股票。温先生，汽车业务是当今世界上最可靠和最赚钱的生意。我就是因为清楚地知道这一点，才会很早就进入这个行业，而且我也知道我赚了多少。我可以这样跟你说，一切过往，皆是序章。"

"可是我总是听到一些认为汽车行业已经达到了饱和点的观点。"我说。

"亲爱的温先生，"他非常认真地说，"要想汽车行业达到饱和点，除非世界上的人再也不生男孩了。"

我笑了笑。

他接着说："你听我说，温先生。几年前（那是 1907 年的时候）许多美国汽车制造商在底特律的一家旅馆会面，讨论与贸易有关的问题。所有的人都到齐了。我的意思是全美国的每一个汽车制造商都在那里。最富有的参会者之一提出了这样一个令人担忧的问题：我们在生产汽车方面发展得太快了。好几位与会者也赞同他的观点，并且预言说，如果我们不降低生产速度的话，随时可能会发生一些可怕的事情。"

"我说我不同意他的意见，我认为主要的问题是，我们生产的汽车还不够多。大规模的生产意味着更廉价的汽车，而更廉价的汽车则意味着更多的买家。第一个感到有点胆怯和心虚的老戈弗雷（Godfrey）问我，我那一年一共生产了多少辆汽车，我回答说，如果他愿意先把自己今年生产的汽车数量告诉我，我就会告诉他我的数量。他说他不想说。然后，我跟他说，最好是在座的各位都说出自己的生产数量。有一两个人开始支持我的提议，但是大多数人根本就不肯听我的，他们的理由各不相同。后来我提议，每个人都将自己在 1908 年全年生产的汽车数量写在旅馆的便笺纸上，然后我们把这些数字加起来，最后我们算出总数，而不会暴露任何一位制造商的数字。后来，我们真的就这样做了，我敢打赌他们中的大多数人都是用伪装过的笔迹写的。我们把那些纸片对折起来，丢进一个帽子里，老戈弗雷先生就好像在洗牌似的把它们混在一起，然后他和吉姆·兰辛（Jim Lansing）把数字写在另一张纸上。戈弗雷一边翻看着每张纸片上的数字，一边喃喃自语地念着。忽然之间，他停了下来，脸色像粉笔一样雪白。"

"天呐！"他说，并一屁股瘫坐在椅子上。

"怎么了，戈弗雷？"我走过去问道，我心想如果他晕倒了，我就能站起来抓住他。但是他挥了挥手，让我走开。

"这不可能！这不可能！"他说。

于是我又坐下来问道："最终数字是多少？"

"这么高的空头支票会打垮我们所有人的，"他说。

"顺便提醒你一下，他可是一名拥有一家非常完美的工厂的百万富翁，而且该工厂还在生产一种非常受欢迎的高价汽车。"

"快说吧，我们等着呢！"我说。

"这会把我们都打垮的，"他重复道。

"我们这里的有些人，可不是第一次被打垮。数字到底是多少？"

"25 万！"他绝望地说，然后像一个被扎烂的轮胎一样泄了气。这些话对其他人的影响甚至更早。他们看上去就像 6 秒钟内就会断气的人一样。

"切，岂有此理！"我说，"就这些吗？"

"这会把我们都打垮的！"戈弗雷说。

"肯定会，"吉姆·兰辛说道，"据我所知，他可是在过去的 3 年内赚了 300 多万美元的人。"

"一定会的！"另外有两三个人说道。

"一定个屁！我这辈子从未听说过还有这么愚蠢的预判。为什么这样说呢？因为我自己 3 年之内就能生产出这么多汽车。"

"他们都以为我疯了。生产数量已经夺走了我们生活中所有的乐趣，会议不欢而散。大家都铁青着脸回了家，唯独我除外。我亲爱的温先生，要不是你的银行家朋友从中作梗，我几乎可以摆脱自己的厄运，而且我可能会做得更好。现在，如果你能卖掉足够的股票和债券，我们就可以增设我们艾伦比汽车的生产工厂，有了这些工厂我就能把他们全都打败。"

我相信你。这就是他的态度。他继续说："温先生，你和我是要一起做生意的，咱们有共同的利益诉求。为了你自己的利益，我想让你相信，我不仅没有疯，而且我对自己的预估还是非常有把握的。你看，对这行生意我是门儿清的，而且从这个行业刚开始兴起的时候我就开始做这行了。现在我真的已经成为这个行业的老手了，因为我一直在运用被你称作"母公司贸易"的形式运作企业。我的意思是，我既是汽车制造商，又是汽车销售商。我的父亲是一位马车制造商，那也是我第一次涉足的工作。在我很小的时候，他就离开家去了西部。他想把马车卖给更多人——这就是说，他必须去农业繁荣的地区。所以他去了密歇根州。在那里他有做这门生意所需的一切——木材、劳动力和市场。所以他开始生产农用四轮运货马车，它不仅质量上乘，而且数量极多。"

"在我长大后，世界已经发生了很大的改变。旧的、笨重的、龟速的车辆已经被淘汰。于是我改造了四轮运货马车，优化了它的性能。具体来说就是让它变得更轻便，但是还和以前一样坚固，因为道路的情况已经发生了很大的变化。其他的马车制造商们认为我会破产，因为他们认为农民是如此的保守，以至于他们会坚持喜欢我父亲所做的老式风格的马车。然而，我卖出了我的轻型马车。后来我发现，这个市场的局限性太强了，马车时代持续的时间太久了，而替代品交付的数量又严重不足。所以我开始做轻型汽车。我看到了生产这些汽车的巨大赚钱机会，我就展开了相应的工作。后来我因生产轻型汽车而闻名遐迩。制造现代化汽车也让我赚了不少钱。当时我坚信轻型汽车才是美国人真正想要的汽车。我赚到的第一笔钱，就是在我现在投身于其中的行业——也就是汽车行业——赚到的。我总能充分利用人们希望越来越快地从一个地方移动到另一个地方的需求来赚更多的钱。"

"汽车来啦！从一开始我就渴望拥有它。我从没有想过它是一个玩具或是什么奢侈品。我知道它一定会成功，因为它当之无愧。我还知道它一定会不断进化，因为这是潮流趋势，任何人都无法阻挡。我也知道这个变化意味着我的马车生意和我从小从事的行业的末日即将来临，但是这些并没有让我感到难过。因为我太忙于计划着要步入一个更大、更好的全新领域了。"

"我看到汽车时代已经到来，但是我似乎并没有能力让别人也都认清这个机会。因为我浪费了宝贵的时间，试图说服我的朋友也能接受我的观点——就在我们眼前的大好时代。然而我得到的所有建议，都是要我坚持做自己的轻型马车业务。我有很好的企业架构。我想你应该知道，在我手下当过工头或管理者的一些人，后来都在做汽车生意的过程中发了财。"

"不，我并不知道。"我说。

汤森德接着说："他们都是好人，都和以前一样努力地为我工作，也许甚至比以前更努力些，而且我们已经生产了更多、更好的轻型马车。但是对于我和他们来说，那种往日的激情已经不复存在了。他们渴望跟随我在全新的行业里奋斗。最后，我放弃了轻型马车业务，转而从事汽车制造。"

"我掌握了老式约里克（Yorick）汽车的制造方法并且获得了成功。你也可以这样来描述它：它有着老式的链条传动装置，发出的声音像冒失鬼拉着一千个罐头盒在跑一样。由于这种汽车需要过多的零部件而引发了各种各样的问题。这么说吧，在几十千米以外你都能听到老式约里克汽车的'咕噜'声、喷气声和'嗒嗒'声。但是它能开啊。它看起来并不漂亮，可是它具备一辆好车的基本品质。我并没有觉得它缺乏美感，因为那时候我们都没有什么审美标准可以参照，而且昂贵的外国汽车也并没有好看到哪儿去。我关心的是如何在达到统一、规范的要求下，使它变得行驶速度更快，续航时间更长。我知道，如果我想卖出自己的汽车，也必须要掌握这些技能。我内心里从没有忘记这一点，我的员工们也没有忘记，一分钟也没有。一旦我能掌控这些问题了，我就立即着手开始制造汽车，而且我从制造汽车的那天开始，就在不断地、持续地改进它。事实上，它需要改进的空间还真是不少。然而，此时我的很多竞争对手也加入了这个行业。那么此时我想造的汽车就是一种和他们生产的汽车质量一样好，价格更便宜的汽车。"

"毕竟，这对我来说，并不是什么新问题。汽车是升级版的现代轻便马车，而我已经制造了很多年的'轻便马车'——更好更便宜的'轻便马车'，因为'马车'的质量越好，我就能卖得越多；而我卖得越多，也就卖得越便宜。对我来说，我只不过是继续做我一直在做的事而已。"

"我的路走对了。尽管第一辆约里克汽车既难看，又丑陋，发出的噪声还大，但是消费者还是会购买它，因为它是汽车。与其他汽车相比，我的价格比较合理。不久之后，我对汽车的机械运作方面做了改进，这使我又成功地售出了成百上千台汽车。后来我发现，美化汽车外观也会对销量有帮助。但多年来我从未把精力花在制造更好看、更耐用的轻型马车上，因为这实在是太无聊了！"

"在这方面投钱？我可以这样跟你说，这件事我想都不会想。我关心的是开发一种能够自动地被销售出去的汽车。而如果我把钱是怎么滚滚而来的告诉你，你可能不会相信。首先，为了更新换代我不得不提高价格。然而销量增加得很快，这导致生产成本的下降。大众非常愿意以合理的价格买一辆好车。我的推销员们已经习惯了在我面前表现出他们因自己的成功而欣喜若狂的模样。"

"我知道是哪些人买了我的约里克牌汽车。然而我更想摸到的是鼓鼓的钱包。我需要的是开发更高级的车，做更高端的生意。因此，我需要设计一辆新车，为它打广告，并且为了打响它的品牌而花费大量的金钱和时间。而在整个汽车行业的盈利正处于爆发式增长的时期时，我没有时间等待，也没有多余的钱这样做。所以我不会去造什么高价汽车。我刚刚收购了迪格拉塞特（DeGrasset）工厂及它的品牌商誉。当你购买一种已经成熟的产品时，你同时也买下了它花在品牌广告宣传上的投入。这个道理拯救了销售人员，使他们可以少费很多唇舌。这个道理对于那些急于做决定的人来说，尤其重要。"

"迪格拉塞特公司（DeGrasset Company）的总裁兼首席执行官老温斯莫尔（Winsmore）先生制造出来了一辆非常棒的车。这一点是这个行业里的每个人，包括他的竞争对手都承认的。他在设计汽车时会非常讲究细节和做工，严苛得如同魔鬼一般。然而在批量生产时的质量把控方面，他却成了一个笑话。因为虽然他造了一种好汽车，但是却没赚到什么钱。他开始完不成自己的订单，这对于那些急需一辆接一辆地买你的汽车出去兜风的男人来说，可不是什么好事。老温斯莫尔先生并没有打算扩建他的产能，所以我才买下了他的工厂，让他出局。也给汽车装上了老温斯莫尔先生的工程师们呼吁了多年让他安装的发动机。我还买下了枫叶汽车公司（Maple Leaf），它专门制造价格低廉的汽车。这家公司被经营得不善，我以很低廉的价格买下了它，甚至要比我自己重新造一个和它类似的汽车工厂还要便宜。此外我还获得了霍利卡车工厂（Hawley）的控制权。在这些公司的基础上，我组建了联合汽车公司，而且我还给了温斯莫尔先生和霍利先生丰厚的新公司的优先股。"

"我亲爱的温，我卖了这么多年汽车，也很快赚到了这么多钱，我作为联合汽车公司的所有者，我的公司比我自己更早地发现了我的成功。我的意思是说，我发现银行只会把钱借给我的公司，而不是我本人，但必须由我亲自为公司的债券背书才行。虽然这并没有对我造成什么困扰，但是我的生活确实深陷其中。我愿意为公司做任何事，只要能让我持续不断地实施扩张计划，不断地扩建新工厂。我跟你说这些是想解释我为什么要为自己公司的所有要到期的债券背书，这当然是我20年来经历过的所有债券到期时点中最糟糕的一次。我不得不跑到东部去，四处筹钱来兑付这些债券。"

"你所代为处置的1 500万美元的优先股和普通股的红利，全部来自于我个人持有的股份。我不在乎这个，但是银行联盟组成的承销团的负责人是银行家，而不是制造商，所以他们认为与企业相关的信息都应该来自办公室。由此，我就被告知自己是一个穷困潦倒的资本家，即便我已经从白手起家，到现在建立起如此庞大的商业帝国，他们也只是把我称作'有远见的人'而已。我还有肖汽车公司（Shaw Motor Company）的买卖权，现在你们没有10亿美元买不到它。但是当初我买这家公司的时候，仅花了2 000万美元——然而我当时无论是在纽约、波士顿，还是在费城都没有筹到钱。但是这是另外一个故事了。此外，公平公正地说，即使在我自己主宰的汽车贸易中，我也不能说服我的竞争对手，因为我们没有制造出我们本应尽力制造出来的产品。很久以来，我都不厌其烦地鼓吹一定要保证产量——即使希拉姆·肖成为世界上最富有的人的政策。"

"而现在我失去了我的宝贝——联合汽车总司，曾经我是一个从来不参加董事会议的董事，而且公司还很赚钱。我想如果现在还是我在经营公司的话，那么它一定能赚到更多钱，因为它一定会卖出更多的汽车。"

"现在我会告诉你我准备如何激活艾伦比汽车公司。我注意到现在有廉价车——就是我能生产出来的那种便宜汽车——的巨大市场。人们喜欢实用的，但是他们也同样喜欢漂亮的。我决定生产一辆能以非常低的利润率出售，而且看起来并不是劣质的汽车。这也不是什么厉害的把戏。我只不过是制造了一辆好车，然后赋予它一些只有高价车才有的功能罢了。我想以不低于500美元的价格卖出这辆车，但是为了打响品牌，我决定把售价定为490美元。"

"当要给它起名字的时候，我就想起了一个能让每个对汽车有兴趣的人立即联想到好汽车的名字，所以我就以我的老座驾、高速公路之王——路易斯·艾伦比——的名字为参考，给它起名为'艾伦比'。这样，任何人只要看到'艾伦比'这个名字，就会立即联想到路易斯版的以每小时 160 多米的行驶速度创造了新的记录的车，并依靠进口或者国产的某种昂贵的汽车来赚取财富。我以作广告为目的而买的路易斯汽车，还有我在旧的轻型马车员工团队里的一些金牌推销员——他们在我需要的时候纷纷投靠我——再加上我能找到的最好的工程师和设计师共同组成的小团体将实现每年卖出 10 万辆车这一确定无疑的目标。"

我一定是笑出了声，因为汤森德皱了皱眉。然后他笑着说："如果你想笑的话，那我就给你讲点好笑的事吧。我坚信自己每年能都卖掉 25 万辆车，就像我现在每年卖出三四万辆车一样轻松。我想不出不能实现这一目标的原因。我跟你讲，我们现在生产的汽车总数，还不及未来 5 年生产汽车的 1/10。你以前习惯于把它们叫作'游览车'。可是今天谁还叫它们浏览车？这个单词从兴起到消失，其实表明了公众对汽车的态度的转变。是的，当你不能确定它是否需要找几匹马把它拖回家时，它就是浏览车。正是这种不确定性让它成为一种奢侈品。但是今天它是绝对可靠的，它因此也变成了必需品。"

"温先生，现在我有买家，可是我没有汽车可以卖。我有订单，但是我没有工厂来生产。你给我的钱可以用来扩建我的工厂，这样我就能卖汽车了。今年我将赚到 200 万美元。你可以看我的账本，上面有我们的订单。但是我不想用债券借钱，因为债券有可能在市场缺钱的时候到期。我想要我的朋友和我的客户为我集资，因为我知道他们的钱很安全。我所要做的仅仅是让那些相信这个生意的人将钱投放进来。"

我饶有兴趣地听汤森德讲，他所讲述的内容很容易理解。因为一切都清清楚楚地表明，他是一个有信仰、有远见、有勇气、有唯一的目标的实干家。我感觉我好像已经认识他很多年了，而且一直很欣赏他。与此同时，我的脑海里跳出的另一个想法急于赶走已有的想法。对我们来说这是梦寐以求的机会。也就是说，我们可以将一家做着赚钱生意的公司的普通股卖给我们的客户。我知道可能会有很多人认为，汽车生意太新了。但是我也同意汤森德关于公司持久性发展的观点，而且这也让我想到布朗森 - 巴恩斯公司确实应该在这个最有前途的行业里占有一席之地。尽管如此，在我们达成承诺协议之前，还有很多事情要做。

"汤森德先生，"我说，"我希望我们能做成这笔生意。但是首先我们要审计你的账册和考察你的工厂。我们希望私下和你手下的人接洽，以便确定你的公司的运作形式，以及你是否有能力经营更大的工厂。我自己完全相信你说的话。我自己愿意拿我自己的钱跟你赌一把，这绝不是奉承话。但是当我要求我的客户拿他们的钱去冒险的时候，我不会相信任何人的话。我们会对你的工厂进行评估，以了解合适的资本应该是多少，而且我们也会研究整个汽车行业，把该行业当作一个整体，从一个投资该行业从业者的角度出发去研究。如果我们团队的专家报告证实了你的说法，那么我想不出还有什么理由让我们不去承销你们的证券。只不过现在讨论细节没有任何意义。我将立即知会我的合伙人，如果他们同意的话，我将安排他们对你们的工厂进行参观和访问。这样行吗？"

"我们什么时候开始？"他简简单单地问。

"可能就这几天，到时候我会告诉你，"我说。

走出他们公司的时候，我看了看表，我发现自己花了近 4 个小时听汤森德说话。我所重复的只是他所说的一小部分。这确实是个引人入胜的故事，但是比伯特·希克斯（Bert Hicks）承诺要给我讲述的神奇故事，还是略逊一筹。我坐在那儿，连烟也忘记抽了。

我第一时间给我在波士顿的合伙人打了电话。我告诉他们我自己的感受，以及我认为我们应该做什么。他们让我放手去做。我建议找一位年轻的合伙人——塔利——和我一起干，他是我们公司统计部门的负责人，具有很强的分析能力，他是在纽约加入合伙人队伍的。同时我还会聘请约翰·J.瑞安公司（John J. Ryan&Co.）的咨询工程师和商业调查员。

就在第二天早上，我出去搜集与乔治·鲍德温·汤森德本人相关的信息。我去找认识他的人。例如，我的老朋友汉弗莱斯·多纳休公司的总裁就在当年汤森德还是联合汽车公司总裁的时候替他的公司承销过债券。他们公司本来也应该是汤森德新公司的潜在的合作伙伴之一。如果他们拒绝了这笔生意的话，那么我必须知道原因是什么。我直接去了他们公司的办公室。即使我当初没有接受他们提供给我的合伙人职务，我和他们公司合伙人的关系也还和我们在哈佛大学时一样好。

"克莱默，老实讲，你觉得汤森德怎么样？"我问。

克莱默犹豫了一会。接着慢吞吞地说："毫无疑问，他是个能干的汽车制造商，可是他几乎没有经济头脑。"

"有那么糟糕吗？"我如释重负地问。

"这还不够吗？"克莱默问，"你知道，他是买债券的，在那行里你知道，人们一般都非常关注公司的经营管理部分。"

我解释说："我这样问你的原因是，我们被要求为他的经营扩张提供资金。是魔力萨尼亚银行的希克斯和纺织品贸易公司的里德尔把我们联系在一起的。"

"我衷心希望你们能一起跟他合作。他需要像希克斯和里德尔那样的人来引导。他是一个有远见且工作努力的人。他有着伟大的梦想和实现它的实际能力，勇气和头脑能使他的梦想成真。但是一谈到公司的财务状况，他就很难做到条理清晰、井井有条。他只会一门心思地增加工厂的数量，制造更多的汽车，赚更多的钱，等等。如果他能和你们合作，那他肯定能赚到很多很多钱。然而有趣的是，他根本不在乎钱。"

"那他一定是做朋友的好人选了，"我说，"太感谢你了，老伙计。"

从克莱默的办公室出来后，我就去了纺织贸易国家银行，去见弗里德·里德尔。

"我见过汤森德了，"我说，"我们打算参观他的工厂，审核他的账目等，如果一切审查效果都没问题的话，我们就会和他做这笔生意。现在请你告诉我，你了解的真正的汤森德是什么样的？"

"他的过去没有任何可挑剔的地方他本人就能说明一切问题。他一开始是制造四轮轻型马车的，后来转型做汽车的生意，组建了联合汽车公司，再后来被你的银行家朋友赶出了管理层，现在正在生产艾伦比汽车。这就是他的所作所为啊。他就是个天才，因此你必须对这笔生意谨慎小心。他一个人就创造了密歇根州整个汽车行业的历史，终有一天他的名字也会在华尔街被大书特书。当他来这里跟我谈完汽车生意之后，我想我能做的就是直接把他带到我们的金库里，然后背对着他。需要提醒你的一点是，钱并不能引发他的兴趣。他的开销还比不上我的大多数普通员工。我倒不是说他小气，恰恰相反，他的大脑里装满的不是美元，而是汽车和客户。"

"我认为汤森德希望赚到足够多的钱后，重新买回联合汽车的控股权。他想为艾伦比公司筹措资金，但是又不想威胁到自己的控股权，这是你必须记住的要点。我相信他能造出多少辆车，就能卖出多少辆车，所以你不用担心他会过度扩张。"

"我想跟你讲讲我为什么希望他成功——因为他是一个天才。但是天才却很容易缩短银行行长的任期。你对他的印象怎么样？"

"我对他的印象就是，我们将会和他一起做生意。"我说。

"我就知道，如果你肯和他谈的话，他肯定会愿意的。我真心祝愿你俩好运。我想你会发现事情要由他来牵头。"

"那么我们一定会从资金上满足他的需求。"我说完便离开了银行。

回到办公室后我发现，塔利正在等我。他已经开始了自己的外围调查工作。他和几乎每一个和汤森德做过生意的商人都联系上了。他的报告证实了里德尔告诉我的事。毫无疑问，如果汤森德能制造出更多的艾伦比汽车，他就能卖出去。现在我们的问题变得十分简单：我们是否愿意资助一家由经验丰富的成功人士经营的新公司？我自己的回答是肯定的。对于我们来说，这可是一笔好买卖。长久以来我们一直在准备着，把这类投机活动变成我们的专长业务。

几天之后我们一行人去了密歇根州。这一行人包括我们波士顿公司的一名合伙人——他是一位专业的会计师，年轻的塔利——是我们统计部门的主管，一名来自瑞安公司的工程专家，还有我和乔治·B.汤森德。

我们早上抵达了底特律。在车站里我们看到了很多艾伦比小汽车。我问汤森德对此有什么看法，他跟我说了解艾伦比汽车的最好办法就是直接从底特律开一辆艾伦比汽车去工厂。虽然只有九十多千米，但是那时的路况并没有今天这么好，而且车还是崭新的。

我和汤森德，还有约翰·马隆（John Mallon）——车是他设计制造的——上了第一辆车。其余的人上了一辆由艾伦比公司的司机开的车，汤森德印象深刻地告诉他们，这个司机就是速度纪录的创造者。是的，先生。这些小小的艾伦比汽车，开起来就像大路易斯一样。它们的平均时速是60千米每小时。这些车的轴距比较短，所以当我们走到崎岖不平的路段时，不难从你的脊柱得到反馈。但是乔治·汤森德就坐在我旁边，脸上挂着自豪的父爱般的笑容。我们正在创造汽车的历史，这一点毋庸置疑。

后来以乔治的名字命名的我们到了哈德威克，艾伦比汽车的工厂就在那里。我们被送到镇上的一家旅馆——汤森德旅馆。哈德威克的每个人都为乔治感到骄傲，就像乔治为自己造的艾伦比汽车感到骄傲一样。

旅馆的老板从前门跑出来，热情地欢迎我们的到来。他告诉我们晚上会有一顿特别的晚餐，旅馆今天完全是我们的。他尽其所能地服务我们。要不是我感到有点累，我一定会玩得非常开心。

我们把行李留在旅馆后去完整地查看了一遍工厂。我们看到汽车被制造出来的全过程，从组装，到测试，以及拆卸等其他的所有流程。我们的随行专家提出了一些问题并做了笔录。我们和工厂的工人们一起吃午餐，他们的精气神儿给我们留下了深刻的印象。

晚上的时候我们参加了特别晚宴。在这次宴会中，汤森德还邀请了他的经理、会计师和其他三四位雇员——他们全都是很棒的小伙子。晚饭后我们举行了一个由客人和十几个哈德威克本地人——主要是坚定地支持汤森德并在艾伦比工厂有投资的银行家和生意人——组成的家庭聚会。他们知道我们为什么来这里。为什么不呢？这不就是家庭内部事务吗？

我们讨论了这笔交易。他们有着各种不切实际的想法，就像大多数没有经验的推销员向大众推销投资产品时的情况一样。我反对发行债券，或优先股，或有价票据，并坚持融资必须通过发行一家经营状况良好的公司的普通股来实现。而股票的买家将承担合理的商业风险，就像汤森德和哈德威克的追随者们一样，他们将分享利润——如果有的话。汤森德倾向于支持我的意见。最终我如愿以偿，只不过是在我明确表示我除了普通股什么也不要之后。

我们坐火车回到底特律的当天下午，就直接转车去了纽约。但我们在等待会计部门和工程部门的调查报告时，我和汤森德讨论了这笔交易。他个人也不愿意把普通股卖给公众，可是我们想这样做，而且他的观点并不总是和我们保持一致，但是他非常乐于听取我们的建议。因为他知道我们是公平公正的，所以他才会屈服于我们的意见。

专家报告证实了我对汤森德的工厂以及企业经营状况的良好印象。我们坚持要把所有的事实和数据都写下来。因为我们即将让公众购买一家没有任何历史背景可借鉴的公司的股票。长久以来商界人士一直对这种特殊的新生意存在着疑虑。过去我们曾经犯过错误，正如我之前所叙述的那样，所以在这次艾伦比事件上，我们煞费苦心就是为了避免再犯类似的错误。

直至我们最终确定了我们的立场的时候，我们才通知汤森德说，我们已经准备好进行下一步了。接下来就是商谈和讨价还价。一方面对于汤森德来说，企业未来的利润就和银行里的真金白银一样摆在他面前，他急需广大投资者以比我们认为公众能够接受的报价更高的价格来买进他的股票。另一方面，我们邀请加入承销团的一些经纪公司就有着自己的考虑，例如股票的价格和佣金，以及他们参与承销所占的份额。

我们开了一个又一个会议，但是并没有什么结果。当我向巴恩斯先生汇报完情况后，他最终从波士顿打电话跟我说，他已经厌倦了整件事，并希望我也放弃它。确实，对于布朗森 - 巴恩斯公司来说，有着太多的条条框框。我说过，在我费了这么大力气和花了这么多钱之后，放弃它将是一件很可惜的事。我请求他来纽约和汤森德以及其他与会者谈一谈。他同意了，后来我们在第四次会议上达成了协议。

公司要重组。除了汤森德和他的私人朋友每人拥有几千股价值 100 美元每股的公司股票之外，我们将根据 20 万股没有票面价值的股票，重新实行对公司的融资计划。我们不想给任何人留下新股票的价值和通常的每股 100 美元的股票一样的印象。广大投资者必须明白，这是一个年轻的新公司，它朝气蓬勃、蒸蒸日上，谁买了它的股票，谁就是业主的合伙人，而且这些业主都是在汽车行业中才能卓著、经验丰富的成功人士。

汤森德接受了他自己的那一份 10 万股股票。另外 32 000 股股票被其他拥有少数股权的股东持有，而布朗森 - 巴恩斯公司以每股 65 美元的价格，收购了 68 000 股股票。我们打算以每股 85 美元的价格公开销售这些股票。

汤森德坚持认为，我们那么便宜地出售那只股票是个巨大的错误。他认为价格应该最少为 100 美元每股。我告诉他，我们建议以每股 85 美元的价格卖给我们的客户，是因为我们想让他们获利。同时也因为我们宁愿以 85 美元的价格卖给客户，然后看着它涨到 100 美元每股，也不愿意以 100 美元每股卖给客户，然后看着它跌到 85 美元每股。他还是坚持认为我们错了，但是我们搁置争议向前看了。

　　我们组建了一个承销团，它由我们以前做过类似业务的经纪公司组成，只不过这次财团的领导者是布朗森‐巴恩斯。一直以来我们积累了丰富的相关经验，所以当我们最终以 85 美元每股向公众出售艾伦比汽车公司的股票时，我们对销售结果并不担心。

　　好吧，你一定从来没有见过这样的场面。广告一印出来，场外交易市场就开始交易艾伦比股票了。价格随着巨大的交易量而突飞猛涨。我们惊呆了。我曾经期望过取得这样的成功，毕竟这是我们第一次冒险，但是面对如此轰动的大好形势，我还是没有做好心理准备。反正，从场外交易市场得到交易报告总是令人不大舒服。在认购书开标之前，股票的价格竞标价是 90 美元。

　　价格当然没有在此止步。竞标结束之前，股票的价格是 125 美元每股。好好想想吧！当然，所有人都往我们办公室打电话，想弄清楚到底发生了什么事，是不是有什么地方弄错了。另一些承销团成员也和那些外行一样，一脸茫然，不知所措。这时我和朋友的对话如下。

　　"喂，杰克，艾伦比汽车那边发生了什么事？"

　　"我不知道啊。"

　　"场外交易市场都卖到 125 美元每股了。"

　　"我听说了。"

　　"你的意思是说，你们以 85 美元每股的价格承销，而现在市场价格是以 125 美元每股在交易吗？"

　　"是的。"

　　"到底是怎么回事？"

　　"他们都疯了。"

　　"你的意思是不是说我们也可以在 125 美元的价位时卖出？"

　　"你想卖多少就卖多少。"

　　"我们是以 85 美元买进的吗？"

　　我告诉他们说："虽然这样做很伤人，但是合同就是合同，我们给你们的价格就是 85 美元。"

　　我有一个做股票交易员的好朋友特地跑过来问我。他可是华尔街头脑最敏锐的人之一。他需要我给他一个解释。然而，我也无法和他讲清楚。后来他离开了，我认为他是半信半疑的，他在大约一个小时后又回来了。

"杰克，汤森德和他的朋友们一定是疯了。他们买了所有能买到的艾伦比股票。你知道吗，在 W.H. 罗伯茨公司（W.H.Roberts & Co.）的办公室里，他们正在收购成千上万股呢！我碰巧看到一个名叫丹·拉基（Dan Lackey）的年轻人，他是从汤森德那里得到小道消息的人中最大的买家，我以每股 85 美元拿到我的那部分股票，这一价位是你们承销团都接受的报价，他只是看了看我，然后告诉我他赌汤森德赢。我认为你最好给乔治·鲍德温·汤森德先生打电话，弄清楚他到底在搞什么把戏。你不能不知道这事背后的阴谋。"

我采纳了他的建议，给汤森德打了电话，问他这到底是怎么回事，他回答说："我跟你说过，你以每股 85 美元发行我的股票是一个彻头彻尾的错误。我所能做的只有打电话给我的朋友们，这只股票即将对公众发行了，他们也应该持有一些。他们显然听从了我的劝告。我自己也认真想了想，随后我也买了不少。因为价格上涨得实在太快了，每股 90 美元的时候我没能够买满，所以每股 92 美元的时候我又买了一些。杰克，我跟你说，你不用懂汽车生意是怎么回事，你只要看那只股票的表现就可以了！"

事情的经过就是这样。汤森德向成百上千个他的忠实朋友通风报信。他这样做并不是为了出货。但是他所有的代理人都买了这只股票。他们并不知道布朗森-巴恩斯公司承销这只股票，所以他们并没有把买进的订单寄给我们，他们只是通知自己镇上的经纪人买进股票，经纪人则把买进订单直接送给记者，由他带到场外交易市场去买进股票。其余的人也跟着买进。

这次发行的股票被严重地超额认购了。我估计公众认购的股票大约会超过 40 万股，而我们只有 68 000 股可以出售。在分配股票的时候，除了散户的那些小额认购之外，我们只能给大客户所要求的股票数量的 10% 左右。而那些认购 50 股或者更少股票的客户得以全部认购，因为我们自然而然地希望鼓励尽可能多的人参与到股票认购中来。

那笔交易成了数周内街谈巷议的热门话题。我们公司是最满意不过的。你会明白我为什么要强调我们对这类交易的逐步准备过程，也会明白为什么我在艾伦比交易中看到的只是许多个第一次。

现在我跳出来告诉你，汤森德先生后来怎么样了。他最初投资艾伦比股票的资金是 20 万美元。在 5 年后，他成功兑换了我们以利息的形式支付给他的 10 万股股票。2 年后，他的艾伦比股票价格是 500 美元每股，所以这位前所未有的伟大的工业先驱亲眼见证了在那个年代，他的 20 万美元变成 5 000 万美元的奇迹。当然，他的天赋也让他看到了一些非常能干的商人看不到的未来。

联合汽车公司现在由一位为其提供资金的银行家合伙人经营。他们卖掉了一大笔债券，改进了工厂，制造出了好的汽车在正常销售。然而，由于他们无法像汤森德那样，清楚地预见汽车工业的未来，所以当他们按照合理的商业原则经营公司时，汤森德正在买进联合汽车公司的普通股，虽然这些股票持有者并不享受公司分红，但是他还是敦促他的朋友们也这样做，他们也的确这样做了。其中有一位朋友是退休的灯具制造商，他是汤森德的忠实追随者并对汤森德的天赋深信不疑。在 70 岁以后，他从汤森德推荐的汽车股票中赚到了 5 000 多万美元。这是一个浪漫故事吗？这可是一个关于远见、勇气和坚持不懈的精彩故事！

终于有一天，汤森德在莫里森尼亚国民银行（Morrisania National Bank）召开了一次会议，在那次会议上他罢黜了 5 年前罢黜他的那些人。他报了一箭之仇，然后他开始继续扩张和繁殖工厂，并且开始四处购买原材料。真希望我能告诉你这些事的所有细节，但是那太长了。我承认我其实只想说，当他被迫第二次放弃对联合汽车公司的控制权时，他已经在股市上损失了 1.2 亿美元，自从有股票投机交易那一天开始，从来没有某个人在股市上遭受过如此重大的亏损。

虽然如此，他仍然是个百万富翁、一个了不起的人、一个有着辉煌的职业生涯的天才！

艾伦比交易过后不久，著名的棉花作市商珀西·托马斯（Percy Thomas）向我提了一个建议。毫无疑问，他是华尔街最聪明的人之一。听他说话总是妙趣横生。

有一天，他来到我的办公室对我说："温，我注意到了你在艾伦比公司股票的发行上取得的巨大成功。"

"这是本公司的一贯传统，"我说，"我们总是在取得巨大的成功啊！"

但是托马斯显然不想开玩笑。他严肃地说："我知道一家公司需要你对艾伦比公司所做的一切。前几天我和他们谈了谈，他们肯定需要钱，而且是需要尽快拿到钱。这可是一个为你量身定制的机会。你具备条件来达成交易，而且艾伦比公司的成功会让你事半功倍。"

"是哪家公司？"

"西部汽车公司（Western Motors Company）。这家公司的总裁迪克·赛辛斯（Dick Sessions）曾经是汽车制造商老蒂莫西·克罗斯（Timothy Cross）的得力助手。因为老克罗斯太过保守，所以迪克自己出来单干了。克罗斯牌汽车曾是几年前最著名的汽车，但现在已经不再畅销了。但是克罗斯牌汽车仍是好车，只是价格不太合适，因为生产成本太高了。赛辛斯和他的小伙伴们有足够的钱开始制造一辆物美价廉的汽车。他们已经建立起了自己的品牌和业务，现在所需的就是一个能提高产量和降低成本的生产工厂。他们已经通过了试验阶段。由于不能完成订单，他们每年损失数百万美元。"

"托马斯，你已经说得够多了。"我告诉他。

因此还没等他离开，我就打电话给波士顿，把托马斯告诉我的有关西部汽车公司的事告诉了我的合作伙伴。他们是怎么想的？他们当然和我的想法一样啊。

我们又组织了一个团队，这次要去的地方是俄亥俄州的桑达斯基，那里是西部汽车公司的工厂所在地。到达目的地后我简直要累瘫了。原来他们一开始建了一栋大楼，但是很快地方就不够用了。于是，他们在临时搭建的帐篷内组装汽车。这样的帐篷大约有几十个——就是那种巨大的、马戏团常用的帐篷——沿着铁轨一字排开。

然后，我们的专家实地考察了工厂和帐篷，最后我们和西部汽车公司做了一笔交易。这家公司的盈利能力并不像艾伦比汽车公司那么强。原来和赛辛斯接触过的承销团的名字叫克利兰夫（Kleveland）资本，他们准备发行债券，还要求必须有股票红利分成。但是赛辛斯非常明智，他好像更喜欢我们的方案，即通过向公众发行普通股来筹措资金。我们以每股 75 美元的价格买了 5 万股。我们还成立了一个承销团，以每股 85 美元的价格将股票出售给财团成员，因为事实证明这是一个很受欢迎的价格，而且预期的收益和分红的前景，都证明这一定价是合情合理的。

发行一开始，来自全国各地的订单就蜂拥而至，这次股票发行又一次获得了超额认购。实际上，大众对购买该股的热情是如此高涨，以至于我们不得不慎重考虑配额的分配。经过深思熟虑后，我们决定给所有的申购者其申请总量的 10% 的股票。这意味着散户认购 100 股的话，他最终只能得到 10 股。在认购结束之前，该股股票一直在场外交易市场进行出售，其成交溢价高于票面价值的 10% 或更多。

一开始，这件事看起来确实像是布朗森 - 巴恩斯公司的又一个巨大的成功。但是其实我们还有很多东西要学。可以肯定的是，我们让银行家们赚到了钱，从这个意义上讲，我们组建的承销团就是成功的。但是我们有几件事没有考虑。首先，我们在艾伦比和这笔交易之间耽误了太多的时间。在这期间股票已经连续 6 个多月不停地上涨了。尽管这段时间内，卢西塔尼亚决裂事件，以及其他两三次战争所造成的恐慌对市场的投机情绪产生了不利的影响。但是市场已经厌倦了战争，它已经脱胎换骨了。然而，此时市场的情况是，出售很少量的股票都会导致价格大幅下跌。也就是说，此时真的不宜发行新股。

另一个不利因素是 10% 的配额，新股配额发行完成之时，也是股票的价格停止上涨之时——因为不像汤森德，有那么多追随者来买新股票——所有失望的申购者都开始清仓卖出股票。你可以想象，有无数的只拿到 10 股或 20 股的小散户不计成本地抛售股票，在这种恶意抛售的压力下，股价从高点下跌了大约 20%，这意味着现价比申购价格还低 10%。

事情到了这一步，我们的第二次冒险生意给那些期待遇到第二个艾伦比股票的申购客户带来了损失。这损害的不是我们的银行账户，而是我们公司的声誉。成功的名声是有价值的。

当然，我们开始收到愤怒的申购客户的来信指责。原先从艾伦比股票发行时就跟随我们，并赚了钱的客户质问我们为什么歪曲了发行价。他们甚至还写信给报纸的财经编辑要求对我们这次的发行事件进行彻查。我们肯定遭到了很多谩骂，而促成这一局面的原因其实是整个市场都处在抛售股票之中，西部汽车公司只是顺应了市场大势而已。

西部汽车公司的总裁赛辛斯先生也收到了大量的信件。写信的人最想知道的是，一只据报道称被 10 倍超额认购的股票，最终怎么可能以低于发行价 8% 的价格，也就是 77 美元每股成交呢？

我有一份赛辛斯先生公开发表的回复投资者的信，内容如下。

亲爱的先生：

您就最近本公司市场股票在市场上的表现情况，向我提出质疑。当然，我对股市行情一无所知，而且对它也不是特别感兴趣。只是当我看到本公司的股票价格低于布朗森 - 巴恩斯公司的承销价格时，我意识到它很便宜，就给自己买了一些。我所持有的股份中没有一股是以这个价格出售的。股票在市场中的价格与公司目前经营状况良好，而且明年会赚很多钱，以及即将慷慨分红一点关系都没有。虽然我不明白为什么股票市场不把本公司的股票估值看得更高一些，但是我并不担心这一点。因为我知道这个价格绝对没有将本公司的真实资产和实力反映出来。

R.L. 赛辛斯，总裁 敬上。

这封公开信的发表极大地鼓舞了我们继续对支持西部汽车公司付出努力。我们已经从发行股票的过程中赚了钱，现在看来我们应该尽最大努力去稳定股价。要证明我们没有看错这只股票的价值，唯一正确的做法就是趁它打折出售的时候将它买进。事实上，该股股价的下跌并没有持续很长时间。随后该股价格开始反弹，很快就上涨到 125 美元每股以上。后来在 1917 年的熊市中，它再次下跌，其他的股票也一样跌得很惨。但是我要指出的是，在我们退出这只股票的 4 年时间内，他的售价超过了 500 美元每股。这是又一个巨大的成功，我们的客户再次赚到了钱。

而我们自己则满足于银行家们所支付的佣金。我们相信敢于向公众提供股票的公司会兴旺发达。好吧，如果我们一直持有这些股票的话，我们可能会赚到 4 000 多万美元。但是我们还是坚持走自己的路。对艾伦比汽车公司和西部汽车公司的股票发行承销行动是我们在这一领域的首次尝试，从那以后，我们大量承接了汽车公司的股票发行工作。

西部汽车公司的股票上市几个月后，有一个名叫巴罗斯（Barrows）的推销员四处寻找商机。他发现有一家公司虽然财务状况良好，但是仍需要更多的资金来进行业务扩张。巴罗斯的工作就是把那个有生意可做的人和有钱可以投资的人联系在一起。后者不仅可以是资本家或大银行家，也可以是一家有客户以及能经营证券的经纪公司。向普通大众出售公司股票的有利条件是，你会遇到很多买家，由于他们持有的股票数量一定没有原始股东多，所以他们也不会提出必须占据董事会席位等类似的要求。巴罗斯把我们的情况告诉了哈里森轮胎公司（Harrison Tire Company），并把其中一位合伙人带到了我们的办公室。他们询问我的意见，我说："贵公司现在的股本是 5 万股，而且都由你们 3 个合伙人持有。你说你们一年能赚 200 万美元。如果你的资产负债表上有足够的资本来做担保，我们相信这些收益将能够证明 20 万股股票的资本化是合理的，你可以为这些股票支付每年每股 5 美元的分红。这样我们就必须以低于每股 45 美元的价格向公众出售，因此我们从你们手里拿到的股票价格也应该低于 45 美元每股，这样我们也有利润可赚。一方面，我认为我们应该卖出这些股票；而另一方面，我们的客户可能暂时已经满仓。所以我们应该更仔细地研究一下这些客观条件，并请专家们考察一下你们的工厂和账簿，然后我们才能给出确切的报价。"

哈里森他们最终同意了按照我们的建议来做。专家们得出的报告令人满意，经过重组后，我们最终一共买了 20 万股公司总股本中的 75 000 股股票，股票的名字叫"哈里森橡胶公司"（Harrison Rubber Corporation）。我们以每股 40 美元的价格买下，并组建了一个承销团，给公众出售的公开价格是 45 美元每股。

很快现实就给了我们狠狠的一击，好让我们更清醒一些。这只股票并没有像以前一样被超额认购，并溢价出售，而是认购不足，这导致承销团不得不继续持有数千股股票。事实证明，经历了这么多个月的牛市之后，投资者已经满仓了，他们没有多余的钱再用来买股票了。发行认购刚已结束，新股票就开始下跌。我们迫不得已在股票下跌的时候买进。真的，有些事只有你亲身经历了才能知道。等到承销团解散的时候，我们的利润少得可怜。但是考虑到我们对公众购买股票的能力和意愿的估计上犯了很大的错，我们真的很庆幸并没有赔钱。

从此一直到 1916 年，都没有人愿意买股票。然而，商业却非常景气。欧洲人来这里购买各种各样的日用品，并带了许多黄金。所有的东西都在涨价。但是大家还是不愿意买股票。我们公司拥有最优秀的商业头脑的员工和最聪明的商人都无法理解为什么我们这样的外销生意不能全面繁荣起来。直到所有的美国人都相信，世界的金融中心已经从贫穷的旧伦敦转移到了帝国的纽约时，他们才开始公开讨论这一问题。

市场的大逆转最终真的来了。公众开始了一场购买股票的狂欢节派对——被称作"战争公债发行狂潮"——这就使人们走到了另一个危险的极端。我们和所有其他保守的经纪公司一样，担心无法逃避不可避免的清算日，于是我们开始督促我们的客户见好就收，收敛自己的"雄心壮志"。我们坚持他们必须落袋为安，就算是有亏损的头寸也必须认赔出局，而且在我的朋友吉姆·托宾（Jim Tobin）从欧洲回来之前，我们成功地让客户中的绝大多数人清仓离场。托宾就是那个公开表示欧洲战争必须尽快结束——这种情况下我们必须告别我们的战争红利——否则美国将一定会参战的人。在这种形势下，我们必须在战争税以及各种骚乱中寻找机会。而股市则经历了一个非常糟糕的惊心动魄的大反转，1916年的历史性牛市结束了。从那天开始股价开始稳步下跌。直到3年后，它们才重新收复失地。

美国加入世界大战的结果是，银行业和经纪商的业务彻底陷入混乱，而且每个人都意识到了这一点。这导致全国各地善意的批评者的不断发声，他们的意思是，既然我们在没有银行家和经纪人的情况下都过得还不错，那么战后应该考虑取缔这2个昂贵且奢侈的职业。当然，针对战争的各种融资吸干了所有的剩余资本，战争税拿走了所有企业利润的很大一部分。银行家和经纪人没有多少私人融资的空间了，而且他们还在忙着帮助一个不付费的客户——山姆大叔（指美国）——为那场自相残杀的战争提供资金。

战时我们的第一个任务是为发行第一自由公债提供帮助。此时美国每一家有声望的经纪公司，都会自动成为政府发行战争债券的经纪人。纽约证券交易所的会员们兴高采烈地统一接受它们所能持有的所有债券，非但如此，他们还竭力说服所有的客户都购买第一自由公债，而不是去投机股票。一个委员会还命令交易所会员们卖掉超过3亿美元的证券，这占了他们总持股的2/3。

在1917年到1918年间，股票经纪人不赚钱。因为了除了政府的公债以外，我们不被允许出售任何债券。如果经纪公司出售自己的债券，而不是山姆大叔的，它就会被立刻列入黑名单。只有有权利和外国签订合同的银行才能赚钱。当战争结束时，我们这些经纪公司为这个国家所做的贡献，并不比数百万正派的美国人少。但是每当参议员里的一些煽动者怒斥银行家和经纪人发动战争，以便从数百万和平人民的苦难中赚钱等诸如此类的言论时，回想起我们公司在那些年是怎么幸存下来的，我总是会笑出声来。

1919 年我们经历了通货膨胀期，这是因为政府的巨额战争开支不可避免地会引发通货膨胀。而我们的业务也全面开花。我的意思是说，公司的财务经理在股票、债券和企业积极寻求上市方面做了一笔大生意。制造商生产了大量的商品，而且人人都在疯狂购物，物价飞涨。工资也是如此，还有我们的头脑也开始膨胀，各种赋税也猛增。当美国最高法院裁定，股票红利只是以另一种形势分配给股东的红利——依据他本人已经拥有的资产，因此不用纳税时，几乎可以表明股票市场行情的爆发会随之而来。事实确实如此，这是一场投机的狂欢盛宴。一般情况下我们可以合理地预期，每一家累积的盈利超过了实际需求的公司都应宣布分红派息。一开始，有鉴别能力的客户开始买进这类证券，后来大众都开始买进那些有业绩并能盈利的公司的证券。在不可避免的令人崩溃的局面到来之前，我们公司已经成功地处理了各种各样的行业的证券业务。有时我们的佣金业务一天的交易量超过 125 000 股，这种情况持续数周。我想我们公司的最高纪录是在一个交易日内卖出 195 000 股股票。那天我们办公室有 7 000 多笔交易。这导致我们的市场报告推出的时间总会晚 3—4 个小时。由于要工作到很晚，他们赶不上最后一班火车，我们的员工不得不睡在费用由公司承担的旅馆里。1919 年，我们支付给员工的奖金超过 60 万美元。

我极力展示我们公司的成长，是想表明我们的目标是要说明经纪公司的发展轨迹。这样能较清晰地总结公司在如今和 25 年前的差距。当我们开始建设铁路的时候，钱都是由发起人募集而来的，他们出售了必要数量的证券。接着我们开始涉入和兼并别的行业，作为漫长进化之路的第二步，此时我们的主要业务是帮助不同的股票交易所处理大量的证券交易。第一个工业股票是以联合、信托或近似信托的形式出现的。它们包括木材、糖、酒糟、烟草等。公众以往常常在交易所买卖这些东西，但是他们却在"未上市"部门交易。这就避免了向交易所当局提供有关交易收益和状态等相关信息。但是由于没有挂牌上市，交易所能提供的担保也很少。这些交易完全就是投机。这就是多年来工业企业的贷款始终不受欢迎的原因。只要工业类物品站抵押担保品的百分比超过 10%，银行就拒绝接受。实际上，可以理所当然地说，他们就是证券交易所的"贱民"，因为在那些日子里，有一些通过所谓市场内幕人士、专业投机者或小集团操控的案例，他们对企业本身的利益毫无兴趣。第一支工业股票的早期历史甚至和丹尼尔·德鲁（Daniel Drew）时代的伊利铁路事件一样耸人听闻。

如今，过去那种原始的野蛮的工作方式已经退出历史舞台。为了保护公众的利益，证券交易所制定并执行规则。今天，每个人都认识到，保护客户的经纪人实际上是在努力与客户建立长期的合作关系。而佣金公司客户的财务破产率比我刚开始工作的时候要低得多。与其说是因为证券交易所的规则被执行得更严格，不如说是因为股票经纪人对自己的业务采取了更明智的态度。我没说股票经纪人变得更诚实了是因为在过去给客户造成重大损失的原因并不是经纪人不诚实，而是经纪人的"交易股票就是所有的客户都跑到市中心来赌博"这一观点所导致的。这就助长了有历史的经纪公司产生不切实际的幻想，即只要做好计划，就能在开发新客户方面源源不断地取得一次又一次成功。而现在，每个人都承认，这样做生意的思路是不对的。

今天，有信誉的经纪人向公众出售所有公司的股票，而且同一种股票价格的变化不是由利益集团来操控的，而是交易双方的需求变化来决定的。如果经济繁荣，利润就会增加，这意味着股票的价值会增加。而价值越大，价格就越高。当公众被要求购买这些股票的时候，就相当于：首先，他们被邀请成为企业的合伙人；其次，成为股票的投机者。这与过去的玩法截然相反。

作为一家典型的现代经纪公司，我自己可以通过观察发现，我们公司为了公众的利益，已经提供交易各种行业的股票。几乎每个公司的成功都直接依赖同一批持有该公司股票的投资大众，同作持股实现行业的公有制不仅是一种经营的合伙形式，而且是一种利润的分配形式。我们出售汽车工厂、钢铁公司、床制造商、医药专利公司、汽车配件公司、石油公司、铜矿公司等公司的股份。我们以这样或者那样的方式，帮助了企业资本的有效运营。我有理由说，在向公众出售各类公司的股票时，我们确实把美国精神卖给了美国人民。

我就以塔克太妃糖（Tucker Taffy）公司为例。我们的一些客户听从了我们的建议，在我们公司公开发售这家公司的股票的时候，买进塔克太妃糖股票，后来获得了数目可观的分红，而且股票价格的涨幅也令人满意。结果证明，这是一次非常好的冒险活动。而现在回想起来，我们真正卖出的是什么？是工厂的那一幢幢大楼吗？绝不仅仅是这些。是一个名字吗？不止于此。是公司的高效管理模式吗？也绝非仅此而已。是一个长期有效的赚钱机会吗？当我们以每股 40 美元的价格卖出所有的塔克太妃糖股票的时候，我们其实卖出了很多其他的东西。因为它的有形资产或实际资产仅为 1 000 万美元，但是我们却能够以 4 000 万美元的价格出售，其中还包含了我们对它的美好愿景的期许。你知道的，这家公司当时的营业收入大约是 4 000 万美元的 15%。但是这并不表明这家公司的资本水分很大，反而代表着适当计入资本账户的巨额实际支出款项。我当时说，我们真正卖出的是贝弗利·塔克的这个人。他建立了一个庞大的企业，而不幸的是他自己却成了这个企业的全部。所以当企业变得非常强大且非常繁荣的时候，他不得不考虑一个问题：他如何才能继续安全地把企业经营下去？年复一年，他付出了巨大的代价，以至于他自己的个人财富迅速膨胀，这导致在个人所得税方面的重压使他的财务状况非常脆弱，而企业资产的流动性不足也使他寝食难安。

塔克一开始做生意的时候，自己仅有 32 美元，后来他从几个值得信赖的朋友那里借了点钱，开始了他的糖果生意。他从一开始就非常成功。你看，他做事不但合乎逻辑、充满热情，而且还英明睿智。后来其他太妃糖制造商变得富裕起来的同时变得粗心大意。他从各个方面考虑这个问题，特别是从他的同乡的角度。他敢肯定他的推测——美国人喜欢糖果，而且还喜欢做运动。所以他为他们提供了非常美味的太妃糖，就是那种可以咀嚼很长时间还会有味道的糖，这样就可以让糖的味道与运动的爱好同步。

已故的诺思克利夫勋爵（Lord Northcliffe）曾和我说："毫无疑问，美国人是世界上最健谈的人。"但是我怀疑塔克似乎更具敏锐的洞察力，肯定可以区分紧张不安的上颚运动和抑制不住的讲话欲望之间的区别。无论如何，塔克保证无论是谁买了他的太妃糖，都能够充分享受咀嚼的价值。正是他开发出了塔克太妃糖的这种堪称能使人产生马拉松式的咀嚼能力。你可以以每小时一美分的价格让太妃糖满负荷地在你的口腔里运转。

调配出一流的太妃糖以后，剩下的问题就变成了如何把它卖给所有的人。在塔克的脑海里，最终的消费者是红利的支付者，这一点根深蒂固。他成功了。太妃糖让他成了百万富翁。

今天，经历了 30 年紧张忙碌的生活之后，塔克已经是一个 60 多岁的人了，只是他看起来仍像个年轻人。他像个运动员一样活力四射、精力充沛，又像艺术家一样具有弹性的思维以及像年轻人一样思路清晰、反应机敏。他宽宏大量、视野开阔、对人很友好，而且对自己的人生处世哲学也很满意。因为他是一个严谨且逻辑清晰的人，所以他总是会帮助某些人、团体或组织。对他来说，他要把太妃糖卖给每一个人，因此每一个人都可以成为他的客户，也都是他的朋友。他的一生都必须只关注一点：数百万拥有吃他的太妃糖的嘴的人。他必须感谢那些嘴。他给它们提供最好的太妃糖，结果怎样呢？他现在正在从人们口口相传的声誉中不断地获得红利。

当然，人们很容易产生非议，难道不是广告让数百万客户喜欢上他的太妃糖吗？这样讲也没错。但是他做的不仅仅是广告。他做的是超级广告。作为一名商人、一个生活在这个特殊的国家、这个特殊时代的人，他几乎使其他一切因素都屈从于他的需求。我不想与你吹嘘那些数据，但是塔克本人很可能是整个美国广告业的第二大支柱。其中有一个原因是，他必须这样做；而更有说服力的原因是，他喜欢这样做。让别人知道他的太妃糖比让它畅销，能给他带来更大的乐趣。因为他说过，只要太妃糖被人们熟知就一定能够卖出去。他不能容忍自己的太妃糖知名度低，所以无穷无尽的广告就是他幸福的代价，也是他的资本增值的代价。十几年来，他每年都会花 10 万美元在百老汇买一块电子广告牌。有一天他满脸喜悦地来到我的办公室。

"有什么喜事吗？"我问他。

"米勒大楼要被拆掉了。"

"就这事吗？那你要把电子广告牌移到哪去？"我问。

"哪儿都不移。这样我每年就能节省 10 万美元了。"

"其实你什么时候想省，只要你愿意，随时都可以的，"我委婉地说。

"不，我不会，"他说得如此坚决果断，令我有些迷惑。

但是我说："如果你停止使用米勒大厦的屋顶，你就不用付钱了，是吗？"

"我不可能停下来的，这就是问题的症结所在。"

"为什么不能？"

"其他人会用它来做广告的。大家都已经习惯了在那里看到塔克的太妃糖广告，当看到别的广告代替了太妃糖时，也就意味着他们会用别的商品来代替太妃糖，不是吗？我跟你说，我是不可能放手的。我也不认为我需要那样冷血地花钱打广告。也许我可以把这些钱花在其他的广告形式上。反正我也没打算减少我的广告支出。但是这座楼的拆除确实使我松了一口气。"

对塔克来说，广告是一门艺术。我认为他对广告的感知和思考都是一流的。这是他最喜欢的自我表达方式。正是广告让他能和 1.1 亿同胞交流，因为对我而言，他的广告就像是他本人的映射。在卧铺车厢的吸烟室里漫不经心地听他讲话，就像听某人大声朗读报纸上的一则广告一样。他相信贝弗利·塔克，因为他相信贝弗利·塔克的同胞和贝弗利·塔克的太妃糖，也因此相信他做了其认为应该做的事。这就是为什么他在生意上所做的一切都不是赌博。他的动机是正确的，他不可能失败。

让我给你讲一个关于他的故事，即使看上去他似乎是在冒险，但是实际上，他是在做一件有把握的事情。塔克和一群轮船上的朋友发现自己在埃及，于是他们决定顺着尼罗河往上游走。他们做了必要的安排，他们去旅游局要求这里的人来负责他们的旅行事宜。这就需要他们制订一个旅行计划，或者说旅游行程安排，其中每个条目的花费以及日期等都要写清楚。旅游局也派了一个自己人，一个年轻的名叫麦克尼尔（MacNeil）的苏格兰人来负责此事。

这群人沿着尼罗河逆流而上。他们以尽可能舒适的方式看到了该看到的一切景色。除了看到遗迹、纪念碑、石棺、被挖掘出来的古迹、耕种的农夫、沙漠、椰枣以及其他的埃及古文物之外，贝弗利·塔克还注意到了那个小苏格兰人——麦克尼尔。他非常能干。因为他们已经事先约好，无论他们到达哪个景点，宽大的尼罗河的三角帆客船应该总在码头等着——就像库克在开罗的办公室所承诺的那样，但是旅行中他们却看不到那艘船的踪迹，在一行人中的老顽固都开始表达对库克的又一次差劲儿的表现感到痛苦和惊讶时，麦克尼尔总是跑在最前面，想方设法到某个地方弄来一条三角帆船。不管他是租、是买还是临时打造了一条船，他都能让旅行按行程进行，而且麦克尼尔从来也不提及此事。他从不发怒、大惊小怪或者焦躁不安。他总是很耐心地听着人们对食物、跳蚤、酷热的天气、沙子、气味、集市上的欺客宰客行为和骗子的种种抱怨，他从没说过这不在他的职责范围之内。没人惹过他，也没有什么事能让他心烦意乱。他总是彬彬有礼、兴高采烈、谨言慎行。但是当他说话的时候，总是会用一种愉悦的口吻。

有一天，贝弗利·塔克这位以自己仅有的 32 美元，以及从乐观的朋友那里借来的一些钱，做生意发家的美国的太妃糖之王，凭借自己对广告的独特认知而跻身于百万富翁行列，他发现自己独自一人在三角帆船上和库克的人在一起，那人碰巧在解决另一个难题。

"我说，麦克，"贝弗利·塔克友好地问，"你这份工作能赚多少钱？"

"您是说我的工资吗？"麦克尼尔问。

"是的。"

"一年 500 镑。"麦克尼尔响亮地回答。很明显，那个苏格兰人认为这是份好工作。

塔克淡淡地问道："你觉得一年一万美元，和我一起工作怎样？"

现在的麦克尼尔还年轻，作为雄心勃勃的苏格兰人，并没有显出不喜欢钱的样子。

麦克尼尔小心翼翼地看着塔克的脸，一脸天真地问："那是什么工作，塔克先生？"

"我是问你，想不想为我工作，每年我给你一万美元的报酬。"

麦克尼尔展现出他苏格兰人的一面，小心翼翼地回答塔克的问题，他问道："具体干什么？"

"我也不知道。"塔克回答说。

"那我得好好考虑一下，塔克先生。"

"很好，"塔克说，"明天告诉我你的决定。"

第二天麦克尼尔去见美国的太妃糖之王。

"我要说我的决定了，塔克先生。"

"说吧麦克。"

"我决定跟着你干。"

塔克一脸严肃地看着他。过了好一会儿才说："我还是没有想好，你能为我做什么。"

"没关系的，塔克先生。"

"麦克，"塔克严肃地问，"我给你的提议在昨天和今天到底有什么区别？"

"我昨晚认真想过了。"

"那到底是什么原因让你今天接受这个提议了呢？"

"我认为我一年能赚一万美元。"麦克回答说。

"这些钱够吗？"

"哦，还不够。"

"那你还想要多少？"

"我会为你工作的。"

"所以你入伙了！"塔克笑道。

后来，塔克把麦克带回美国。他把这件事告诉了芝加哥的一位银行家朋友。

"看来你并不知道他对你来说值那么多钱。"银行家朋友说。

"我当然知道。"

"不，你不知道。你是在冒险、在赌他的未来。"

"所以你在下雨天过马路时是在冒险吗？"塔克说，"只不过我的风险较小而已。我见过这个小伙子做事，观察过他好几个星期，他总是能按时、保证质量地完成他需要做的任何事情，而且他也从不会抱怨和消极怠工。对待工作上他极富耐心且乐此不疲。你到底想要我怎么做，等他当上你们银行的行长以后，我才想起来要雇他当勤杂工吗？当我准备为他每年赌1万美元的时候，我确定他值那个数。"

"可是你只是看到他对待自己的工作是怎样的。你甚至还没有在这里找到适合他做的工作。"

"工作好找，人才难觅。我已经成功地把太妃糖卖给美国人25年了。现在，比尔，你只要看着我是怎么从小麦克身上得到我的价值1万美元的东西就行了。"塔克说。

如今，小麦克是塔克太妃糖公司的副总裁兼总经理，每年的收入远远超过1万美元。塔克在尼罗河的三角帆船上找到了一笔不错的投资。他投入了金钱和友谊。得到的是丰厚的红利——金钱和安慰，真可谓物质和精神双丰收。

现在，塔克从他经营多年的太妃糖生意上赚到了数百万美元，只不过他花钱和赚钱的速度一样快。他的专营店主要靠广告。他的销售量一直稳步增长。在过去的30年间，他在制造和销售太妃糖上花费了4 200万美元。接着战争爆发，生产成本激增，除此之外还有附加税。当和平到来时附加税并没有被取消。当时的情况是，他的企业急需进行资本重组，经营情形变得非常危急。他最终找到了我们。他通过我们的一个分支机构购买股票和债券进行投资，然后从朋友那里听说过我们的事迹。后来我们为塔克发行了很多股票。因为该公司的利润接近每年15%，所以从我们的立场来看，这确实是一笔成功的交易——也就是说，我们把所有的股票都卖给了那些想买的客户，也就不存在配额问题了。

当然，我必须提及的一点是，我们卖出股票的价格使资本市场对股票资本的估值达到了6 500万美元。而事实上该公司的有形资产的实际价值不足3 000万美元。如果这是在过去，人们会说："注水严重！注水严重！"而且我们还会在处置这些股票时遇到麻烦。当然，如果我们真的想卖掉这些股票，不过就是多花些时间而已。就塔克太妃糖公司的股票而言，我们出售的是一种无形资产和有形资产同样有价值的真实资产——商誉。

塔克太妃糖的资本证券化的项目非常成功。因为多年来，塔克将大部分利润都重新投入了生意之中。这些钱并没有被用在扩大再生产上，例如用来增加厂房设备和经营场地，而是用来扩大和改进营销机制——也就是说，商业活动中最重要的一环——广告业务上。有4 200万美元都被用来做营销广告了。他是怎么找到这笔项目开支的呢？这是一笔现金支出。塔克太妃糖的营业额能达到每周 100 万美元，其原因就是相同数量的营销现金的支出。所以它一年数百万美元的净利润并不是虚构的，而是法定支付给股东的红利，这些股东花钱买公司的商誉和花钱为公司建设新厂房是一样的。此外，自从我们推出塔克太妃糖股票以来，它的价格已经上涨了 20%，因为现在广大投资者已经不再喊"注水严重"了，他们知道自己在买卖太妃糖股票的时候其实是在买卖它的商誉和塔克的天才营销手段，以及全世界人民对甜食的热爱。

你应该还记得，我们公司第一次成功的股票承销案例是艾伦比汽车公司的股票，紧随其后的是西部汽车公司的股票，后来我们又发行了其他汽车公司的股票。这些案例中的绝大多数都是非常成功的，而且我们在这一领域已经取得了领先地位，我们觉得我们有这方面的天赋。所以我们就自然地联想到许多生产重要汽车配件的公司的股票。在这些公司中我首先盯上了詹金斯点火设备公司（Jenkins Ignition Device Company），因为该公司的产品质量优良且供销两旺。

这家公司不仅在一直盈利，而且经营得也很好，这充分显示了它旺盛的生命力。该公司生产市场上最简单、最好的汽车配件，所有优质的汽车制造商都会在自己生产的汽车上装配该公司的产品。它的历史实际上就是美国汽车的发展史。20 年来詹金斯家族一直在俄亥俄州管理和经营这些工厂。他们为自己的工厂、公司的声誉、工人和家乡而深感自豪，他们的工人和同乡也都感到自豪并且非常忠诚，而且这种自豪和忠诚是无法用语言表述的。

公司最主要的拥有者是乔治，他是所有詹金斯兄弟中年纪最大的那个人，但是所有的詹金斯夫妇都是特别能干的生意人，都是中西部美国人的优秀典范。对我来说这可是非常高的赞誉了。我们一个共同的朋友把我介绍给乔治·R. 詹金斯，我尽最大的努力劝说他，为家族企业积累充足资本的必要性，以便让公众能够成为他的合作伙伴，但是他并不赞成我的建议。

我尽可能富有表现力地解释说，我不仅不希望他放弃对企业的控制权，而且我将竭尽全力维护他保持大部分股份的权利。我们非常渴望能从他那里获得詹金斯公司的股票，然后将它们卖给公众，条件是只要他能继续执掌詹金斯公司。为了家族的利益和荣誉，商业的成功和繁荣也必须持续下去，我知道没有比他继续掌控公司大局更好的办法了。换句话说，我们的立场是购买少数股权，而这代表他只能保留少数的股东权益。

他在听我说话时富有耐心、彬彬有礼。

我讲完后，他说："亲爱的温先生，我有足够的钱，也有足够的生意可做。我们最初的想法——我们开始创业时的想法——现在仍是我们的首要目标，那就是尽己所能做到最好。我们通过坚持已经赢得了企业信誉，这给我们带来了生意和利润。我们急于想要确保我们生产出的设备是任何地方、任何人都能制造出来的最好的设备，而不是简单的组装件。从原材料开始，我们尽己所能地把每一点都做到完美。这是一个极其昂贵的过程，但是这能使我们保证质量。事实上，如果我们不那么挑剔的话，我们的家族每年可以多赚 12.5 万美元，可是这对我们家的任何人都没有什么特别的吸引力，因为我们每个人都不缺这点钱。如果我们是一家公司的话，我们将面临压力，例如要节约开支来提升股票分红比例，以及提高股票的价格。如果是我们自己的话，我们就会做我们认为最好的事。我们就是詹金斯兄弟制造的詹金斯产品。我们的首选是良好的口碑声誉，而不是巨大的财富——尤其是当你已经拥有财富的时候。我们对你的建议没什么意见，对分红也没意见，对参加公司董事会的会议决策也没意见。我只是看不出你到底给我提供了什么合理的理由，为什么我应该放弃非常赚钱的生意呢？或者为什么我不应该守住自己的行业领头羊的地位呢？"

"我跟你说过，我会坚持让你继续领导公司并且全面控制公司，"我说，"我们只是要求你继续按照开办公司以来的方式来经营公司。这就是我们想从你这里买的东西，也是我们想卖给客户的东西。但是我坚信，对你们企业进行资本重组，并将其部分出售给公众是最符合你们利益的事。我知道你拥有你所需要的一切，我也不想给你更多的财富，而是想让你拥有的财富变得更优质。我希望你的财富具有流动性，而不仅仅是越来越多。"

"我也非常感谢你，温先生。你想什么时候来都可以。只要你来我会非常愿意带你去看看我们的工厂。但是我们的业务绝不对外出售，"乔治·詹金斯说。

"好吧，"我对他说，"非常遗憾你不愿接受我们的帮助。现在我们有市场可以为你提供发售股票的业务，将来很可能当你改变主意，转而支持我们的提议的时候，市场可能就不存在了。"

"不用担心这个，"乔治·詹金斯相当认真地说。然后他和我友好地握了握手。

那是 1916 年的事，当时是我们刚刚完成承销艾伦比汽车公司股票的发行任务之后没多久。当然，我后来又试了一次。我像钟表一样准时，每年问詹金斯先生两次是否同意接受我们的提议。但他每次都只是笑笑，这表明他不同意。

乔治·詹金斯先生的朋友蒂莫西·J. 哈里森（Timothy J. Harrison）是哈里森铸铁公司（Harrison Steel Castings Company）的总裁。他们来自同一个小镇，又一起上了同一所学校，后来又在同一天，一起在同一家公司——怀特洛克引擎公司（Whitelock Engine Company）——工作。他们一起工作、共同进步，并且最终在同一天都从怀特洛克引擎公司辞职，开启了自己的事业，哈里森从事钢铁铸造行业，而乔治·詹金斯开展生产一种重要的汽车配件业务。他们生意兴隆，友谊长存。

我们公司为哈里森承销过股票。那也是一起成功的承销案例，因为不仅该股票的市场价格上涨了，而且我们也能够为股票开发一个全国性的市场了。我可以负责任地说，一开始为哈里森公司承销股票的时候，我们听到的反对意见并不比现在从詹金斯这里听到的少。哈里森也是那种为自己的家族名望感到自豪的人。他从开设一个小作坊开始，然后以惊人的速度扩张。确实，正是他在工业和金融方面的巨大成功才使我们最终改变交易。他的律师和我们达成协议，如果他死了，他持有自己公司的股票都将留给他的家人，悲伤的继承者们的生存必须仅限于钢铁铸造行业，并且只能与之共存亡。更糟糕的是，他们持有的是一家没有现成市场的封闭公司的股票。所以他的律师建议哈里森按照我们的建议，对公司进行资本重组，这不仅能把他的一部分财产变现，而且能建立一个在必要时能够出售更多股票的市场。他同意了，于是我们在全国性的市场上开始出售他的公司的股票。

有一天，哈里森去世了。他可是一个好人、我们的一位好朋友，也是一位有价值的客户。几个月后，我们才能够把哈里森的一大堆股票兑换成现金。这样遗嘱执行人就可以在法院的命令下，按照我们已故朋友的意愿，执行他的遗赠和捐赠。

我想，可能是哈里森的突然去世使乔治·詹金斯先生联想到了自己的事。有一天，哈里森先生的一个遗嘱执行人碰巧告诉他，我们从出售哈里森钢铁铸造公司的价值数百万美元的股票业务中，赚了不少钱，并盛赞哈里森先生的继承人们的父亲很有远见。又过了一个星期，詹金斯先生来到我的办公室。他在我们这里有一个交易账户，我们也会偶尔接到他的订单，主要是投资购买股票和债券的。

他开门见山地说："温先生，我曾经告诉过你，我永远不会放弃我持有的任何詹金斯股票，是不是？"

"是的，您也是这样做的，不过现在是时候改变主意了。"我说。

"你仍然认为我应该那样做吗？"

"一直如此，"我说，"你应该减少你的所有权，前提是不失去对公司总财产的控制权。你和你的兄弟们出售企业25%到30%的股权所得的钱可以用来投资免税的债券。现在你向联邦政府支付的税费高达每年利润的58%。你让山姆大叔拿走了你收入的大头，它却没有给你或任何人任何补偿。要是通过将你的部分业务从配件业务转向免税业务，你不仅可以省钱，还可以分散投资以降低风险。这样，即使是汽车制造业陷入困境，你的收入也不会完全消失。此外，如果你的企业进行了充分的资本重组，你应该允许我们向公众出售一部分股权，这样你们就会拓展出一个可以交易詹金斯股票的市场，在这个市场上，你随时可以将手中的詹金斯股票变成现金，而无须像以往那样，需要花好几个月的时间才能找到一个买家。此外，虽然你的股票每年可能会让你净赚20%，但本着公平交易的原则，你不能大量将它卖出。但是如果你按照我的建议去做，你所需要做的就是给我们下达一个卖出成千上万的股票的交易指令，然后我们就会到交易所去执行。此外，你也应该知道，遗产税的税率非常高。现在你面临的局面是，詹金斯公司的股票没有公开的交易市场，所以，当你去世的那天来临的时候，你的继承者们聚集在他们的父辈们那里，内部收益专家会评估你的资产价值，例如你的公司不可能以超过1 000万美元的价格被出售，多出一分也不行。但是，我敢肯定的是，如果说你的净利润是每年250万美元，山姆大叔会告诉你，你的股票的价值应该在公司总资产的10%到12%之间，这意味着遗产税的征收基本值应该以你价值在 2 000 万美元或 2 500 万之间的总资产为准。到那时，你的继承人能从哪里筹集到数百万美元的税款呢？把工厂所在的街区卖给某个你知道的银行家吗？你见过有资本家争先恐后地围着你的遗嘱执行人，为他们必须出售的东西出过高价吗？"

"好吧，如果我们换个思路，你对詹金斯公司的业务进行适当的资本重组，把一块新的股票业务出售给我们，你将会得到大量的现金，然后你再将这些钱用来购买免税的证券业务，这样你不仅拥有了你自己股票的交易市场，而且也让广大投资者成为你生意上的合作伙伴。"

"你说得有道理，"詹金斯先生极不情愿地承认道。我立刻问他："你希望我们什么时候出价收购你的 1/3 的股票资本？"

"我随时准备这样做，"詹金斯先生说。

"现在就是最好的时机，"我说。

于是我开始问詹金斯先生各种各样关于他的生意的问题。他都迅速而坦率地做了回答。他讲得越多，我就越觉得这对每个人来说都是一笔理想的交易。

最后我对他说："根据你告诉我的，我可以这样说，你的股本应该是 100 万股没有面值的股票，我们可以轻轻松松地卖出 30 万股。你的净收益证明股息率是合理的，而股息率将确定这只股票的价值，我认为价格在每股 35 美元到 40 美元之间比较合理。"

"天啊，这太过分了！"乔治·詹金斯惊恐万状地喊道，"绝不！"

我以为他觉得我是在廉价清仓处理他的股票，所以我断然说道："公众不会接受比这更高的价格，我也不会让他们这样做。"

"我也希望不要这样！"他终于爆发了，"就为了你那些会无脑地采纳你的建议的客户，你就不应该坚持这样做。"

"什么？"我迷惑不解地问他。

"价格太高了，"他说。

"绝非如此，"我否认道，"我们打算把你的股票以一个能让买家的总资金获利 10% 的价格出售，此外你还可以享受因管理良好和持续发展给公司带来的利润增长。我们有权利相信你的公司在未来的几年内将继续发展。你会保持你从一开始就创造的纪录。这次交易无论是对你还是对公众都有好处，这可是双赢。"

"是的，"他低声吼道，"对我来说很好。我愿意尽我所能做到最好，但是我会采用比较保守的方式。我可不想让人觉得我膨胀。"

"詹金斯先生，"我对他说，"我们也和他们在达成此事的时候一样保守。通常我们才是那些必须始终坚持小心谨慎的人。我是亲耳听到你说到自己的具体收入以后，才暂时把价格透露给你的。我个人建议这些细节可以稍后再议。你回到家后可以和你的兄弟们好好商量一下，如果你们都统一让我来承销詹金斯公司股票的1/3，把它们出售给公众，我们就会派专家来检查你们的账簿和考察你们的工厂。"

"这是要做什么？"他皱着眉头问。

"正是为了给你的资产确定一个公允的价格——无论是对你还是对买家，"我说。

"我现在就可以立刻告诉你，我认为2 000万美元的价格就很公平，"詹金斯先生说，"但是3 500万或4 000万美元，免谈！"

"仅仅是因为你不想从陌生人那里骗一美元，这可不能成为你不想骗詹金斯家族2 000万美元的理由啊。"

"难道我还不知道自己的资产值多少钱吗？"他问我。

"看起来这件事不大适合你自己干啊，"我回答道，接着我笑了。我实在是忍不住，尤其是当他困惑地看着我的时候。我接着说："詹金斯先生，就让我们的专家来做这件事，好吗？接下来，等他们给出评估意见后，我会给你看他们的评估报告。这将是针对你生意的——工厂和经营前景等所有方面的——不带偏见的专家观点。你只要时刻保持开放的心态就好了。"

"非常好，"詹金斯先生最终同意了。

我们按照约定派专家去了，他们后来的报告也证明我对詹金斯公司整体价值的估算是正确的。所以我们又开了一次会，但是乔治·詹金斯仍然对我们给出的报价犹豫不决。他的弟弟们也在场，但是他们看起来都是看着乔治的脸色行事，乔治说"好"他们也跟着点头，乔治摇头他们就说"不"。他们也是典型的詹金斯家族的成员——非常能干、正直、有原则，也为自己的家族而自豪。所以乔治的观点也就是他们的观点。我用尽了我能想到的每一个证据来说服他，使他同意我们在公司价格上所持有的观点。

但是当我用这条理由说服他时，他会立刻举出另一个理由来反驳我，这样我就不得不多说几句。我们最终没有达成一致就休会了。我们开了 3 次会都一无所获，还耗费了很多精力，你想想，我费尽九牛二虎之力，就是为了要为他的资产比他自己预估的多支付 1 000 万美元吗？

他这样回答："我知道自己的资产价值多少。我也知道这笔生意能赚多少。如果我们以 2 000 万美元的价格卖掉股票，我觉得这对我来说已经是非常不错的，这样我可以坦然地面对买家，因为我知道他没有被骗。现在，我毫不怀疑布朗森 - 巴恩斯公司能够以每股 30 美元到 35 美元的价格卖掉股票，但是我看不出你们的销售能力能使它值这个价。此外，如果你们真的以每股 30 美元卖掉了股票，你们很快就会发现股票的价格将跌至 20 美元，因为这才是它的真正价值。这样就会有很多人因购买詹金斯股票而亏损，是不是？此时大众想要找个出气筒，会是谁呢？是你们，布朗森 - 巴恩斯公司，因为你们是唯一的承销公司？还是詹金斯兄弟我们这个主要负责人？请回答我，温先生！"

从他看着我的样子，我可以看出他以为终于把我难住了。而我只是尽可能认真地对他说："詹金斯先生，我向你保证，布朗森 - 巴恩斯公司远比你更担心，我们也不希望股票卖得太贵，否则我们以后还怎么活下去呢？只是我们坚信，如果以总股本 100 万股来计算的话，贵公司的股票价值肯定超过每股 30 美元，而且我们是通过对您的深度关注、参考公司的经营记录和发展前景的公正考察，并经过专家的分析得出这一数字的。我们确信，广大投资者会支持我们的观点，而不是你的观点。我们和你们一样，也会非常认真且仔细地研究自身的业务，我可以坦率地告诉你们，如果你们坚持以过低的价格出售股票，将会对这次交易造成损害而不是帮助。普通投资者都讨厌讨价还价。他们不会说'哇，这是一次逢低买入的好机会'他们只会问'这家公司的股票报价这么便宜，是哪里出了问题吗'这就是投资大众。"

乔治·詹金斯说："我唯一认可的投资大众，就是购买我的商品的投资大众，他们是购买了我们的商品的投资者。他们支付给我合理的费用，我为他们提供最好的产品。这就是这么多年来他们一直对我不离不弃的原因。现在，如果你告诉全世界，詹金斯公司正在为 3 000 万美元的总资产派发红利，他们会立刻诅咒我赚了太多的钱，这意味着我对其出售的产品的价格太高了。而实际情况是，我并没有从他们身上赚到太多钱，而且我永远也不会这样做的。我们追求的是相对公平的价格和薄利多销的原则。这也是我不愿意把生意过度资本化的原因。"

这已经是我们的第四次会议了，于是我站起来对他说："好吧，詹金斯先生，看起来我们在资本化问题上的意见不一致，可是在资本证券化方面，我们是专家，而你不是。所以如果你坚持做这次交易，我们只能以2 000万美元为基准，否则交易就无法进行下去了，那么我们只能现在就退出了。我们熟知自己的业务能力范围，就是要把证券以客户能获利的价格卖给他们，只有这样他们才能继续成为我们的客户。我们的愿望是想要获得成功。我们致力于满足客户的需求来实现成功。只是如果把一种质地良好的证券以过于低廉的价格出售就根本吸引不到买家。他们会问：'要是连卖家都认为自己的股票不值20美元，我们为什么要以这个价格购买呢？它的诱惑力在哪里？'我跟你说，20美元每股的价格真的太低廉了，詹金斯先生。如果你非要坚持这个价格，那我们就没法做生意了，詹金斯先生。"

我可以看出这位正直且谦逊的美国商人的头脑中，正在进行激烈的斗争。我忽然想到，如今的制造商中还有如此执着地不要要价太高的人，这太难以令人置信了。

过了好一会儿他对我说："好吧，温先生，我愿意让你们来出售我的股票。我不赞成你们的价格，而且我还会告诉你我将怎么做。我将以20美元每股的价格卖给你们，你必须向我承诺会以不超过23美元的价格出售给公众。这是我愿意作出的让步。"

我笑了，然后我和这个了不起的人握了握手，他可是在短短几年的时间内建立了一个我们估值3 500万美元的企业，他是如此焦虑，对自己所拥有的东西不肯要价太高，自己宁愿不卖，也不愿以急切的买家给出的价格成交，这可意味着他将损失1 000万美元到1 500万美元啊。

"成交！"我和他说，但是为了公平起见，我们决定修改条款。实际上，在最后一次会议上，我们做了进一步的妥协。我说服詹金斯家族从总共100万股的股票中拿出40万股无面值股票，以每股21美元的价格出售给我们，而我们则被允许以每股25美元的价格出售给公众。

于是我们及时地退出了詹金斯公司的股票。该股票一发行就被抢购一空，因为价格并不低，所以不会引发公众对它的质疑。此外，詹金斯家族的收入、声望，以及公司从开始至今的历史，都没有什么秘密可言。后来，自发行之日起 90 天内，该股票在公开市场的自由交易价格是 37 美元每股。

有一天，乔治·詹金斯正好在我办公室里，一名勤杂工拿着一张股票报价条走了进来，上面是我们公司发行的一些股票的最新价格。我的私人办公室里没有行情报价机，外面的工作人员会送进来一些我可能会感兴趣的报价单。我看了看那张纸条，然后跟詹金斯先生说："詹金斯点火设备，36.75 美元，交投活跃。"

"是的，"乔治·詹金斯先生说。

我忍不住说："看来广大投资者对詹金斯先生的生意和他的头脑的评价好像比詹金斯先生本人对自己的评价要高得多。"

"是啊，"乔治·詹金斯说。

我安慰他说："毕竟，对于布朗森 - 巴恩斯的客户来说，在 25 美元时买入詹金斯股票，看着它上涨到 37 美元，要比在 35 美元时买进看着它跌到 20 美元——它的实际价值——要好得多。你说呢？"

"是的，"乔治·詹金斯温顺地说。

我笑了。他则用略带责备的眼神看着我，我只好接着说："是这样，这个价格是一个谦虚谨慎的人的同胞所能给他的最好赞美了。人们愿意为詹金斯点火设备的股票支付 37 美元的高价，这本身就说明他们对因为詹金斯先生仍在经营这家公司而充满了信心。"

"你是这样想的吗？"他问道，显然他的喜悦之情溢于言表。我突然意识到，毕竟对于一个拥有数百万美元财富的人来说，那些与他做生意的人的信心和善意比财富的多少重要得多。

1923 年初，股市进入熊市时期，詹金斯的股票也随着下跌。最高价是 38 美元每股。后来它逐渐跌到 30 美元每股。

事实上，我们并不看好这只股票。我们只不过是为我们的一位客户买了它，这位客户的名字叫乔治·詹金斯。我们也并没有建议他这样做，毕竟这多少也算是一种比较体面的行为。但是他和他的兄弟们碰巧手头有很多闲钱，再加上家族自豪感使他们都同意这么做，而且他们认为鉴于公众曾经给过詹金斯股票如此高的估值，那么它就不应该跌得太多。他们不希望看到它跌破 30 美元，所以乔治兄弟就打电话给我们，要我们在每股股份为 30 美元到 31 美元之间的时候买一大堆詹金斯公司的股票。这确实封杀了该股下跌的空间。

几天之后他来看我。

"嗯，"我们握了握手后我跟他说，"我们给你买了股票，价格还算便宜。我们并没有买进单价 31 美元以上的股票。这还是那只你以 21 美元的单价卖给我们的当初我们希望你允许我们以 30 美元的单价出售的股票。"

"是的，"他只是简明扼要地作了回答，然后接着说，"你是对的，我错了。但是我们从这个行业中赚了一大笔钱，还得到了很多乐趣，所以我觉得金钱并没有外人眼中那么重要。现在我们企业的盈利确实增长了，而且股票的价格比你承销的时候还要高。说实话，当股市开始下跌时，我想不通为什么詹金斯股票也会跟着下跌，但是它就是跌了。所以我就下定决心，如果以前曾有人认为詹金斯点火设备公司的股票值应该是 38 美元一股的话，那么对我来说它就值 30 美元一股。所以现在只要我认为那只股票便宜，而且我手里也有钱，我就会买进这只股票，这样最初的买家中就不会有人因为买了詹金斯股票而有所损失。"

后来，当詹金斯股票上涨到 45 美元每股以上的时候，詹金斯先生就开始抛售股票，并在该股再次下跌时继续买进。总的来说，他算是一个买家。等价格到了 40 美元左右的时候，超额的附加税以及支付遗产税的需求迫使他作为一名生意兴隆的企业的初级合伙人参与到公众事务中来。而公众则可以从中获得 10% 的投资。

我想说的是，公众对某个上市公司控股权益的关心，并不是什么不同寻常的事。海涅曼烘焙粉公司（Heineman Baking Poweder Company）就是一个例子。这家公司多年来一直是由一个人在经营的。它是由亨利·海涅曼（Henry Heineman）创建的，他把它传给了自己唯一的儿子威廉。海涅曼先生是一位非凡的人物，他眼光敏锐、聪明、勤奋、财力雄厚、无所畏惧。他建立了一个庞大的企业。他的儿子碰巧也是一位有悟性的商人，他负责管理海涅曼烘焙粉公司，一直到销售额达到数千万美元为止。而此时公司还是威廉·亨利·海涅曼先生独有的私人资产，而且最终该公司的利润太丰厚了,以至于即使对如此富有的威廉·亨利·海涅曼先生本人来说也太多了。在生意兴隆的鼎盛时期,他遇到了和詹金斯一家一样的问题。他也决定接受大众成为他的商业伙伴。在某种程度上,股东是该公司的合伙人,海涅曼继续控制、管理和壮大该公司,他仍像他持有该公司100%的股份而不是75%股份时一样精明。

当走到销售股票这一步时,海涅曼先生选择与一家著名的经纪公司合作,具体方式是,他为那家经纪公司支付佣金,用以公开出售海涅曼公司的一大笔股票。对他来说,他更愿意提高价格,并为新股票打开市场。他拥有物美价廉的好股票,这只股票以30美元每股的价格发行,而且每股赚的钱超过4美元。在股市暴跌时,他大量买进海涅曼股票,让公众相信内部人士认为该股价格应该是30美元,它确实是被低估的优质股。当股价涨得太高或者太快的时候,他就会将手中的股票卖掉,而当它再次下跌的时候,他会重新将股票买回来。这样做最终的结果就是,在18个月内,他不仅成功地使自己的巨额资产更具流动性,而且还使著名的海涅曼的商业价值增加了大约5 000万美元。他并不是从股市中轻信别人的寡妇和无助的孤儿身上赚到这些钱的,而是通过以公平的价格与公众分享他的生意,从而使他的总资产更容易以更高的价格向公众出售,而不是仅将他的总资产的1/3销售给大众。反过来,公众——或公众的一部分,也包括最初的股票申购者——在股价上涨时赚了很多钱,而且海涅曼先生也比以前更富有了,此外他的一部分财富都被用于投资一些免税的债券上。

这就是美国许多成功的商人要进行资本重组的原因。允许公众共同拥有企业,减轻了原企业所有者的税务负担,并且使他们的财富更具流动性,同时也需要为支付高额的遗产税的人提供了一种合理的避税方法。这可是解决他们的问题的聪明方法。别忘了,持有股票的公众变成了助推器,而不是投掷炸弹的人。

我所举的例子足以说明股票经纪人业务在如今和10年前的区别。善意的资本化并不是什么新鲜事。这种事一直都有人在做。但是创新之处在于,公众通过持股的方式在各类企业中建立了伙伴关系。能吸引公众的不是股票的投机者,而是那些愿意和这些股票的大股东们一起冒险的投资者。不管这家公司是生产纸张、石蜡,还是马铃薯粉,只要它是一家被管理得良好并且分红记录良好的企业，公众都会愿意参与。

这里有一个非常重要的差异：我们不是把控股权买过来再卖给我们的客户，我们一直坚持把大多数利润留给那些使企业成功的人。我们不向客户出售任何归银行所有，或者是银行经营的公司的股票。因为这对我们的那些卖出股票的客户来说，太不公平了。我们必须有专业的管理方法，因为没有什么能比开发业务并使其盈利更好的管理技巧了。我可以给你们讲一个我们失败的案例。这家公司拥有获得巨大财富所需的一切，而且它生产的产品也总是供不应求，此外它还有现代化的厂房、充足的机械设备和一支人数众多的销售队伍。其他所有从事同行业的公司也都做得很好。但是我们公司有缺陷，当我们拿到股票以后，我们发现自己缺乏管理技巧。后来，虽然这是一笔大生意，但是我们并没有赚到钱。按理他们公司本不应该这样的。我们召回了所有我们卖出的这家公司的股票，并竭力想找到一个合适的人来运作它。但是我们始终没能找到。

我们被要求用非常具有吸引力的价格购买某公司的股票。因此，我们为了完成这笔交易曾向一个人提出一年 100 万美元的年薪的条件。但是让他来管理这笔交易时，他正忙得不可开交所以不能跟我们一起去。我们只好拒绝了这个提议。后来他又成了相同业务的另一次交易的管理者，他使这家公司的总值在 5 年内增加了近 3 000 万美元。这完全是管理技巧的问题。我认为给那个人的每年 100 万美元的投资是一笔成功的投资。当我坚持让所有成功的东家兼管理者通过实际控制多数股权的方式继续管理公司时，我总是牢记这一点。

实际上，公众能通过持有美国大多数行业的股票而获得直接利益，这就使交易的性质发生了巨大的变化。正如拉里·利文斯顿（Larry Livingston）所说的那样，如今，想要对股票的消息保持灵通几乎不可能了，因为股票种类实在是太多了，而且还涵盖了各种各样的业务范围。这导致即使是最聪明、消息最灵通的交易员也很难击败市场。去年秋天，就在柯立芝（Coolidge）当选总统后不久，就有近 600 只股票挂牌交易。另一方面，聪明的投机商站在更广阔的舞台上，就更有可能获取合理的利润。他不但知道更多，而且投资得也更科学。

当一个人声称"没有人能打败华尔街的资本游戏"的时候，他是正确的，因为没有人能够总是不劳而获。人们心中普遍存在的轻松赚钱的错觉或幻想是最容易被实践证伪的。

无知是任何人都无法跨越的障碍之一。我发现今天我们的客户在接受我们的建议的时候（例如，让他们买进或者出售某只证券，或者告知他们当前市场的具体状态时），他们都会问"为什么"。我们已经尽一切可能来培养这种精明的求知欲。这就是我们开设并始终保留我们的数据统计部门的原因。因为依据该部门，我们可以为客户提供其需要采取行动时所需参考的具体情况，而且一直以来我们也都是这样做的，即总是为我们的意见或建议提供充足的理由。这样，如果我们的客户不认为这些理由是合理的，那么他们就不必接受我们的建议。过去可没有费这么多心血的经纪公司。

我相信我已经说得很清楚了，股票经纪人的业务比以前更加灵活和多变了。经纪公司的兴衰和客户的利益息息相关。那些有关使用有标记的卡片操纵股市的故事多半是虚构的。今天的公众比以往任何时候都更了解实际情况。我希望用不了多久，针对股票经纪人的指控就会结束。因为这些指控是建立在早已被抛弃的陋习和做法之上的。而蛊惑民心的政客和耸人听闻的撰稿人必须始终有攻击的对象，而如今将华尔街作为诱饵的做法仍和过去一样流行。我个人的经历和关于我的公司的经营方式的故事，就是我的几十位同事的故事。请不要忘记，我们在 36 年前和第一位客户做过生意，当时公司刚成立，而现在他还在和我们做生意。